U0009623

catch

catch your eyes；catch your heart；catch your mind……

Taipei 100
在台北生存的一百個理由

馬世芳、許允斌、姚瑞中、陳光達、黃威融 / 著

2016年秋天，
平均年齡46.6歲的作者們
齊聚早已不在的2.31舊址巷口，
合照後各自寫下1998-2016的感言。
（排序按照交稿順序）

姚瑞中（右一）

記得三十年前就讀復興美工時，還是一位懵懂青少年，假日沒事就會被坐在後座的許允斌拉去他家聽平克佛洛伊德（Pink Floyd），沒想到聽完《但願你在此》（Wish you were here）及《牆》（The Wall）之後便被啓蒙。僥倖考上大學後開始混廢墟、編地下刊物、搞跨領域團體、辦登山社，繼而廝混藝壇至今；尚未被現實陰影吞食，還能持續創作實屬狗運。

年紀漸長，偶爾隨口哼上幾句歌詞回味輕狂歲月：「我們只是兩條在魚缸中泅泳而迷失的靈魂，年復一年，在同樣的古老大地上無盡狂奔，我們究竟發現了什麼？恐懼之外無他！但願你在此。」（We're just two lost souls swimming in a fish bowl, year after year, running over the same old ground. What have we found? The same old fears. Wish you were here.）原本以為是團員對 Syd Barett 的緬懷，現在我才恍然大悟，原來歌詞中的「但願你在此」，這個「你」，指的就是被社會消磨殆盡的自己啊！是我們改變不了，還是變得太多？難怪每次一唱就涔然淚下！

陳光達（左二）

二、三十年來的夕癖，猶原不時會夯起來。萬項代誌攏會使親像針佇搣。聲音，氣味，形影，話語，目色，姿勢。

定定掠準電腦拍開，故事著會家己講落去。毋過干焦看著鏡台內底彼箍乇面腔的，恬恬無一句話（故事咧？故事走哪裡去？），目睭仁青凝凝，袂振袂動。伊越頭過來，我驚甲隨越頭過去。

鼻空又閣擽擽笑，拍一个咳啾（佗一个？），伊無影無跡，我嘛雄雄毋知人去。

精神了後，總是繼續屈佇遮，跍佇遮，走跳，起舞挵鼓，放蕩逍遙，歇喘攏嘛佇遮。聽候彼一日，應該嘛是著愛種佇遮。

黃威融（左一）

昔日文青，今日大叔，無誤。當小時候喜歡的球員教練，好多年前紛紛退休而且進入名人堂，每次看他們的致詞轉播，這些名人堂大咖們幾乎都是從小時候陪他練球的老爸老媽開始感謝起，一路感謝到高中教練到職業階段的誰誰誰，再強悍愛裝酷的球星常常講沒幾句就開始哽咽，說到激動處淚流不止，身為觀眾的我完全捧場跟著大哭。年輕時以為天下都是自己打下來的，年紀稍長才知道世界有多兇險，人生有多複雜。

能夠在台灣從事創作相關的活動進入第三個十年（廣告文案和出版寫作→雜誌編輯圖文整合→創意服務混合接案），混吃混喝混到中年，其實是上天賞飯吃。我常跟過去十多年的雜誌工作夥伴說，屬於我們的黃金時期應該過了，但我不會感到悲傷，因為我們曾經心領神會地集體創作，足夠我回味一輩子了。

《在台北生存的一百的理由》是我第一個創作十年最重要的回憶，如果有一天我進入這個行業的名人堂（大叔想得真多，根本連入圍都沒有，已經在想終身成就的事），屬於我的光榮片刻（The Moment of Glory），一定有一大塊是 1998 年初版的這本《在台北生存的一百的理由》的我們大家。大家辛苦了，請繼續揮棒投籃奔跑加速……幹天幹地幹社會幹藝文圈，這輩子曾經有幾年跟你們一起罵髒話想內容聽搖滾樂，不知死活地拼命抽煙熬夜寫電郵來回數十次，真是太美好的青春畫面了。然後，順便出了一本五個人的書，有情有義的出版社每隔幾年就想出些奇怪的把戲提醒我們當年做了這事，在紅塵俗事打滾至今，特別珍惜小時候的純粹，我們的運氣真的挺好。

許允斌（中）

那年馬芳找了學長同學當兵同梯一幫子人替人企劃一檔廣播節目，其中某單元便是「在台北生存的一百個理由」，光達的主意。後首威融學長興起何不編纂成書的念頭，然而我等眼大肚子小，完全沒意識到光是克服自身的懶散怠惰便已耗盡全部的精力，即便猶有餘勇，也浪費在透過電子郵件傳遞的抱怨、咒罵與自艾自憐之中。更可怕的是，當時還為此取了個「四神湯工作室」的渾名，這個不知道誰該是薏仁、誰又是豬腸的名字注定我們日後道路必然的曲折。唯一可以確定的是，後來姚瑞中的加入，因為四神已滿，就被定位為「美好的湯頭」（馬世芳語）。

成書近二十載，我等各奔東西，際遇各有不同，唯一不變的是我們依然在這座城市求取「生存」的方式。

這場美好的災難便是這麼來的。

馬世芳（右二）

當年做完這本書，我和幾位哥們兒的感情，幾乎在不斷拖延的編輯過程、彼此電郵往返無窮無盡的「抱怨咒罵與自艾自憐」（許允斌語）之中消耗得差不多了。書出之後甚至有一段時間，覺得跟大家就這樣都不聯絡了，好像也無所謂。現在想想，說穿了就是我還不想長大，不想負責任。那些抱怨和自憐，都只是掩飾的藉口。年輕時候儘管自私、薄情，懵然不知當時不在乎的，卻是後來人生中最值得在乎的。幸好，我們五個各自江湖曲折二十年，如今頭髮半白、眼睛老花，彼此仍然是最好的朋友。感謝老天。

那時若非威融不顧一切要完成這本書，拽著大家往前走，它極可能在愈發渙散懈怠的情況下不了了之。要我說，他是這本書當仁不讓的總編輯，功勞最大。當年剛剛創業的大塊出版社，居然願意讓幾個二十郎噹的小夥子用如此無效率無章法高成本的方式磨出這麼一本怪書（據說初刷賣光，出版社們還沒回本），並屢屢慷慨出借辦公室讓我們徹夜吸菸打屁，最要謝謝廖立文、郝明義兩位先生的包容。如今我已經不只他們當年的歲數了，偶爾遇到莽撞卻不無可愛的年輕人，總會想想他們的榜樣，提醒自己盡量做個比較像樣的大人。

我是真不知道這本書對現在的讀者有什麼意義。但容我自私地說：它還在市面流通，就彷彿我的一部分青春也還攤在陽光下，閃閃發亮，理直氣壯。

電郵靴腿 e-mail bootleg

【編註】2016年8月16日，烈日下拍完前頁的大合照後，五位作者在路邊小咖啡店閒聊，言談間許允斌表示自己收藏了不少當年e-mail往返的列印稿，足可見證本書誕生過程之慘烈。眾人嘖嘖稱奇之餘，贊曰：這豈非e-mail的bootleg？信中的e-mail address俱已失效，身分標註如下：honeypie＝馬世芳、weiwei及onionist＝黃威融、b197＝許允斌、deadhead＝陳光達。

（日期失落，以下為允斌的信）

Cc: honeypie@ms3.hinet.net

1

關於100理由我有一些話要說

　　這個概念在台北有點晚還在世的時候就已經提出,大家當時對這個概念都寄予厚望,但是卻未能大鳴大放,來者可追,現在是一個大好時機.

　　在白曉燕案發生之後平面媒體掀起了一股「台灣生存熱」,相信以大家敏銳的觀察已然發覺,對我而言這是一項警訊,再好的概念若沒有足夠的實踐力也是白搭,100個理由必須按照既定規劃實行.倒不是為了追趕潮流,而是若出版的時間太晚必定削弱競爭力.

　　接下來便是內容的確定,如果以原定計畫7月開始工作的話,100個理由在本月底必須確定,包括篇數分配和攝影呈現方式.

　　然後定期交稿,相互幹譙.

　　這一切都有賴於五個人的集體意志貫徹.

　　請大家相忍為書.

名詞解釋:

1.創造力：四神湯工作室.
2.實踐力：一切按照既定進度實行,在明年正月中上市.
3.戰鬥力：即之即行如廖立文者,找贊助馬上打電話,雖然無功而返,但戰鬥力100%.

Date: Sat, 26 Jul 1997 04:37:01 +0800
To: weiwei@neto.net
From: Alexander Ma <honeypie@neto.net>
Subject: Re: 好好寫
Cc:
Bcc: "鑑神湯工作室"
X-Attachments:

覺得一直窩在家裡不是辦法,沒有跟人群接觸,靈魂會從內裡開始敗壞。

賺食不易,生活在艱難與不艱難之間搖擺。未來是不可知的,但是可以夢想。問題是,我連夢的版本都搞不清
楚。

Date: Thu, 31 Jul 1997 03:47:58 +0800
To: b197@email.gcn.net.tw (Hsu Yun-Pin)
From: Alexander Ma <honeypie@neto.net>
Subject: Re:
Cc:
Bcc: "鑑神湯工作室"
X-Attachments:

我覺得這本書大有問題,應該再從頭檢討一次。是不是約一下,把要換掉的、要重做的、不曉得該怎麼弄的部份順一順？

邁向文化霸權的路並不好走。有人在路邊醉倒了,有人得腸胃炎,有人繳不出八千塊的鍵保費,有人日夜睡大覺逃避現實。希望我的下半生能夠比現在更清爽一些。兄弟們,起床了。

Date: Mon, 11 Aug 1997 07:51:36 +0800
To: Umberto Chen <deadhead@neto.net>
From: honeypie@neto.net
Subject: 此外
Cc:
Bcc:
X-Attachments:

說實在話，我的工作量並不算過分嚴重，完全是欠缺規劃，又無法貫徹意志力，才會導致這種災難性的結果。嗚嗚。不過一直自責也只是浪費生命罷了。還是少寫麼的好。自作孽，不可活啊。

Date: Sat, 1 Nov 1997 03:30:29 +0800
To: 陳光達 <deadhead@neto.net, "許允斌" <b197@email.gcn.net.tw>, 黃威融
<weiwei@neto.net>
From: honeypie@neto.net
Subject: 不曉得
Cc:
Bcc:
X-Attachments:

天氣變冷了，頭痛得要命，很疲倦，雖然什麼也沒做。討厭多天。

這樣二月好像滿不可能弄出來的樣子。大塊又出了一堆書，覺得我們這攤在人家的版圖來看搞不好根本是可有可無的東西。

（日期失落，以下為允斌的信）

天氣冷好耶，通體舒暢。至少不必汗流浹背。
賽車手Gerhard berger退休了。我的安全帽也跟著退休了。陳光達上禮拜還提醒我注意安全帽。話猶在耳。
今天就被幹了。媽了個屄！！！

失業青年為了不成為社會包袱不得不打零工為生。接攝影case，代課，當掮客....接下來賣屁眼。真是大屁眼中心主義者。

下週一我可能要出差到南部。因此晚上的會議可能無法參加。諸公可藉由此機會幹譙車人。
同志們努力吧。

Date: Sun, 9 Nov 1997 13:35:04 +0800
To: onionist@tpts4.seed.net.tw
From: honeypie@neto.net
Subject: 有的東西是戰爭也無法撼動的
Cc:
Bcc: "艦邏神湯工作室"
X-Attachments:

世界是不能用二分法去硬做歸類的，你擁有強烈的企圖心和決斷力，但是往往過分嚴重地看待由a到b的方法。我會說，這樣走應該不錯喔？你卻會說：唯有這樣走才能得到我要追求的ｘｘ，其他的都是屁。你知道嗎？這是我們的不同。

．三十歲不是世界末日，四十歲沒有五百萬存款或者精巧做人的座車也並不可恥。我所害怕的是你從此走向市儈而不自知，成為你自己在大一大二的時候所痛恨的那種人。世界上並不是所有的東西都可以變成口號、拿來販賣的。

Date: Wed, 19 Nov 1997 03:42:34 +0800
From: weiwei <weiwei@neto.net>
Reply-To: weiwei@neto.net
MIME-Version: 1.0
To: honeypie@neto.net
CC: deadhead@neto.net, b197@email.gcn.net.tw
Subject: 拼了再說

寫稿這檔子事
就像妓女不能靠性慾接一客戶一樣
專不專業就在於能不能滿足客戶的需求
因此如果不能按表操作
是很糟的事

大塊需不需要這本書
我不覺得是我們必須操心的事
只要文章出來就可以做了

1997年底是個奇怪的時刻
這幾乎是我們有生以來甚至這一輩子
可能遇上取自家事而最具其最必事的時刻

自己曾經胡亂想過幫朋友連看

例如馬芳應該可以是New York Times和 STUDIO VOICE的主編
Wire的中文版和idu就交給SR吧
我去編USA TODAY就很衰
至於允斌則是CAR / NAVI總編的不二人選

因為我們是這麼的不同
大家各自有將來要去做的事
所以趁現在大家快要三十歲以前
都還是俗辣的時候
能夠一起合作絕對是值得珍惜的事
至於以後真的很難
我不是說我們在這次合作後一定會不愉快而友情破裂
不是這個問題
我們最大的歧異在於每個人想做的事都不一樣
才能經歷背景生大異其趣
但是卻能夠每個星期有一天晚上打屁順便在九八年二月作一本對得起大塊的書出來
這是多麼惑人的事
雖然我們每個人都在拖稿
但我對這個題目有信心
對自己有信心
對你們三個以及配有大哥大的藝術家有信心
就是這個樣子沒錯

不知道你們準備的怎麼樣了
不瞞你們說
雖然自己進度落後
但我老早就把這本書相起的標題和準備引用的朋友佳句準備好了
當然我不會笨到被你們控告
你們可以先相信我那一定是一篇精彩無比的文章

相信我
算我比你們先做了兩本書的份上
相信我
沒有趣不出的稿子
也沒有不可能完成的版面

自己拼命接一寫稿子來寫
把自己搞到每天反胃想吐
俗辣最缺的是機會
如果沒有機會
再有才華也是個屁
更何況我還是認為賺錢是件再正當不過的事
很多人認為我是文化工業裏最狡猾的從業份子
但身邊的每一個朋友都在為生活打拼賺錢
難道我們做文化工業的人就是不能拿賺錢來做目的

我還是不覺得賺錢有什麼不對
因為在寫書時我是作者
一但寫完我還要把它賣出去

我給自己的時間只到年底
明年一月一日起
別說我
你們每個人都有偉大的工作要去做
雖然現在沒有人要我
但我總是找事去做
因為錢只會越用越少

也許我最傻的地方在於永遠有一種盲目的樂觀在心底
覺得只要去做就可能有機會
但不做就不可能

出第二本書到今已一個半月
回想七八月瘋起寫稿的日子
想到會怕
但換手一本新書
不管它賣得好不好
別人的意見如何
光是能照我的規劃出版
我就很高興

我是很認真把這本書放在自己的時間表裏
它也是我此刻最想寫出來的書
就因為這樣
所以要去做
不知道真的去做之後
書的內容會和我們當初想的差距多少
但是就算它不完美
大不了幾年之後再做一本就好
一次就做到經典絕不可能
不然向誰早就去做了

From: onionist@tpts4.seed.net.tw
X-Sender: onionist@tpts4.seed.net.tw
Mime-Version: 1.0
Date: Tue, 18 Nov 1997 20:42:50 +0800
To: b197@email.gcn.net.tw
Subject: Work hard doesn't make me sick
Cc: honeypie@neto.net, deadhead@neto.net

陳阿達去義大利消遙
不過還是發這封信

我想一百個理由的第二次review
已經進入尾聲
整個做法大家也算清楚地討論過一遍
現在我想是正式進入寫稿交稿吐嘈互相扁氣求進步的時候

的確
並不是每個理由都完美無缺
也存在一些漏洞
不過我感覺已經到了可以動手的階段
例如現在開始
下週一請在台灣的三名苦命男孩
各交五篇
不管你是用什麼方法什麼體裁多少字數的文章出來

From: onionist@tpts4.seed.net.tw
X-Sender: onionist@tpts4.seed.net.tw
Mime-Version: 1.0
Date: Sun, 23 Nov 1997 02:24:57 +0800
To: honeypie@neto.net
Subject: 想改變生活狀態

相比起來
我的確比一般人急同時焦慮
但是好像也不知道可以怎麼辦

楊澤的詩集買了好一陣子
今天想抄幾句
但是心情又不對

有一次我問師兄
這樣的日子他還能撐多久
說實話
我要的不是他的答案
只是我的問題是我此時的心聲
我並不是要立刻去當什麼主管進公司上班
但我有點不知道未來
就說明年好了
我有點不知所措
所以想趕快作完大塊這本書
可以想下面的事

要想的事很多
工作反而只是其中一小點

我常掛在嘴邊要趕快的意思是這樣
因為一直想做出最好的東西會花掉太多時間
不是我們沒辦法花
但生活的感覺很糟糕
所以我會希望一切加快

至於以後我想和能做什麼

我越來越失去焦點
也許這是暫時的

陳光達：

花了好長的時間，先是身體，才是意識，瞭解了什麼叫做過敏症頭。這簡直可以做為一種劃分我族與他族的工具。是的，線的這一邊是受苦的，享受的，另一邊是無感的，缺少了什麼的。

不只是進出溫度差異三五度的空間，不只是傷神的色調搭配映入反射區域，不只是反差效果離譜的聲響無法有效排除於耳膜之外，不只是軀體肢幹說話的姿態，不只是文法修辭的計較。還有更多。也不只是還有更多的問題。不只是種類的量的多寡。還有更多。

夢見一處所在，人在裡面，感覺不到該感覺的，或者說，好像應該過度感覺的，沒了反應，沒了意識。像是天堂一般駭人的所在，放鬆，自由自在。

許允斌：

出版之後，曾經陸陸續續聽人提起，斷斷續續還有再版，自己卻未曾仔細重新翻閱檢視，此番跨海再版，要求重新撰寫感言，因此喚回記憶。

曾在八年前的感言寫到「此書或許充滿自以為是的偏見，但是卻誠實的反應我們如何觀看這座城市」。 彼時這群二十六、七的小夥子，沒有社會歷練，缺乏媒體經驗，單憑一股不滿意、不相信、不甘心的念頭，天真的鑄成此書。如今回想，這種不知好歹的態度，或許是本書至今難以被模仿再製的原因吧。

書的內容依舊，小夥子們持續做著與當時理想密切牽連的工作，其間不曾轉彎，似乎也無懊悔，在默默變化的城市裡，在光怪陸離的環境中，顯的傻氣，而這一路的拗，看來沒啥轉寰的跡象。

八年前這麼說，現在仍然值得重覆：三十歲以前，有此好友，有此合作經驗，彌足珍貴。

姚瑞中：

這十年來唯一覺悟──人生真是充滿意外！

黃威融：

年輕的時候最不喜歡做重複的事，因此每次出國旅行都要造訪從未去過的城市，從事費力的逛街探險運動。旅行如此，工作也不例外；在廣告公司做了沒多久的文案，覺得世界一定有別的實踐可能，於是跟提拔我的老闆們分手；衝動地寫了幾本書，卻發現自己的生活並沒有因此找到出路，而是無止盡的苦鬥……

如今有點懂得重複的意思了，好比是美國職棒大聯盟投手每隔四天的先發，打擊者每個球季上百場的出賽，又或者F1賽車手每個分站幾十圈的繞圈，參加四大賽的網球選手每次從第一輪闖至決賽、每場比賽不斷地發球回擊扣殺上網……

30歲那年，習慣橫衝直撞的我和此生難得的四位好友共同成就了這本創作，如今回頭看來，這是那段時日最不讓自己臉紅的一件事了。更重要的，是多年後當我們偶爾相聚，儘管菸酒小菜總量大減，各自新增的家人讓我們每個人隨時自我提醒別混太晚，1998年我們在羅斯福路六段地下室（大塊舊址）每次開會討論那些激烈吐槽對方的言語，依舊仍在……

馬世芳：

開始做這本書，是整整十年前的事情。如今我已成家，冒出不少白頭髮，再也不敢熬夜，專心聽唱片的時間大概只得當年的十分之一。Martin吉他鎖在箱子裡，弦許久未換，恐怕都鏽了罷。

回想起來，這本書是在一種大學社團式的、漫無邊際的清談閒扯之中誕生的。幾個哥兒們正巧都還有著最後的一點青春本錢，並不介意揮霍大把的時間。也因為對「出社會」三個字暗藏的險惡尚無太多體認，往往懵懵懂懂就接受了身邊人的包容和幫助。現在想起來，這本書能做成，沒有那樣天真的厚臉皮，是斷無可能的。

當年總以為自己會以文字為業、過上編書寫書看書的日子。然而生命中自有不可預期的情節，這些年終究還是被許多事情分去了心。寫是仍然在寫的，距離「以文字為業」的幻想卻是十分遙遠了。這書有幸能在朝生夕死的書市浮沈多年，順道也替我們攔下了幾抹青春的影子，實在是應該說聲「謝謝」的。

1996年8月7日午後，平均年齡26.6歲的四神湯工作室，駕著Peugeot 106攝於縣道106，勞師動眾拍了一堆照片，但是只用了兩張（包括十年後才曝光的這張）。

台北不是紐約

台北不是巴黎

台北不是東京

台北不是倫敦

真正的生活從來不在他方，台北就是台北。

台 北 不 適 應 症，

inadaptation of taipei : an existentialist proposition

台北不是

無關乎殘酷與否或者個人私密的情緒，以下所言絕對是「乍看起來好像是廢話，但仔細想想卻有豐富意義」的事實：

台北不是紐約、巴黎、倫敦、東京這一類屬於世紀末全體地球人共有共享的文化財的超級城市；台北也不是那個講究秩序整潔時常被各派官員當作取經對象的"fine city"新加坡；雖然可能都被第一世界的標準與在地人士的情緒視為第三世界，但台北終究也不是胡志明市或者聖多明尼克；當然台北更不是那些街頭巷尾一草一木都充斥著我們所不夠瞭解的複雜文化的威尼斯、開羅，或者伊斯坦堡。

名詞解釋：「台北不適應症」——對象泛指所有第三世界城市住民

那是第一次離開島上，到達歐羅巴的一個城市。興奮無以復加。在地面以下紅藍白黃各色的車線中穿梭，目光緊追著月台上的每一片廣告看板，以及車上或站或坐的面孔與表情；在公園角落用力呼吸並且享受發呆；在博物館裡與奇怪的文明創造物神交；在碩大的唱片店與百貨公司裡仰望著資本主義第一世界炫奇的商品……。

看著高速公路上馳騁的重型摩托車，心中頓時浮現出Mike Leigh那部描寫左派信徒的浪漫影片High Hopes（《厚望》）。突然之間我瞭悟了兩件事，第一，那不是我城；第二，即使再五十年甚至百年，台北也不可能到達這種程度，因為即使在硬體建設上勉強追上了一點邊，相應的軟體也恐怕沒有足夠的時間去沈澱積累。

從陌生的城市回到台北，明顯地感受到「台北不適應症」。我努力向多位曾有國外行走經驗的朋友詢問，結果證明，在台北，或者在整座島嶼上，甚至在所有第三世界裡，為此症狀所苦的，並不只有我一人。沒有任何一處原本熟悉的角落，可以滿足對陌生城市的想望。偶爾在電視畫面上傳來那個心思所在的街景，在報刊雜誌上看到一絲一毫的訊息，都讓我們十足興奮，然後心情再次跌落谷底。少數志氣勃發的青年，總會在心裡立下誓願，他日定再重回彼城。

當然，就如同所有曾經患過「台北不適應症」的人們一樣，我也在日復一日無可逃避的作息中，百般無奈地逐漸重新適應台北，不論是醜陋擁擠的街頭，或是刺耳不絕的噪音。只是，無意間讀到關於彼城的隻字片語的描述，或者一部以彼城為背景的電影，甚至是一個來自那座陌生城池的樂團，都還是會讓

一個存在主義式的命題

人有「瞥然塵念，此際暫生」的感嘆。

屬於我自己的，「在台北生存下去的一百個理由」

感嘆之餘，日子總也得過下去，而且最好能夠過得讓自己快樂些。後來想到的安慰，就是逼自己作一份功課：找出屬於我自己的，「在台北生存下去的一百個理由」，不論是一處不起眼的熟悉角落，或者某一條自己才知道的遊走動線……我努力地重新發現在台北的城市樂趣，校調自己的生活態度。

記得有部前南斯拉夫的電影《地下社會》，飾演黑幫大哥的主角稱呼片中的背景地區為「我的城市」，語氣中所隱含的豪情壯志，令人印象極為深刻。不一定得將台北稱為「我的城市」，但是每個生活在這裡的人，不論他是不是「台北不適應症」的患者，只要他願意的話，應該都可以找尋出專屬於他自己的，「在台北生存下去的一百個理由」。

這是一個存在主義式的命題

因為我們都已經註定生活在台北這座城市。無論多少在地人或者外來客如何地咒罵這裡（或者也還有許多人一心渴求到這裡來實踐夢想），這都不會改變她的業已成形的基本樣貌。不論你喜愛或者厭惡這裡，再強調一次，台北不是紐約、倫敦，台北也不是胡志明市、伊斯坦堡，台北就是台北，你已經習慣或者永遠處於正在適應中的台北。

「註定生活在台北」是一件事實，但從這一件事實可以繼續推論出來的結果，未必就只能是令人感嘆的悲觀看法。我們既然已經被上帝或者不知名的輪迴力量放置或丟棄於這座城市，就像是存在主義者所面對的命題一般，或者更誇張一些來說，就像是必須不斷推著巨石上山然後再滾下山的西西佛斯一樣，我們能做與該做的事，就是想盡一切可能的手段或者態度，配合著自己的特殊品味，努力去挖掘並開發出閱讀與使用台北的最大快感。

我和台北之間的關係，就像一對共同生活一二十年以上的老夫老妻，彼此間任何不滿的情緒，總是滲透著無比的柔情。或許就如同在這座城市裡頗受歡迎的那位歐陸作家昆德拉所說的，真正的生活，從來就不是在他方。如果每個人都能在這裏發現屬於自己生存的理由，面對這個無力的城市，生活也許就可以不再充滿艱難。一旦這個城市潛藏的能量能夠為人發掘出來，誰還能說我們不是生活在一座照樣可以快樂的天堂。

one hundred reasons to live in taipei

這一本書，要獻給在這座城市中，想要積極享樂，並付諸實際行動，不斷開發城市生活樂趣的朋友們。自己常常被迫為這座居住的城市辯論，對手就是到國外許多大都市旅行過的自己，不斷地說服自己這是一座有趣的城市，台北是個可以繼續生活下去的地方。為了解決這個長期存在於內心的疑問，我們一群被相同問題困擾許久的朋友，花了一年多的時間做出這本書：《在台北生存的一百個理由》。

這是一本探討城市可能性的書，它可以幫助人們更加了解這座城市中，有點意思的許多局部；這也是一本關於「面對這座城市周遭事物的生活態度與看法」的書，它提示城市住民一些不一樣的操作方式，重新定義這座城市。比起一般標榜提供吃喝玩樂資訊指南的書，這樣的書，應該才是大多數城市居民所真正需要的。因為我們不能改變的是城市現實，可以調整的是我們面對它的態度。

這是一個需要被使用者重新定義的城市。搞搞新意思就是這個意思。台北擁有一大堆的「怪店」，但是在我們的城市生活裡似乎又顯得理所當然。被學生拿來示威的中正廟、本地人幾乎忘記它的存在的故宮、越經營越有搞頭的誠品……我們找出了十四家「怪店」，有的怪的可愛，有的怪的可笑，有的怪的可恥。

同時，這也是一個物質主義者面臨嚴峻考驗的城市。所謂物質主義者，或多或少都是某種程度的shopping信徒。在這座城市要如何聰明地買、同時有風格地消費，絕對是個學問。但「買」不過是技術層次的問題，「買什麼東西」才是值得深究的所在。「戀物」，戀的是什麼物呢？它可能是以麥可喬丹為名的歷代球鞋、有思想有道理可考的一件T恤、被當做藝術品來收藏的Swatch手錶……「戀物」戀的絕不止是物品本身而已，更迷人的是所戀之物後面的精神性。

台北絕對是個糟糕到讓人不知如何是好的城市。即使如此，它還是有所謂「經典」的存在。但這個「經典」並不是一般所謂歷史的經典、建築的經典乃至文化的經典，我們更在意的是生活感受上的經典：它可能是午後一道臭豆腐與大腸麵線組成的台灣道地下午茶、一系列堅持播放好聽音樂的ROXY家族……當然我們不會忘記，「經典」的最重要意義在於它能帶給我們美學上的愉悅。這裡列出來的十五項「經典」，應該都具備。

這是一座如果沒有想像力簡直不知道該怎麼繼續活下去的糟糕城市。生活在台北的人都不希望自己必須永遠活在台北，想要逃跑卻無力離去，所以要有「偏方」：去天母成衣店用便宜的價錢擁有標籤被破壞的名牌、在家裡透過第四台看世界各地的運動轉播尋找

需要一百個理由

精神的救贖、用自力救濟的方法讓自己的房間有設計師的味道……因為有「偏方」的存在，所以暫時解放了這個城市的無可救藥。

這是一座讓人必須苦中作樂、後來就悄悄日久生情的城市。說到「土味」，台北的土味和島嶼的土味就有很大的不同，不過仔細觀之，似乎又有耐人尋味的地方。例如吳念真和伍佰的閩南腔北京國語、要用土產吃法才顯內行的土產食物、量產婚紗的新娘工廠……「土味」不土，就算ㄙㄨㄥˊ但是一定很有力。

這是一個第三世界島國的首都。第三世界首都一大特色，莫過群集了一大票擁有第一世界體驗卻落難祖國的知識份子。當這樣一群人聚集在一座城市，往往會發展出特有的生活型態。所謂的「嬉（hip）」是一種面對世界的態度，正是上述人種在城市過日子的實踐策略，比如說追逐一杯好咖啡與享受在地的異國菜、到罕為人知的酒吧聆聽爵士樂……至於所謂的「嬉味」則算得上是一種品味，其中既包括好品味也涉及壞品味。

這是一座隨時都在歇斯底里的城市，任何時刻任何地點都構成讓人想要「逃逸」的充要條件。鬱悶之所在，生活之所在。不管是被電影重新造鎮的淡水與九份、本身就是最值得欣賞的作品的北美館、真正有資格被稱為森林公園的南海路植物園……你不一定可以真正逃離這座城市，但起碼能暫時忘記自己的狼狽。

很有可能這是一座沒有夢想只能胡思亂想的城市。但苦連夢想都沒有，不管是狂想還是理想，就不知道還能怎麼活在這座城市。「夢想」不多，只有六條：讓李居明光榮引退的的台北巨蛋、成為第一個土產伍迪艾倫、跟人家城市一樣方便的地下鐵……。

接下來的部分，是這本書五位作者的個人理由。在這座城市生活的每一個人都有屬於自己私人的存在理由，勢必個人主觀，可能浪漫抒情。在這個地方，是五位作者個人的拋磚引玉。

最後我們願意把這本書的誕生成真，作為在台北生存的第一百個理由。就讓我們通過對這座城市的想像了解與重新對待，進而喜歡台北、享受台北這座城市。因為曾經絕望所以積極發現，因為厭倦妥協所以勇於面對，是謂在台北生存的一百個理由。

戀物 ⑫

怪店 ⑭

經典 ⑮

偏方 ⑯

土 味 ⑪

嬉 味 ⑭

逃逸 ⑥

夢想 ⑥

個人 ⑤

怪店

既然沒有人規定到麵店只能點麵，

那為什麼不能把建築工地看成裝置藝術呢？

生活在不算太精彩的城市裡，

要享受一絲絲額外的生活樂趣，

就必須高度仰賴「悖於常理，

卻值得鼓掌叫好」的城市觀察角度。

「怪店」數量的多寡意味著城市的多元與博大精深，

而怪店怪的未必是店家本身，

更精彩的是城市住民的使用態度。

▲姚瑞中作品，「天下爲公行動」系列之一。

奇怪的首都，奇怪的廟

a misplaced temple : chiang-kai-shek memorial hall

隨便一個曾有過歐美旅遊經驗的人，一定會對人家的公園留下深刻的印象。不論是大公園或小公園，總之就是晃個一陣子就會不期然地走進某一處，裡頭有些綠地，誰都可以坐下休憩一番。不過在悠久中華文化洗禮下的世界，則不作興這一套的都市概念。我們沒有「公」園，不過有些私人的宅院，倒是可以大到有座游泳池或籃球場。在台灣，比較符合「走個幾步就有，而且誰都可以進去」的，應該是廟宇。但是某些應該算是私人性

的廟宇，竟然發展到極為可怕的巨大程度，此巨大絕不僅止於其面積的可觀程度，還有它所代表的文化象徵意涵，實在令人嘆為觀止。

在台北，我們有一處所在，而且不幸經常被用在醜陋的風景明信片上當成台北的重要地標，那就是聞名的「中正廟」。如果以這家台北的獨門怪店，與倫敦的海德公園，或是威尼斯的聖馬可廣場相比較，我們還是有比老外強一點的地方：散步在整個中正大廟裡，不用擔心一不留神就踩到鴿子伻伻。

對於那批九○年代初期的大學生們，「中正廟」可能曾在他們的生命中留下了雪泥鴻爪。有的人靠著學運的正當性理由，與心儀的對象第一次（可惜是在眾目睽睽之下）共渡一夜，有的人跑到現場看熱鬧，祇是因為想聽聽黑名單工作室與胡乃元的現場表演，外加幾條民主香腸，當然也有少數人本來應該是好好地在中南部上課，卻不小心成為該校的策動代表，但到後來卻由於根本無緣進入什麼「決策小組」而懊惱不已。不過這些都不重要了，the times they are a-changing ……。

什麼樣的首都，就會有什麼樣的廟。中國古書說，「廟者，貌也」，意思是說一座廟正象徵著它所祭祀的祖先形貌，所以你當然可以想像，從這座奇怪而醜陋、在今天看來似乎頗有「時空錯置感」的蔣廟裡，我們看到了什麼樣的偉人嘴臉。只有在台北這個奇怪的首都，我們才能見到如是奇怪的廟。

雖然廟埕內的草地，根據法令，不得隨意踐

踏玩耍，但偶爾帶著孩子到這裡來放放風箏，曬曬太陽，也還是可以接受的（有沒有人想試試看風箏的力量能否將這座錯置的怪廟帶走？），雖然氣氛實在不怎麼樣，但陪著女友散散步時，倒是可以藉故晃到一旁的婚紗街，給點再明白不過的暗示。這麼想想，這座台北城內的特大號廟宇，對極度缺乏綠地的苦難市民同胞來說，也還是有著不可抹殺的存在意義。當然如果對岸奉化縣鄉親對這個怪東西有意思的話，也可以整個打包送給他們，想必台北市民是不會吝惜的。

據說，當年在設計這座怪廟時，還考慮到要將中軸線遙遙正對著祖國的黃帝陵。但是設計者的考慮歸考慮，被迫使用這座怪廟的市民同胞們，大概也誰也不會真的認真地去鳥什麼中國的黃陵。政治意涵的解釋，就留給真的找不到事做的無聊人去玩吧。有誰規定帝王之家莊嚴荒謬的怪廟，不可以搖身一變，成為小老百姓一家大小嬉戲的後花園呢！高興的話，帶著你家的小白小黃來遛遛都可以，只是切記，環保不分政治立場，狗狗撒尿屙屎，務請自行清埋。

▲ 「中正廟」在許多人心中的定位，就像這張透過民眾噴漆的「國立中正文化中心」解說牌所見到的情況一樣，讓人感到十足荒謬。

在野美術館

it park : the avant-garde gallery... prepare to be scared

小學要上美勞課，中學要上美術課，從小藝術就莫名奇妙的和「美」連在一起，所以我們有方方正正的美術館，還有漂漂亮亮的畫廊，但是那只是藝術的明亮部份。假設「生活是藝術創作的原動力」這個概念是成立的話，那麼這個意象中的美好世界顯然只是個理想的憧憬，畢竟生活周遭圍繞著的不只是甜美，還有苦澀和辛辣。

不要再以為藝術就只是油畫，抹去對藝術家制式的想像，那種極為神經質，為追求至善至美、不食人間煙火，而且會對著夕陽流淚的形象只有在八點檔才會出現，現在的藝術工作者可是要賺取生活費，要繳所得稅，在言談話語中不時流露出對資本主義不滿卻又無可奈何的人種。藝術的功能也如同其他創作媒介般的走向多元化，不再只是為「美化人生」服務的工具，衍生出來的是反應現實、探討人性的深層意義。也正因為如此，這樣的藝術品通常耐不住行政流程瑣碎的官方美術館，也不見容於金錢取向的商業畫廊，在不見容於主流價值的情況之下，這樣的藝術形式便不得不走向「地下化」，或許我們可以把這樣的畫廊為稱之為「在野美術館」。

「原來藝術家是這樣的啊！」這樣的驚嘆是一個「正常」的台北市民到IT PARK（伊通公園）這間小藝廊的通常反應。當然所謂的藝術家並不是什麼三頭六臂的怪物，只是有敏銳的觀察力、新奇的創造力的一群人罷了。不同的是在IT PARK這樣的非營利性畫廊出現的藝術家對物質的需求、名利的渴望較一般人低了許多，反倒是多了一分莫名的使命感。

IT PARK就位於真正的伊通公園旁，由一間大約三十坪的二、三樓公寓裝修而成，外觀除了小小的招牌外並無特別醒目的佈置。登上陡峭狹窄的樓梯，一進門展覽品就大剌剌呈現在你面前，沒有大廳、玄關這些緩衝，讓你毫無防備的接受前衛藝術的洗禮，就有人曾經就被藝術工作者姚瑞中「打著藍色燈光、地上鋪著洗衣粉、場中央吊著帶有螺旋槳的人偶」的詭異作品嚇到，這算是典型的「伊通式震撼」。在這個地方求的不是「善」和「美」，而是「真」，未經粉飾的現實世

界，不必防衛和抗拒，藝術工作者正透過多媒體和你互動。

這裡展出的作品通常不被理解為什麼有人要花錢做這些鬼東西，當然也不容易被收藏者青睞，其實無所謂，進入IT PARK不需要艱深的美術理論，也不必懷著入廟堂的心情，這裡就像它的名字一樣，是個公園，任何人只要有興趣都可以參與的藝術行為。

換個角度來看，其實IT PARK也是個pub。只不過在裡面穿梭著的大多是藝文界人士，在不受傳統體制的約束下，這些藝術工作者的外型與行為總有些「脫序」，在陽台上喝酒的邋遢年輕人可能是參加威尼斯雙年展的台灣藝術希望，左側留鬍子的猥瑣老頭也說不定是未來台灣美術史上的巨擘，他們可能言辭拙劣、不善交際，或者即將邁入而立之年，但是銀行存款卻很難突破五位數的「怪ㄎㄚ」，說他們是藝術家，打死你也不信，但是比起只知道攀炎附勢的「所謂藝術家」來說，這些人也許顯得怪異，卻絕對真實可愛。

除了展覽場之外，IT PARK的空間配置非常

簡單，穿過三樓的展覽場就是個吧台，靠最外面的陽台上散著幾張小桌了，透過陽台放眼望去除了小得可憐的伊通公園外就是位置曖昧的賓館，台北的現實與夢境簡單的被一道矮牆所分隔。坐在靠著陽台的小咖啡桌，喝杯啤酒，或著打屁聊天，或者聽聽鄰桌的藝術家們談論可能永遠無法實現的偉大藝術計畫，如果對展出作品有興趣甚至可以和創作者本人舉酒論畫，看看這群陌生的動物到底在想些什麼，這裡可是台北市極少數可以邊看藝術品邊喝酒的地方。比起號稱另類的pub來說，IT PARK可是從頭到腳、貨真價實的另類怪店。

▲伊通公園歷年展覽邀請卡。

行天宮完全拜廟手冊

hsing-tien-kong : a complete guide for dummies

感謝「恩主公祖」，平安！

「廟不是能亂拜的」，相信你早有耳聞這一類的民間禁忌。為什麼廟不能亂拜呢？因為中國人真的很厲害，天上飛的地上爬的，無不可喫，也無不可拜，因此，某些「廟」就難免有點「來路不明」，凡是不能掌握你所拜的對象究竟為何之前，冒然進入拈香祝禱，換來的未必是平安保障。那究竟什麼廟是確定可以拜的呢？在台北市，我想香火最盛的廟之一——「行天宮」，應該是相當多人的共同選擇。

OK，知道拜什麼廟了，那又得怎麼拜呢？該準備什麼供品，三樣水果還是四包餅乾？去哪兒拿香，怎麼拿，又得插到什麼香爐？什麼是「收驚」，怎麼「卜杯」？讓我們帶你到「恩主公」所在的「行天宮」走一回，在拜廟手冊的指引下，來趟滿天神佛的拜拜巡禮。

基礎篇
第一個步驟：該買的怎麼買？

既然是來拜廟求神，建議你暫時脫離便利商店的魔掌，走到地下道或廟口，一定可以看到許多中年以上婦女或殘障人士，發揮一下保養多時的愛心，向他們買基本的配備：香

一束、麵線一小束（我也不知道麵線的單位是不是「束」，不過拜拜的重點在於誠意，修辭學就留給其他無神論者操心吧），還有不知名的糕點一塊，以上三者通常放一袋，約五十元左右。這只是最基本的配備而已，最好還有點其他的供品，水果餅乾皆宜，加上原先的糕點那一份，通常總共是三件或五件，至於為什麼不能用雙數，或者單數的意義在哪？民俗學家和我媽媽會有很多意見，基本上我的意見是，如果你真的想追根究底的話，煩請自行參看李維史陀四大冊的《神話學》或者Frazer十二大冊的《金枝》。

第二個步驟：入廟之後呢？

以前孔子有個著名的白目事蹟，用古文的說法是：「入太廟，每事問」，意思就是進了大廟之後，東張西望的，每個東西都要知道它的來歷典故發展過程或者形上學的意義。如果你沒有志向當萬世師表，或是不想被當成那些義工媽媽們當成「機車指數」相當高的新新人類，奉勸你別學這位老人家，還是把狀況大概搞清楚之後再拜拜吧。

買完了供品，終於可以進門了。到行天宮總是走旁邊的小門，正中央的「天門」一年難得開上半天。先洗洗手，也可以將帶來的水果洗洗，不過請看清楚指示牌，千萬不要在洗手台洗水果，免得招來無謂的

8

白眼。進入正庭之後，選
好一張桌子擺好供品，桌子的方位與福報沒
有任何關係，用不著精心挑選。先前買的一
束香可交給一旁專門收香的義工媽媽，再來
便走向專門分發香的義工媽媽，她自然會分
給你一束六支的香。原則上，看人家怎麼做
就跟著做，大概就不致於出什麼差錯。

第三個步驟：終於開始「拜拜」了

剛剛拿到的這六支香，有些簡單
的學問，先往大門外的方向
祭拜——就是看不到什麼
神像，只有一個大香爐
的地方，這時我們拜
的是「天公」，天公
者，上天、天帝、上
帝是也。拜拜，最重
要的也就是拿著香在空
中搖晃祝禱，很多人都會
喃喃自語，說些什麼呢？我們
沒有「……阿門」的格式，通常是
先打聲招呼，向祭拜的神明說明自己叫什麼
名字，住在哪裡等等，再說想求的事。據說
比較「適當」的方式是，先不說個人的私
事，而是先說八字真言「國泰民安，風調雨
順」，好像可以顯得自己大公無私似的，然後
就可以將其中三支香插進香爐。

拜完天公之後，請轉一百八十度，從中央的
主神拜起。「行天宮」的主神，也就是在香
港警匪片中，警局裡通常會供奉的「關二爺」
——「恩主公」，或者也有人更禮貌地稱為
「恩主公祖」。拜完「恩主公」之後，再拜兩
旁陪祀的從神，各一支香。進行到此，基本
的程序大體完成。接下來就是等個一刻鐘左
右，再以手分別「天公」與「恩主公」的方
向祝禱，告知神明，我們即將離去。或者你
還有一些其他的事，請看進階篇。

TIPS

有個小細節請注意：先前買的供品，其中有
一項為米糕，通常米糕上有一顆帶殼的
龍眼，在六支香都順利進入
香爐後，請將龍眼殼剝
除，然後再將米糕
外的塑膠紙略微
張開。這樣做的
意思，大概就
是請神明可以
開動了。

進階篇
收驚

如果你遇上一些不明所以的不順遂，或
者只是單純地想求平安，可以跟著眾人排隊
的隊伍，進行「收驚」的儀式。收驚的動作
很簡單，報上你的名字與年紀即可，年齡可
要說虛歲的哦！儀式的操作者會拿香在你的
頭頂上、胸前、背後晃動，個頭超過一米七

者，請自動配合點頭，以降低身高，方便義工媽媽為你進行儀式。這些動作的目的，在於安撫你的三魂七魄，不信的話，你可以默數，在胸前劃的動作總是三下，在背後則是七下。聽到一聲「平安」，代表儀式的完成，還有你的平安。乖寶寶請記得說聲謝謝。

求籤

籤不是你想要就可以隨便求的，這是第一個觀念。首見請你先告訴「恩主公」，你有什麼樣的疑惑，前來尋求解答。然後「卜杯」，在三次擲杯之中，只要有一次是「盛杯」，也就是一正一反，那就可以繼續下一步驟。到籤號的筒子裡，抽取一支竹籤，記清楚竹籤上的號碼，然後再「卜杯」，確定是否這支籤即是解答所在。還是一樣，三次之中出現一次「盛杯」即是。如果不是，請再重新抽取一支竹籤。確定了你抽的籤號之後，再到廂房的辦公室換取籤詩。至於籤詩的內容，可以向辦公室的伯伯求教，或者帶回家仔細揣摩。相信在事後，你一定可以明白其中的真切意義。

求爐丹

雖然現在敢吃爐丹（爐丹者，香灰是也）的人已經愈來愈少了，不過這並不代表你想要就可以隨便拿。還是一樣，你得先「卜杯」問神明。規則如上所述。如果神明答應的話，就可以到一旁的架上，取紅紙一張包裹，不需貪多。如果三次都得不到「盛杯」，可以再向神明請教，是否你的情況是不需要求取爐丹，請還是以「卜杯」的方式與神明溝通。求到的爐丹可以當場泡水飲用，或是帶回家與家人一起分享。

附帶一提，行天宮也有保平安用的護身符，不過與某些寺廟不同，行天宮的護身符並不是花錢就可以買到的。求取的方式與前面的例子類似。如果神明答應，再到辦公室詢問。有些人拿到護身符之後，習慣會將護身符在香爐上繞個幾圈「過火」，據說可以使此符有更強大的力量。還有，講究一些的人，是不會將護身符帶到一些比較「污穢」的場所，例如洗手間。

當然，以上所說的，可以用閱讀一般坊間八卦雜誌或者觀賞電視靈異節目的心情，能參考的部分就參考，覺得不可思議、無法接受的部分，跳過不考慮，也未必就會因此帶來不好的後果。「拜拜」最重要的，還是在於誠心與正念，儀式的細節，就留給人類學家去研究吧。相信在「上面」的神明，也不見得有那麼多美國時間，來和平凡如你我的小老百姓斤斤計較，不是嗎？

有辦法讀美國學校的台灣人

which kind of taiwanese are you : in or out of american school?

雖然這一輩子活到現在，從來沒有機會認識任何一個讀台北美國學校的人，也沒有任何機會去了解，為什麼這間位在中山北路六段的學校，擁有像大學一般的廣大校地面積，門口的紅磚道更是台北市少見的寬闊平整。不過可以確定，在台北讀美國學校的應該只有兩種人：一種是台灣人，另一種是非台灣人。

這絕對不是廢話，而是句值得去進一步追問的話。會讀美國學校的「非台灣人」，不外乎是到台灣工作的駐外人員子弟，或者到這裡作生意以及被公司外派的外國商務人士的小孩；跟他們祖國的同年齡小孩比起來，他們的求學經驗似乎顯得比較不一樣，但即使如此，怎麼說他們應該也算得上這個地球上的「正常人」才對。但若是提到讀美國學校的「台灣人」，恐怕就不會是這個地球上的「正常人」了吧！因為美國學校之所以在我們這座城市存在的目的，不管想像力再怎麼豐富，也不應該是讓台灣人去讀的才對。

因為會去讀美國學校的台灣人，從來就不是台灣社會裡的正常人。而造成這種不正常主要是政經因素的作祟，不妨試著想想，究竟有那些人讀美國學校，而他們是憑藉什麼去讀的？

如果把角度拉大一點，也許讀美國學校的台灣人，只是某個大結構裡的切片罷了。在我們這個社會，或者說在這個世界上許多「非第一世界」的國家，都會有一群讀美國學校的在地人。這樣的人們所代表的是當地社會有辦法有門路的一群，就算不讀美國學校，也絕對有材料到第一世界長大。而成年之後，他們幾乎都會再回到祖國，成為社會菁英。

其實這樣的人不能說他們不正常，相反的，他們通常還是社會重要人士與意見領袖，是主流價值的具體展現。可是他們絕對和大多數平凡如我的人不同，那難道不正常的是我們嗎？

永遠記得的是，民國七十年前後，作者還在台北市某所明星國中就讀時，每個學期結束都會有幾位班上的同學離台灣而去，舉家移民或隻身赴美，成為後來我們習慣稱呼的小留學生；此外，還有每天下午四點左右，在放學回家的路上看到駛過的美國學校校車，心中油然昇起的某種肅然起敬心情。

萬華地帶的主婦天堂

not just a marketplace, it's a mall!

的確,在這座城市中,萬華地帶算不上是什麼高生活品質的區域。隨便舉個例子來說,捷運不到我們這兒來,當然讓人有些傷心,不過從一個老萬華人的角度看來,似乎也是意料之中的事。

老舊市區長得什麼樣子,有什麼特殊的味道,光是從街上走的公車就能看出些許端倪來。在萬華地帶,常常可以看到只有兩線道的舊街裡,竟然同時有好幾部不同路線的公車肩併著肩以時速不到二十公里的腳步簇擁地行走著,公車司機還得不時注意拖著菜籃與小孩的主婦,因為她們可能一不小心便搶起路權來。

不過這些主婦與城市其他地域的同胞相較,還是有些幸福的所在。因為在我們的萬華地帶,有著足以傲視全市的「傳統市場的超級mall」──果菜市場。

為什麼說是「傳統市場的超級mall」呢?一般所謂的mall,多半指一片禁止交通工具入內的大區域,或者一棟巨碩的建築物,裡頭長滿了各式各樣的商店,供人們在其中盡情地享受著購物的樂趣。所以敦化南路遠企的英文名字就叫做The Mall,或者分店愈開愈多的家樂福,也是一種mall。

位於萬大路底華中橋下的果菜市場,老台北人習慣稱之為「中央市場」,則可以算是另一種具有特色的mall,而且絕對是「傳統市場等級中的超級mall」。如果一般的小雜貨店,與「頂好」超市對比,可以形容為小巫見大巫的話,那麼果菜市場在一般社區中的小型傳統市場的面前,真的就是超級mall了。

凌晨兩三點,從中南部原產地直接開上來的大型貨車,一部部進駐此地,四點左右,魚市菜市的大盤開始在數座巨蛋似的大廣場裡批價切貨,這時天色尚且昏暗,偶爾可以看到攝影師在勘察著類似「走尋台北人」的場景。五六點以後,小盤商們大多已經準備好了各自的攤位,等著早起的顧客上門,這些早起的常客裡,不乏在大台北地區裡經營各種自助餐店或者東西洋餐廳大飯店的老闆與主廚。通常在七八點中小學生上完學之後,辛苦的家庭主婦們便開始出動,居住在方圓三公里之內的主婦,可以徒步前來購買全家大小一星期所需(奇怪咧,怎麼爸爸們都不出來買菜?),比較辛苦的是那些搬離萬華地帶的老主顧或者遠道慕名而來的新客人。在九點左右的「果菜市場」公車站牌前,時常可以看到她們拖著或大或小的菜籃,艱困地擠上公車,然後彼此高聲討論誰今天買的菜便宜一些。

如果你願意花點時間了解一個家庭主婦的行走路線,下次可以試試看逛逛傳統市場。而如果你碰巧也居住在萬華地帶,就到果菜市場來走走吧,不僅可以幫助你瞭解媽媽的交際範圍與殺價高招,運氣好的話,說不定還會碰到那位衝著人氣來此擺攤賣道地壽司,可是一句中文也不會說的日本人呢。哦,對了,在這裡,記得請用一斤十六兩的傳統制度,可別白目地套用課本上教的公斤制,免得招來人們的訕笑哦。

大使館？請上九樓C室！

what on earth is your country, my ambassador?

根據好萊塢電影，「駐外使節」這種職業，除了天天坐黑頭車赴宴、吃魚子醬配香檳，就是專門
利用外交豁免權幹些見不得人的勾當，殘害忠良。電影裡的大使館總是金碧輝煌，花園裡處處是
噴泉和雕像，巴洛克風格的露台適於偷情，壯觀的廊廳簡直可以拿來當作「灰姑娘」卡通的舞會
場景。

這樣看起來，做大使實在是不錯的差事。想像中，首都的「使館區」應該是衣香鬢影、冠蓋雲集
的體面地方。不過根據我們實際走訪幾間駐台領事館的經驗，住在台北的大使們，似乎比較沒有
這種排場。舉例來說吧，諾魯共和國（Republic of Nauru）的駐台領事館地址是「忠誠路二段
247號九樓C室」；史瓦濟蘭（Kingdom of Swaziland）名譽總領事館則座落於「仁愛路三段127
號12樓」。這樣的地址，怎麼看都很難跟魚子醬與香檳宴聯想在一起，反倒像是報關行之類機構
才會租的地方……。

無論如何，假如你一心想朝外交界發展，或者自詡十分關心國際情勢，不妨先做做這題「連連
看」，測驗一下你對台灣的邦交國有沒有起碼的認識？要知道，坐黑頭車、犯罪享有豁免權的生
活，不是那麼簡單就能到手的……。

一、以下四幀國旗都屬於中華民國的邦交國，請把圖中的國旗與國名配對。
1. 諾魯　　2. 薩爾瓦多　　3. 巴拉圭　　4. 哥斯大黎加

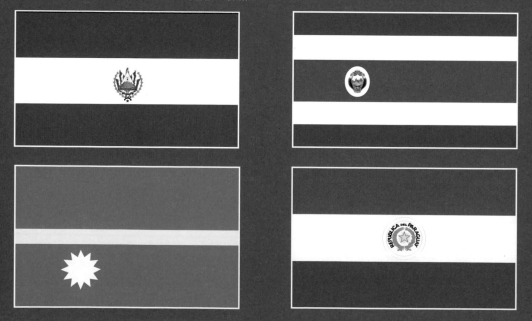

假如這還不能使你氣餒，那就接著做下面的題目吧！

二、請選出與台灣「有」正式邦交的國家：

- [ ] 1. 模里西斯
- [ ] 2. 玻利維亞
- [ ] 3. 塞內加爾
- [ ] 4. 沙烏地阿拉伯

三、請選出與台灣「沒有」正式邦交的國家：

- [ ] 1. 聖克里斯多福
- [ ] 2. 聖文森
- [ ] 3. 聖多美普林西比
- [ ] 4. 聖露西亞

還記得高中歷史老師曾經不無嘲弄地說，台灣的邦交國只剩下「黑朋友」跟「小朋友」了。下面的題目就是關於這些國家的位置的。你答得出來嗎？

四、請問以下哪個與台灣有邦交的國家「不是」位於非洲？

- [ ] 1. 馬拉威
- [ ] 2. 吐瓦魯
- [ ] 3. 甘比亞
- [ ] 4. 查德

五、以下這些與台灣的邦交國有關的描述，哪一個有誤？

- [ ] 1. 教廷是歐洲唯一與台灣有邦交的國家。
- [ ] 2. 巴拿馬和巴拉圭都位於中南美洲。
- [ ] 3. 東加王國是非洲國家。
- [ ] 4. 海地位於北半球。

以上五題，你要是沒有作弊而竟然拿了滿分，快點寫信給外交部長eyes@mofa.gov.tw自我推薦！他們應該願意破格擢取像你這樣的奇才喔。

【答案】

一、
薩爾瓦多　聖克里斯多福　聖露西亞　帛琉　巴拉圭

二、
3. 塞內加爾。

三、
4. 聖露西亞。

（以上兩題的答案隨著政治情勢變動不居，隨本書出版的時候，搞不好又有幾個國家跟我們斷交了。）

四、
2. 吐瓦魯共和國，位在大洋洲。

五、
3. 東加王國是大洋洲國家。

把TOWER當書店逛！

digging esoteric magazines in tower records

Tower（淘兒唱片城）是1992年登陸台北的。姑且不說它的店頭CD數量有多驚人、音樂品類又多麼包羅萬象——光憑它是當時全台北唯一設有「試聽機」的唱片行，就足以讓長期營養不良的台灣樂迷「受寵若驚」了。不過這幾年，價格低廉、空間開闊的大賣場紛紛湧現，網路郵購的風氣也漸漸打開，Tower的傲人店藏，似乎已經不像剛開幕時那麼希罕了。

不過Tower畢竟還是擁有獨一無二的魅力——這家唱片行最精彩的商品，其實不是唱片，而是琳琅滿目的進口雜誌。

進口雜誌？你或許會覺得奇怪。永漢、紀伊國屋、金石堂、新學友、誠品，不是都可以找到許多進口雜誌嗎？難道非到Tower買不可？沒錯！Tower賣的進口雜誌，有許多正是「別無分號」的獨門珍品。除了一般常見的男女休閒雜誌（Esquire, Vanity Fair, GQ...）和不是太稀有的音樂雜誌（Musician, Guitar Player, Rolling Stone, Downbeat...），Tower還有不少更「專精」的選擇。比方英國血統

的幾本優秀刊物Q，MOJO，NME和另類音樂的重要期刊CMJ與Alternative Press，都可以在這兒找到，它們是從前的樂迷只能透過代理商越洋訂閱才能享有的好貨。運氣好的話，你會在架子上翻到一本叫做RayGun的雜誌，這是一本編輯排版極度前衛的搖滾樂期刊，首席美編David Carson是影響九〇年代歐美平面設計概念至鉅的大師。許多壓根不聽搖滾的設計界人士，就是衝著Carson的名號拼命蒐集RayGun，把它當成創意枯竭時的救命丹。

而這些都只是一小部份而已。由於國外雜誌代理商經常「買大送小」，在一整批主流雜誌中間夾雜一兩本沒人聽過的小眾怪刊物讓Tower「試賣」，於是你會在Tower找到怪異的重金屬漫畫、無政府主義者的龐克樂通訊、裝幀美麗的另類文學、附贈T恤或臂章的DIY音樂指南……族繁不及備載，每種雜誌的全球發行量絕不超過兩千本。這些奇形怪狀的出版品是台灣其他進口書商極少理會，卻對我們跟上第一世界最炫最酷的流行風潮大有裨益的。

更有趣的是，Tower還進了一些亂七八糟的歌迷通訊（Fanzine）和專供「特殊癖好人士」享用的雜誌。比方說Goldmine，這是一本專門討論絕版專輯、珍貴唱片版本和紀念品市價的雜誌，等於是搖滾圈的蘇士比拍賣指南。又如Body Art，專門展示各種無奇不有的紋身圖案，從指尖大的飛蛾到佈滿前胸後背的五爪金龍應有盡有，而這只是Tower架上好幾種紋身雜誌之一而已。此外像Bruce Springsteen的歌迷通訊Backstreets、Beatles的歌迷通訊910、Bob Dylan的研究專刊On The Tracks，這些雜誌的發行對象僅止於極少數有考據癖的死忠樂迷，刊物名稱也都隱藏著只有歌迷才了解的典故。刊物架下面的櫃子裡，來自紐約的Village Voice擺了一整排。天知道多少人真的對裡面那些當地藝文資訊和書評感興趣，不過這疊爬滿蟹行文字的畫報，還是讓我們油然生出與第一世界的文藝青年同步接收資訊的快感。

對台北的年輕人來說，Tower的期刊架真的提供了不少讓人大開眼界、與地球背面若干特異角落連線的管道。這個功能，連愈來愈膨脹的誠品都還無法取代。

所以，誰說不能把Tower當書店逛？它的期刊架讓你在無窮無盡的消費動作裡尋獲最大的投資報酬率，你可以輕易在貨架上面目相似的商品中找到自己的品味。只消佯裝不在意地買一本全台灣不超過二十個人會看的雜誌，你就簡單地完成了「與眾不同」的儀式，夠划算吧。

蒐購絕版模型

looking for out-of-production models?

你大概不知道去萬年買模型還可以賺錢吧！這當然不是什麼現金回饋或累積分數到某個程度就可以成為會員等等促銷花招，這可是我的親身經驗。

某一天閒著沒事在網路上瞎逛，無意識的在 search engine 上輸入 scale modeling 這個字

串，起先只是碰碰運氣，心想應該不會有人這麼無聊建立賽車模型的網站吧，有的話大概也應該只是模型製造商的 homepage 罷了。幾秒鐘之後搜尋結果出來了，怪怪！還真有，而且是針對 F-1 賽車的 homepage，當下大喜過望，趕緊進入瞧瞧是怎麼樣的福地洞天。這是個叫 Eric 的英國佬建立的網站，內容真是精采豐富（對一個 F-1 模型狂來說），從模型製造商的網址到有史以來所有的 F-1 賽車模型的目錄都有，最重要的是 Eric 體貼地設計了專門交換買賣的網頁，完全是服務性質，不收取傭金。post 希望買／賣的玩家遍佈世界各地，產品則以絕版品為大宗。

▲F-1模型的頂級珍品——1/12 Tamiya MP 4/6。

在眾多玩家眼中以日本田宮模型生產的 McLaren 車隊的系列賽車最為搶手，該車隊的賽車除了配色搶眼討喜之外，它同時也是天才車手 Senna 的冠軍座駕，如今 Senna 身故，加上田宮於1994年停產，更使 McLaren 系列賽車的價格水漲船高，一輛1/20的 MP 4/8 車型在國際市場上（也不過就是網際網路）叫價80元美金，算算合台幣超過2700元，而當年這台頂多300元台幣，不過才四年，身價就暴漲九倍多，而且搶手得很；同樣是田宮出品的1/12的 MP 4/6 車型更是頂級珍品，曾有人叫價美金750元，合台幣超過25000元，而且有行無市，幾年前這台也不過索價台幣3000元而已，想不到買一台模型還可以淨賺台幣兩萬多吧！可惜我後知後覺，沒有這個遠見。不過萬年的絕版模型特別多，一般版上要找的大多找的

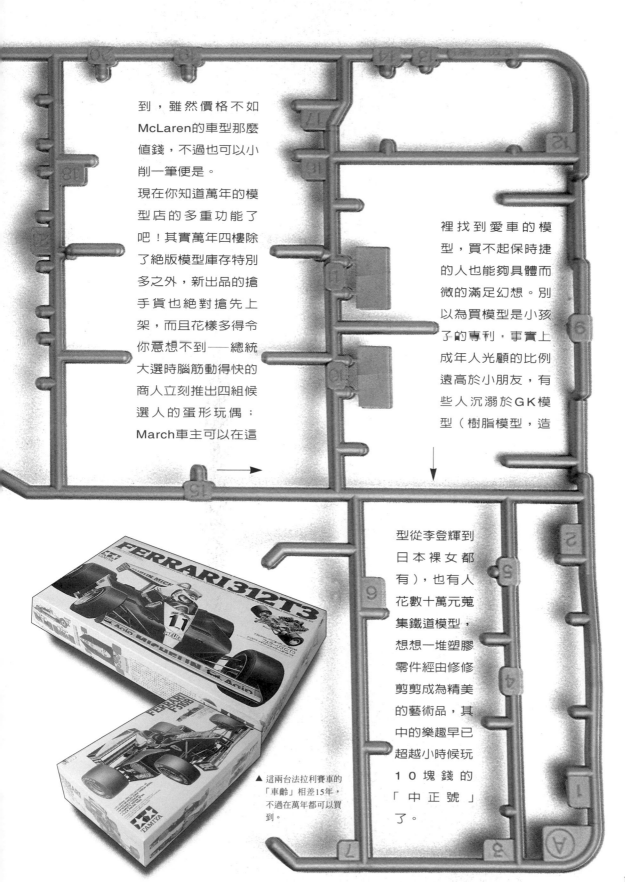

到，雖然價格不如McLaren的車型那麼值錢，不過也可以小削一筆便是。

現在你知道萬年的模型店的多重功能了吧！其實萬年四樓除了絕版模型庫存特別多之外，新出品的搶手貨也絕對搶先上架，而且花樣多得令你意想不到──總統大選時腦筋動得快的商人立刻推出四組候選人的蛋形玩偶；March車主可以在這

裡找到愛車的模型，買不起保時捷的人也能夠具體而微的滿足幻想。別以為買模型是小孩了的專利，事實上成年人光顧的比例遠高於小朋友，有些人沉溺於GK模型（樹脂模型，造

型從李登輝到日本裸女都有），也有人花數十萬元蒐集鐵道模型，想想一堆塑膠零件經由修修剪剪成為精美的藝術品，其中的樂趣早已超越小時候玩10塊錢的「中正號」了。

▲ 這兩台法拉利賽車的「車齡」相差15年，不過在萬年都可以買到。

FERRARI 312T3

FERRARI F310B

「新‧誠品」之生與
「舊‧誠品」之死

ten years of eslite bookstore : a case study in brief

從1989年第一家誠品書店開幕至今，誠品已經邁向第十個年頭了。時至今日，「誠品」所代表的意義，早已不只是單純的書店而已。事實上，誠品一開始雖然以「另一種書店」的定位為大多數人所知，也許它從一開始在台灣社會出現，就註定不能單純地只以書店自居。

今天的誠品，是個年營業額十億的企業組織。如果是從九○年代前期就開始與誠品為伍的朋友，這幾年可以明顯地感覺到整個誠品的模樣變得不一樣。其中最大的不同，莫過是誠品的店數增加的速度讓人目不暇給，主力消費群不再只有當年一小撮藝文愛好者，也吸引了相對多數的城市中產階級住民。

對大多數人而言，誠品是一個超乎想像的精緻書店，是個擁有很多進口書籍的書店。但誠品其實是不會在台灣出現的書店，它的規劃與設計具備了歐美日書店的水平。相對於台灣其它的書店，誠品絕對是「另一種書店」，它是讓人們可以享受逛書店樂趣的書

店。追根究底，誠品不只是書店，而是一個文化象徵地標；它是外國朋友來台灣，你會想帶他／她去逛的書店。

誠品曾經是位在台北市仁愛路圓環旁邊獨門獨院的地下室書店，截至1998年上半為止，誠品在台灣各地已經開了十五家分店（台北九家，台中兩家，桃園新竹高雄屏東各一）。

現在的誠品還是藝文活動絡繹不絕的場所。以敦南誠品總店來說，幾乎一年三百六十五天都有活動──主題座談、新書發表會、小型音樂演奏、專題電影放映……。它把書店的角色提昇到「城市文化訊息發送媒介」的層次。

因此我們看到代表某種「菁英取向」的書店類型（以老誠品書店作代表）已經消失；取而代之的是一個複製了國外正常書店起碼會有的舒適與精緻度的書店類型（以新誠品書店作代表）在此地誕生。

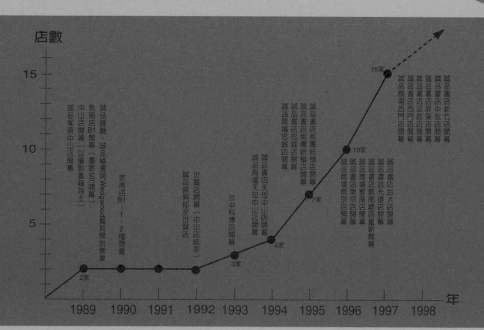

店數

15 ── 15家

10 ── 10家

5 ──

1989　1990　1991　1992　1993　1994　1995　1996　1997　1998　年

2家　　　　　　　　　　3家　　4家　　7家

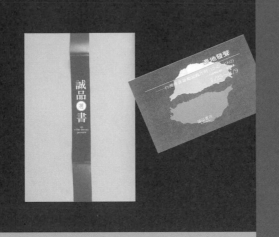

不只如此，誠品還是文具、傢俱、服飾、皮件、精品美饌……齊聚一堂的規模商場。從品牌的角度來看「誠品」，它可能更像所謂的「文化連鎖商店」。誠品通過書店的經營為大眾所知，不過它真正賺錢的部門從來就不是書店。在誠品的組織架構中，同時包括了文化事業部、商場事業部、零售事業部和餐旅事業部。即使到現在，雖然一般人認知的「誠品」就是指書店，但事實上誠品書店是所有事業部中唯一賠錢的部門。也許我們可以這麼說：書店是「誠品」品牌形象的重要一環，但光是「書店」這個部門絕對不能涵蓋全部的誠品。從這個形象推衍出去的相關商品販售與商場租金，書店以外的其它事業部所經營的生意，才是它獲利的主要來源。

誠品在1994年以前，一共有四家分店，1995年底增加到七家，1996年底變成十家，1997年底則開了十五家。也就是說從1994年初到1997年底，三年內開了十一家新店，而前五年只開了四家店。這可能是整個誠品經營的策略轉折點。

【誠品的書籍排行榜】

	1993年	1994年	1995年	1996年	1997年文學類	1997年非文學類
1	前世今生	前世今生	蘇菲的世界	EQ	葉慈詩選	腦內革命
2	台北市古街之旅	夏先生的故事	羅浮宮	印象四書	山居歲月	聖經密碼
3	少年大頭春的生活週記	鯨魚生與死	台灣賞樹情報	西藏生死書	北港香爐人人插	西藏生死書
4	文化苦旅	最受歡迎的古典名曲	夏先生的故事	蘇菲的世界	挪威的森林	理財聖經
5	新厚黑學	一九九五閏八月	最受歡迎的古典名曲	生活簡單就是享受	遇見100%的女孩	生活簡單就是享受
6	感官之旅	歌劇魅影	戴眼鏡的女孩	一隻狗的生活意見	潛水鐘與蝴蝶	認識建築
7	台北城的故事	山居歲月	打開咖啡館的門	山居歲月	紙牌的秘密	投資股票的第一本書
8	思考的建築	生命輪迴	流行陰謀	葡萄酒入門	一隻狗的生活意見	蘇菲的世界
9	鴻：三代中國女人的故事	感官之旅	山居歲月	緩慢	傷心咖啡店之歌	成功致富又快樂
10	香水	進入古典音樂的世界	X的悲劇	貝律銘	白水湖春夢	旅行就是一種SHOPPING

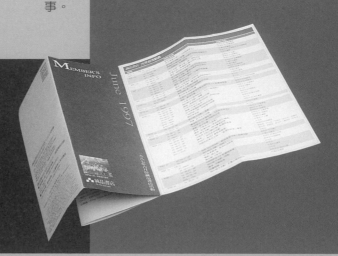

文學見證生活．影像記錄時代

站在閱讀的橋上，瀏覽、遨遊、對照——

看見自己，以及我們的時代．

尋找作家

打造一條文學天橋

1997·12·1-1998·1·31

誠泰銀行／台北市政府／誠品書店站前店 主辦

從書店經營的角度來看，書店的利潤比起其他行業顯得過份偏低，如果不能形成經濟規模，很難長久生存。而誠品顯然不想讓它的書店成為「純做夾的文化慈善事業」。誠品經營策略的轉變，除了主事者的眼光與判斷，當然和台灣文化消費的市場邏輯有很大的關係，要靠總額偏低的營業額去支撐一個訴求精緻生活的品牌，檢查過去台灣的案例，不外是企業家做善事。但誠品現在顯然想走另外一條路。

如今誠品的每家分店幾乎至少會包括書店和商場兩大部份，若曾經去過誠品台北以外的分店，你會覺得它們和身在台北的誠品沒有什麼兩樣。它縮短的不只是台北與巴黎柏林紐約東京的距離，也把台北新竹台中高雄的距離拉近。陳列在賣場的商品，可能是來自

英國名家血統的皮製鉛筆盒，或是德國工藝傳統手製的宴會留言簿，說不定是義大利某位藝術家設計給上班族使用的個性公事包……它所引進的商品一如整個書店的精緻取向，與台灣同類型產品的面貌大異其趣。

值得一提的是，誠品書店乃至賣場的室內設計都有相當的水準。在國外逛過書店的朋友，應該會同意：在台灣這個隨時隨地糟糕到讓人吐血的地方，有這樣品質的書店可逛，實在是一種幸福。

「新誠品書店」之生，象徵著另一種中產階級品味的被催生；「舊誠品書店」之死，意味著某一個年代的逝去。不管怎麼說，在我們居住的城市裡有誠品的存在，絕對是件好事。

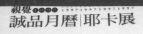

生存是一種遊戲

reasons to indulge yourself with military equipments

「前方有一幢三層樓的建築，呈ㄇ字形，後方是小土丘，建築物前方有一排高約五米的榕樹，兩點鐘方向有矮牆一面，風向西北，順風。」一個穿全套SWAT制服的傢伙向大家說明這一次任務的地形概況，把菸熄掉之後他把裝備重新檢查了一次，然後將所有的人分成三個小隊，一個穿美國陸軍制服的傢伙志願帶隊從左翼攻擊，看來是個老手。他帶了幾個軍服還很新的菜鳥向右前方緩緩移動，一路上告誡他們注意二樓「敵軍」的動態，他知道對方的槍口已經對準了他們，但是射程沒辦法打到這裡。他拔下插梢，用力的把手中的煙幕彈丟了出去，利用風勢把煙幕擴散到前方，「衝！」，說完老鳥就利用煙幕的隱蔽衝到矮牆下，頓時槍聲大作，有個菜鳥太過緊張，不小心在矮牆前跌倒，腿被幾排BB彈掃了過去。在槍響的同時，攻擊右翼的那一隊也順勢進發，穿SWAT制服的傢伙也開始向前方伏進，利用榕樹的掩護攻擊在制高點的「敵軍」。菜鳥「陣亡」了，他花了一個月打工才買齊的裝備只上陣五分鐘就沒用了，但是他不覺得可惜，因為等一下還有一場，下禮拜天也還有。他認為這身裝備夠帥，值得。

這是一場典型的「生存遊戲」，幾十個全副武裝的傢伙聚集在廢棄的軍營或荒煙蔓草的山區，進行小規模的戰鬥。對他們來說，除了槍不是鐵的，子彈打不死人以外，其他的都是玩真的，包括軍服、戰鬥靴、頭盔、S腰帶等等，裝備整齊而且講究。甚至「作戰」時的戰鬥姿勢、戰術運用也都比照正規軍隊，毫不含糊。他們平時各有自己的工作，只有在禮拜天的時候才會聚在一起玩這種腦力與體力並重的遊戲。

有人說他們太暴力，是好戰份子，這樣講太不公平。這就和喜歡玩相機、玩車一樣，不過是一種興趣罷了，這種興趣或許有某種心裡投射，但是在不妨礙他人的前提下，誰曰不宜？只不過一旦玩上癮了就不可自拔，買一把BB槍不過是前奏，也不過就是打蟑螂練練準頭，久了總是會玩膩，之後還有步槍、狙擊槍等著升級。千萬別以為這些BB槍不過像是小孩子的玩意兒，其實裡面的構造可精密著呢。講究一點的玩家還會因應時事增加配備，記得電影「機器戰警」嗎？那具帥呆了的機器戰警手中拿的槍叫做93R，當時這支槍不知羨煞了多少人。

除了BB槍以外，這些專賣軍事用品的店家還販售許多其他類型的軍品，包括美軍陸戰隊的標準制服、二次世界大戰德軍軍服、越戰時期的鋼盔，這些可都是真品，對於有考古癖的玩家來說可是一大福音。至於真正狂熱的軍事迷，讓你眼睛一亮的還有就算當兵也沒見過的迷彩膏、野戰求生包（裡面的東西可都是堪用品）、越戰勳章等等。老實說，國軍使用的裝備恐怕也沒有他們齊全。

有些人很討厭有關軍事的一切事物，可能是學生時代和教官處得不好；也可能是心不甘情不願的去當兵所留下的後遺症，或者有更激烈的理由。連帶的有關這一切的東西都變成永遠引不起的興趣。可是對於這一群「軍事狂」來講，過去的種種都不成為障礙，喜歡軍用品，就和小男生喜歡玩槍、小女生喜歡洋娃娃一樣，不過是好玩，一種最單純的喜好而已。

號稱全國最便宜的書店——水準

definitely cheapest books here

台灣一年有超過兩萬種的新書上市,也就是說,平均一個月便有一千六百至一千八百種左右的新書進入書店,而且這個數字還不包括百種以上的雜誌。想想看,要將數量這麼多的新書一本本地從印刷廠堆到書店的陳列架上,是多麼浩大的工程。於是,在出版產業世界中,除了一般讀者所熟悉的「上游」出版社,「下游」書店之外,就出現了一種比較不為人所知的「中游」,也就是所謂的中盤商、通路業。

不過,就像是每次颱風過後,菜價上揚時,輿論總是會批評中盤的剝削,在出版產業中,批評中盤的聲音當然也不可能不存在。但批評是一回事,能不能有建設性的新做法,又是另一回事。在台灣各種同業公會效率不彰的情況下,這個產業中的各層單位只有自求多福,或者自己想辦法開創出新的遊戲規則。號稱「全國最便宜的書店」——「水準」,就是在這樣險惡的環境中,硬生生地玩出了一番規模來。

為什麼能夠最便宜呢?簡單地說,就是跳過中盤的機制,直接與上游出版社接洽,甚至自己到印刷廠取貨。少了一層動作,成本自然就壓低下來了。這個動作說來輕鬆,就像是網路上有家「阿媽爽(Amazon)」書店開始賺錢之後,每個人都以為自己也有同樣的

能力海撈一票,但實際上做下去,卻是死的死,逃的逃。原因無他,就像偉大的國父還是蔣公說的,「知易行難」是也。

還記得多年前第一次到「水準」,大概是老闆慧眼識英雄吧,他一眼就看出我們幾個學生窮則窮矣,但祇要是有「水準」的書,就算得拼著幾天不吃中飯,總得保住面子,輸人不輸陣啊!所以可愛的老闆便努力地推薦許多「優良書籍」(用引號絕對沒有懷疑老闆學識程度與品味的意思)。印象中最深刻,應該是那套舊版的《胡適文存》吧,老闆除了對胡適的才情學問盛讚無餘之外,還說,如果能夠幫他推銷給班上同學的話,賣到三十套左右,他就送這位推廣學術有功的朋友到東南亞旅遊。他真的是很認真說的,祇是一大票常到「水準」去shopping的朋友,不論是八德路時代或者現在師大路的新店面,好像沒有聽到誰真的因此而有幸到泰國去洗個澡。

空間狹小但令人懷念的八德路舊址。

前一陣子「水準」才搬了新家,幾個朋友到師大路打完牙祭,順道過去搬了些書,其中包括一本定價兩千元的《台灣:戰後五十年》,結果是五五折,當場省下了將近千元,當然老闆仍維持不變的習慣,照例不慌不忙地在書底蓋上「水準書局:全國最便宜的書店」的封印。想想看,一個經常買書的人,心中怎麼會不對這家書店的存在感念萬分呢!

美製Martin D-41木吉他，琴底附拾音器
插頭。曾爲凡人二重唱使用多年，1995
年夏天於「金螞蟻」折價售出。

金螞蟻 —— 搞團青年的軍火庫
rocker's realm : find your axe and plug it in!

行雲流水、老辣無雙的Eric Clapton用的是綽號Blackie的黑色Fender Stratocaster。滾石的Keith Richards總喜歡拆掉他那把Telecaster的第六弦，把五條弦調成開放G，然後刷出叫你汗毛倒豎的精彩樂句。慣用左手的眾神之神Jimi Hendrix把Stratocaster六弦反裝、顛倒著彈，同時用力把搖桿往下壓，製造出一萬架轟炸機同時撞山的音效。一手打造出西雅圖Grunge革命的早夭青年Kurt Cobain擁有專為左撇子特製的Fender Jaguar。能以雙手幻化出一整個樂團的Michael Hedges擅彈Guild十二弦木吉他，偶爾換用雙柄的特製琴。重金屬的老英雄Jimmy Page用一柄1959年出廠的第一代Gibson Les Paul Standard改寫歷史。Neil Young也喜歡Gibson的壯烈音響，但在需要木吉他的時候，他向來是Martin D-45的死忠擁護者。老將Carlos Santana近年改用楓紅色的PRS，讓指間流瀉的尖嘯與低吟和隆隆的拉丁節奏融為一氣。善於創造駭人音色的魔手Steve Vai喜歡裝了大拉桿的Ibanez。伍佰用Les Paul Gold Top彈重搖滾，用黑色的Telecaster錄唱片。在演唱會的現場，他則喜歡用灑滿亮片的Grestch老爺琴彈slide。

金螞蟻的老闆，蔡先生。

這個清單可以一直列下去。每個走進「金螞蟻」的孩子都有這麼一個夢想，就是有朝一日也能躋身其中，成為後世景仰的名手。

「金螞蟻」是一家樂器行。任選一個夏天的午後，走到金山南路一段37號，你遠遠就能看見這些神器排在櫥窗裡，西晒的陽光斜射下來，讓它們驕傲地展現美麗的身軀。推開玻璃門，映入眼簾的是更多神器，排在牆上、躺在地上、堆在角落、藏在箱子裡……。

既然沒事，你決定稍做停留，看看會遇到哪些人。

首先你看見老闆，穿著拖鞋，百無聊賴坐在權充櫃台的辦公桌前，一邊吃便當，一邊逗著小孩。桌墊原本應該是透明的，如今已經斑斑駁駁，底下隨興壓著五顏六色的物件：湊近去看，你發現好幾片厚薄大小不一的吉他pick（彈片）、一張附定裝照的結婚請帖（新郎據說是以前在這裡學琴的小鬼）、橫七豎八三教九流的名片（顯然不少人出了社會還在玩琴）、雜誌上剪下來的吉他廣告、兩三家名廠的彩印吉他型錄，還有便當外賣店的電話。

隔著一排樂器，某個高中生模樣的男孩坐在小板凳上，書包擱在一邊，吃力地摸索著剛剛學會的Stairway to Heaven。因為羞澀，他並不敢把音箱的聲量開得太大，況且這把虎紋楓木琴身的PRS他也根本買不起，只能過過乾癮而已──這點老闆也心知肚明，卻毫不介意，這些小小的噪音，只會讓午後顯得更慵懶、更漫長。一個長髮怒張的皮衣青年跨了進來，拉開嗓門請老闆幫他調一調這柄Jackson，因為琴格會「打鐵」，害他昨天晚上在Vibe做場的時候頻

頻「出錘」。老闆慢吞吞地打開背袋，端詳了半晌，然後雙手並用，談笑間不到一分鐘就卸下了所有的琴弦和彈簧。長髮男子默默望著自己的琴，彷彿焦急的母親望著醫生替孩子打針──你發現這些一臉狠相的搖滾黨徒，到了金螞蟻，都變得馴良無比。

這時候，另一名男子進店來，要求試彈那柄剛剛到貨的Gibson Chet Atkins電古典吉他──顯然是個識貨懂門道的好漢。老闆微微笑了笑，放下手邊那柄等著調校的Jackson，走進裡間捧出一只箱子。「自己試試看吧，這把真的不錯。」男子打開琴箱，插上電，坐下來，調了調弦。你只看了一眼就知道，這絕對是跟吉他廝混了無數春秋的一雙手。他低著頭，輕手輕腳地彈了一段獨奏，旁邊那個高中生早已悄悄把PRS掛回了牆上，自卑而忌妒地站在一旁。你的雙眼不禁溼潤了起來：這是陳昇的〈壞子〉悲壯淒清的前奏，除了江建民，沒有人能把這段音樂彈得這麼如怨如慕、如泣如訴。

凡人二重唱的袁惟仁推開玻璃門，跟小江打了個招呼。他把手上的琴箱擱到地上，跟老闆問起Ovation Adamas的價錢，然後蹙了蹙眉：這種頂級名器，價錢顯然非常缺乏親和力。經過一番討論，他決定把手上這柄受盡折磨、走遍大江南北的Martin D-41廉價賣給老闆，看能多折多少價。老闆同意用兩萬五的價錢賣這把二手琴，看看誰不嫌棄伊滿身的

傷痕，願意帶它回家──畢竟這是系出名門的好琴啊。袁惟仁說他要去提錢，就留下那把Martin，逕自離開了。

天色漸暗，人高馬大的伍佰像一陣風刮了進來，腳上仍然是那雙鑲了銀邊的馬靴。他對老闆說，又要開演唱會，他想換一把半空心的電吉他，可有好貨？老闆笑咪咪地指指牆角，伍佰蹲了下來，打開箱子，抱出一柄櫻桃紅的Gibson ES335，臉上露出難得一見的微笑。他插上電、彈了半個鐘頭，然後二話不說背走了這把琴。這是老闆當天做的最後一筆生意，而這支美麗的ES335，隨即出現在所有伍佰的宣傳照上。

在台北做著搖滾夢的年輕人其實並不太多，一家像「金螞蟻」這樣的店，就可以撐起絕大多數搞團青年的後勤補給了。一代一代的青年人前仆後繼來到金螞蟻奉獻青春，從學琴到教琴，從高中到退伍，有的人堅持到底、揚名立萬，但更多人剪短了頭髮、穿上西裝，手上的琴箱也換成了公事包。只有老闆一直笑咪咪地坐在那兒，你的琴有任何毛病，他都有辦法調到讓你無話可說。畢竟名片上白紙黑字寫著「精修細改」四個大字，這可不是開玩笑的。

當然，實踐夢想並不像修理吉他那樣簡易，這是誰都知道的事。「金螞蟻」掛了滿牆的吉他和貝斯，只有極少數有幸創造台灣流行音樂的歷史，其他大半還是在某個衣櫥的角落默默終老吧。所以，「金螞蟻」不只是樂器行，更是無數烈火青春有去無回的祭壇。

> 在台北做著搖滾夢的年輕人其實並不太多，一家像「金螞蟻」這樣的店，就可以撐起絕大多數搞團青年的後勤補給了……

Bob
Dylan
Gibson J-200

Michelle Shocked
Ovation Standard
Balladeer

Bruce
Springsteen
Fender Telecaster

Jimi Hendrix
Fender Stratocaster

Neil Young
Martin D-45

崔健
Martin D-28

既「故」又「宮」的故宮

treasures from a distant kingdom

還記得1997年最盛大的藝術盛會嗎？沒錯，就是法國奧賽美術館在台灣的大展，不但名字取的高雅尊貴，叫做「黃金·印象」，就連投保金額也創下新台幣百億天價，而且僅僅六十件作品在數個月內吸引了四十萬人次的觀眾，聲勢頗為驚人。內行的看門道，外行的看熱鬧，不管懂不懂，難得有一次藝術嘉年華，依台灣人喜歡湊熱鬧的個性當然不會錯過。

距離展出「黃金·印象」的歷史博物館直線距離不到十公里的故宮博物院相對的就冷清了許多，故宮停車方便，票價也便宜的多，經常展出品起碼數千件，論質、量都不輸奧賽美術館，但是不知是遠來的和尚會念經還是故宮行事保守、不善宣傳，多年來的人氣就是旺不起來，要不是前年因故宮展覽品赴美展出引起藝文界的軒然大波，恐怕一般大眾只知故宮《翠玉白菜》的巧奪天工，而不知《谿山行旅圖》的氣勢磅礴。

從瑪麗亞凱莉到柴契爾夫人，故宮似乎是國際政要名人指定參觀的景點，不管他們看有看沒，至少表現了對文物的喜愛。反倒是傳承這個文化脈絡的本地人只有在校外教學或遊覽外雙溪時才會順道參觀。台灣人遊覽歐洲不會錯過羅浮宮，卻對近在咫尺的故宮保持冷漠，總認為它幾十年都在那裡，就算今天不去明天還有的是機會。對於故宮，台灣人是感到疏離的，或許正如它的名字一般，是個古老遙遠（故）而且代表著某種令人畏懼的權力的建築（宮）。

就像倫敦的大英博物館、巴黎的羅浮宮等世界一流的博物館一般，故宮典藏總數近七十萬件世界上最珍貴、最完整的中國古物，當年蔣先生兵敗山倒，這些古物也隨著國民黨的統治版圖縮小而向南遷移，從老家北京故宮遷往南京，再由南京轉往四川，待抗日勝利後復遷移回南京，民國三十七年在紅色執政前夕又由南京運往台灣，用車、船、舢板、飛機輾轉萬里而來，據說途中沒有一件古物受損或遺失，在戰爭的年代能有這樣的結局，實在神奇。

撇開頂著數千年歷史包袱的文物不談，光是它依山而建、居高臨下的位置就提供了難得的廣闊視野（對面那幢煞風景的至×天下除外）。在建築主體之外，故宮周圍種滿了高達數公尺的柏樹，柏油路貫穿期間，陽光穿透樹影撒下，瞇眼一看頗有雷諾瓦的印象派風格，漫步此間感覺透體舒暢，十分輕鬆。在故宮「正殿」旁的「至善園」則營造江南庭園景緻，提供涼亭、池塘和水鴨讓青年男女、退休老人、學院派攝影師在此伸展肢體與鏡頭。對某些人來說故宮的公園特色還大過其博物館本質。

故宮的主要展出品包括陶瓷、書畫、玉器、雕刻、織繡、青銅器及文獻等，透過捐贈和蒐購，上至皇室典藏品到古人陪葬品都網羅在列。不論華麗或古樸，在恆溫恆濕的環境下，這些古董老老實實的道出在它們身上經歷的事件與傳統藝術之精巧。就拿「國之重寶」《谿山行旅圖》來說吧，光是極其大膽

的構圖就已經夠經典的了，加上范寬使用逆筆，使得整幅畫如「鈍刀刮鐵」，氣勢極為雄壯，明暗的律動層層交疊，宛如交響樂般，畫面右下方的點景更是有畫龍點睛之效，帶動了整幅畫的視覺動線，從右下順著小徑至左方，再沿著松樹頂向上到達山頂，再順著皴筆順勢而下，回到最初的視覺起點，整個視覺動線呈順時鐘方向的圓形，細心一點還可以發覺范寬隱匿在樹叢中的簽名。站在這幅長兩公尺、寬一公尺的巨構面前，彷彿仍然能接受到范寬在千年前傳達的感動。

故宮文物精美當然不止於此。從《祭姪文》字裡行間看大書法家顏真卿喪姪的情緒變化；看宋徽宗瘦金體的貴氣；或猜測甲骨文的象形字。前一陣子故宮還因應香港回歸而展出「南京條約」正本，房東有地契但是房客現實，注定南京條約只能當歷史文獻而沒有兌現的功能。儘管這些文物和現實生活發生不了多少關係，但是有時候聽聽這些老傢伙說故事不也是挺好的？至於四樓的「三希堂」，除非你不挑剔它們的點心口感，也不在乎有個不知其名的蠟像在旁邊彈琴，氣氛倒是不錯的。

顏淵以「仰之彌高，鑽之彌尖」來讚嘆孔子的學問淵博，同樣的一句話也可以形容故宮文物的偉大，身為這個城市的住民，也當如擁有羅浮宮的巴黎市民一樣的自豪。

知識絕對是一種奢華

la savoir est un luxe

人類──獨一無二的族類──生命短暫終將滅亡，而巴比倫圖書館長存；明亮耀眼，熒熒子立，浩瀚無邊，紋風不動，卷帙珍貴，毫無用處，不朽不腐，神祕莫測。

這是波赫士老先生對於他心目中的「巴比倫圖書館」的想像，這座他命名為「宇宙（universo）」的圖書館，自混沌之初便已存在，雖然他也承認，這座圖書館「毫無用處」。

1988年，法國左派總統密特朗向世界發佈豪語，「我想建一座名列世界最大、最現代的圖書館……我想要一座兼容並蓄所有學門一切知識訊息的圖書館……」。後來，法蘭西國家圖書館的確蓋起來了，儘管有很多文化界、知識界的人士反對密特朗的計畫，其中包括一度曾任法國國家圖書館館長、二十世紀戰後全球歷史學界中最耀眼的年鑑學派明星之一的勒華拉杜理（Le Roy Laudurie）、一位右派的知識份子，也不認為法國政府有能力在大巴黎地區興建一座新的圖書館。但是以L型象徵開卷姿態的四座藏書大樓畢竟還是落成了。儘管其中的藏書還是不比美國國會圖書館、大英圖書館等超大型圖書館，但法國人仍是建立了某種法蘭西民族的驕傲。

台灣沒有像法國的左派執政的經驗，雖然政治人物也和密特朗同樣地好大喜功，但傳統畢竟不同，台灣的好大喜功不知道還得要多少年，才會表現在知識或者文化的層面。

台北的「國家圖書館」，得在挑空的大廳中放置整排的紅色大水桶，等著接屋頂漏下的雨水；期刊室裡，永遠有一堆人在爭看最新一期的《時報週刊》之類的雜誌，我的意思當然不是說《時報週刊》是不好的刊物，只是這類書報，不是在每個市圖分館或是街頭巷尾都可以輕易地看到嗎？「央圖」特有的研究小間難以申請，即使申請到每天也祇能在上午九點到下午五點之間使用；許多讀者仍然視央圖為免費使用的「K書中心」，君不見底層始終滿滿坐著埋在參考書與課本堆中不見天日的苦悶聯考族，以及年紀不小但仍在努力各類國家考試的青壯年；難喫指數居高不下的餐廳卻仍霸佔著讀書人的飲食權利；影印一份大陸學術刊物得填單子申請，等三天之後再來拿，套一句應該在戒嚴時代才會出現的圖書館術語，這就叫「匪偽資料，禁止閱覽」……。

在這些環境條件下，我們還真的希望有哪位好大喜功的大姊或仁兄，以後當上總統的時候，也搞一座像樣的圖書館，至於名字國家不國家，倒是無所謂啦。

在還沒有見到具體改善之前，「國家圖書館」還是有其階段性的任務：在中正廟方圓一兩公里內，它還可以算是不錯的衛生設備。尤其如果遇上沒有票進去中正廟內的劇院音樂廳方便時，我們強烈推荐國家圖書館的洗手間，還有免費的飲水機哦！停車場好像也是免費的吧，祇是請記得帶張「國家圖書館」的閱覽證，以備查票時使用。

戀物

現代都會中的年輕人愛戀一支Swatch的手錶，

與印第安人崇拜蛇圖騰，

本質上其實沒有什麼兩樣，

背後都是由攻無不克的「拜物情結」所操控，

只不過現代人有眾多資本主義的商品可選擇罷了。

如何在這座城市裡聰明地買同時有風格地消費，

絕對是個學問。

戀物戀的絕不止是物品本身而已，

更迷人的是所戀之物後面的精神性。

廉價的平民藝術品收藏—SWATCH
art gallery on your wrist

買Swatch手錶這件事，應該沒有什麼了不起。每個人隨便到任一家百貨公司的Swatch專櫃，只消花新台幣一兩千元，就可以任意選一支喜歡的手錶帶走。這樣講起來，買Swatch手錶怎麼想似乎都算不上一件特別有意思的事。

但是，Swatch真的非常有意思。有意思的地方在於，每一支Swatch手錶都是一個作品。「作品」通常被拿來指藝術領域的純粹創作，用來形容大量製造的消費事物往往比較不易被人接受。但是許多Swatch手錶，不僅算得上是有意思的作品，而且可以視為值得收藏的藝術作品。

Swatch從1983年問世以來，作為時裝配件的角色一向高過扮演計時工具的角色。今天的Swatch更進一步，成為流行潮流的指標。它打破設計者的專長界限，邀請各個領域的藝術工作者來為每一季的新款Swatch設計，所以每一次Swatch推出新作，都是人們注意的焦點。除了消費者為它著迷，受邀為它設計的藝術工作者其中不乏許多知名大ㄎㄚ，像西班牙導演阿莫多瓦、Talking Heads的主唱 David Byrne……都曾為Swatch手錶設計抓刀。

Swatch向來是「拿來欣賞收藏的價值」高過
「戴在手上的實用價值」，所以一個人擁有好多支
Swatch絕對是很正常的事。擁有的數量到某個程度之後，
就會進入收藏的境界。「擁有」只需花錢付費，「收藏」則得
加上心神耗損。在這個世界只要發生了收藏行為，相對應的就會產
生類似蘇富比拍賣所謂的收藏行情。加上Swatch手錶和Nike球鞋的行銷
策略完全一樣，每年都會推出新款但過季就停止生產，部分特定式樣還限量
發行，於是搞得收藏者每逢新品推出便緊張兮兮神經緊繃，不在乎排隊多久，一
定要馬上擁有。但是沒辦法，就是要嘛！

如果錯過上市購買時機，要買以前的Swatch手錶就得去水貨店找。這樣的店在我們的城市裡有
好幾家：統領百貨左手邊的巷子、從信義路轉進去永康街右手邊的第二條巷子、景美漢神百貨斜對
角，各有一家值得去尋寶朝聖的「Swatch街頭博物館」。不只可以看到價錢已經翻了好幾番的過季貨，也
能發現一些台灣公司專櫃沒進但其他國家有賣的東西。除非收藏Swatch成癖，否則光知道那個價錢就足以讓
人昏厥。對大多數人來講，別管太多，光趁著當季買幾支，就足以構成廉價入門的藝術品收藏。

相機大街

useful tips before heading for a hi-end camera

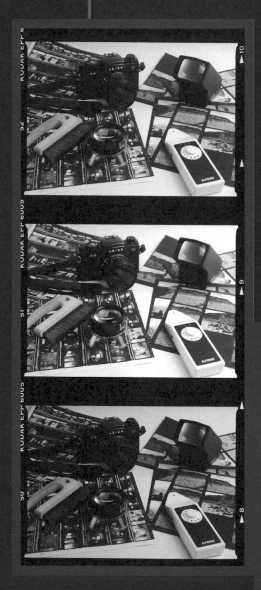

隨便問一個對攝影小有涉獵的朋友：相機該去哪裡買？十之八九的回答大概都是：博愛路。說的簡單，問題是在博愛路、漢口街一帶短短的數百公尺聚集了起碼二、三十家的攝影器材專賣店，有些看來像刻印章的小店，蜷縮在騎樓之內；有些則氣派得很，大型櫥窗加上投射燈光，雖然說門面氣勢強弱不一，但是每一家看起來都有模有樣，至少陳舊的招牌與裝潢就足以證明它在競爭激烈的同業裡屹立不搖的能力，同時櫥窗內總會擺幾台鍍金機身、蛇皮包覆外殼的紀念機型或印著俄文、長相詭異的老相機，加上玻璃上貼著令人肅然起敬的Leica或Rollie貼紙，功力稍弱的光是看到這等景象恐怕腿就軟了。

當你以為作好了心理準備，深呼吸一口踏入店家，畢恭畢敬的向老闆說明你的需求，不幸的是一開口就暴露了對攝影知識的貧乏，遇到和氣的業者也就罷了，若碰到擺著高姿態的老闆免不了被冷落，假如你仍不知好歹，硬是裝內行，很可能被老闆客氣的「教訓」一頓。這裡高手如雲，不懂就虛心求教，以免自討沒趣。

一個初學者想要買一台適合自己的相機可不容易，原本準備了一萬多元的預算，但是面對外科手術用具般複雜的精密光學儀器及像藥罐子一樣堆在貨架上的器材，激增的腎上腺素很快的淹沒理智，你再也無法分辨快門速度1/4000秒和1/8000秒的不同，也根本不理解光圈2.0和2.8的優劣到底差在哪裡，加上花俏的外型及多得學不會也記不住的功能，腦中盤算的只是如何湊齊不足的差額，反正價差不太多，功能強一點總不會錯。如果你還猶豫不決，老闆總是會拿起計算機，敲個幾下，或打電話問問價錢，最後在適時的

補上一劑強心針：「這款下個月就要漲價囉！這個價錢還是舊價，不信你去問別家，我的價錢一定最便宜啦！」於是乎一萬多的預算上限被輕易的挑破，而且還慶幸自己撿到了便宜。有時候買相機好像玩期貨，晚一天就損失數千元，尤其是匯率波動的最厲害的時候。所以老闆這番話倒也不一定是唬人的。

買相機最好找個熟悉行情的內行朋友，倒不是說隻身前往容易遭到老闆生吞活剝，而是不知道如何將自己的需求和器材的特性做搭配，比如說，新聞攝影最好選用電子相機；藝術攝影則須講究解相度及透光率，喜歡登山的人必須考慮電子系統的耐寒度。事前多做功課，多請教、多比較才是明哲保身之道。事實上在博愛路及漢口街上的攝影器材店有許多都是家族連鎖企業，眼尖的從店名就可以知道個大概，例如老字號的×陽、榮×及×和系列，這些連鎖店面的價格口徑當然一致，所以比價也得找對字號，更重要的是培養自己熟識的店家，三不五時的串串門子或介紹親朋好友前往捧場，為日後升級奠下友善的基礎。至於公司貨和水貨，引述某店家的建議：機身買公司貨，因為有保固；鏡頭不容易出毛病，買水貨。

此地有些店面專賣大眾化器材，有些則專營某些廠牌的暗房用品或極為專業的高檔產品，端看老闆的專業程度及長久以來客戶的培養。別以為一台相機價格動輒五位數，每天大把大把鈔票進出，面對諸多同行的競爭加上週轉的壓力，其實利潤十分有限，最主要的財源還是來自周邊器材及傻瓜相機，所以殺價也得適可而止，畢竟你的殺價能力絕對比不上老闆的「反殺價」經驗。

▲一個原本不起眼的迴紋針，竟然也可以展現出如米老鼠造型般的巧思。這便是「雞肋配備」吸引人的地方。

《長物志》，書桌上的「雞肋配備」

irresistible stationary : mostly useless, but who cares?

明代文人文震亨（他有個比較有名氣的曾祖父，叫文徵明，周星馳主演的《唐伯虎點秋香》裡就有這個角色上場）寫過一本有趣的書，題為《長物志》（「長」讀為「ㄓㄤˋ」），所謂的「長物」，也就是指那些「用之無味，棄之可惜」的「雞肋配備」。在文震亨的文人世界裡，「長物」還分了室廬、花木、水石、禽魚、書畫、几榻、器具、位置、衣飾、舟車、蔬果、香茗等洋洋灑灑「十二門」呢。

在那個被歷史學者稱作是所謂「資本主義萌芽」的明清時代，文人雅士或者想在身份證職業欄上填入「藝術創作者」的傢伙們，三不五時就一海票人晃到有錢的鹽商家裡去吃頓飯順便拗點盤纏，藉此搞些預算，以便能夠製造出許多留名青史的作品，然後一不小心也讓後世藝術史、藝術社會學等學科的研究生們多出許多論文的題目。

這種情況出現在共產主義崩盤，信仰馬克思的人好像都一個一個「覺悟」了似的晚期資本主義社會，樣貌有了些許差異。現代版《長物志》的主人們，或者說這些「長物」的主要消費群，「贊助廠商」有別於前代文人：他們多半是由孝順的父母所供養的闊綽少年家，或者理當處於受「童工保護」的階段，但便能夠利用各種千奇百怪的方式打零工掙錢；或者雖然已經上班，但薪水永遠在房貸、定期定額投資，外加信用卡消費的總額邊緣打轉。不論金錢來源為何，在這個「實不實用無所謂，好看炫奇才重要」的世界中，最終約有百分之九十五以上，都乖乖地流入扶桑國人的手裡，因為在這個「長物」的

世界裡，台灣仍並未獨立建國，依然算是日本的殖民地。

沒辦法，由想像所建構出的愛國情緒民族主義在此是無用武之地的，人家東洋貨的確精緻太多了。

這些現代文人們的「雞肋配備」，總是無時無刻不帶著一種誘惑人的姿態，躺在不同店家的櫃台裡，等待著又一個無力抗拒的受害者，上前摩挲，尋求撫慰。這些千奇百怪，由設計師「無所不用其極」地生產出來的文具，可能出現在各大百貨公司，其中尤以新光三越的貨色最為齊全，也可能是在如夢奇地或被台灣人暱稱為「薑餅人」的Mr. Friendly等「旗艦型」專賣店，或者較為傳統式的大型文具店，如重慶南路上的友利，或者1998年才開張的優美連鎖店。不過也不能完全以店面判斷，有時會「物神（fetish）」一發功，甚至居家附近小學旁邊不起眼的傳統文具行裡，也躲藏著讓人愛不釋手、不得不乖乖掏腰包的小玩意兒。

結局總是這樣的：明明沒有什麼特別的需求，只因刹那之間沒有能力把持得住，於是再度破功，又買了一個回家會被媽媽或者節儉的情人破口大罵的無聊物事。

沒錯，在節儉人士眼中，這些「未必沒有實際功能，但卻怎麼也捨不得丟掉」的「雞肋配備」，的確有夠無聊的。放著媽媽買的整盒打折的雷諾原子筆不用，偏偏就得去買Roting的粗頭鋼筆來鬼畫符。可是不配備著些稱頭的「長物」，還能跟得上流行，稱得上是現代的雅士嗎？文人雅士們倒也無需辯白，只消不屑地「哼」一聲便成，因為雅士一旦辯解，著了文字，不就俗了嗎？雖然這麼說，但我們對於雷諾所開創的六角筆頭百年設計還是充滿著尊崇無比的敬意。

想想看，你是不是也有這類徵狀：「一沸入教室或者辦公室，或者什麼麥當勞35元咖啡店裡，一股現寶的心理作用便立刻驅策著你，馬上得從MH的包包裡，拿出封面印有馬格麗特的空白筆記本，再從薑餅人的鉛筆袋中取出Pentel新款的粉彩金黃色細字筆，隨便塗寫幾個字，再用個長相古怪的KOKUYO修正帶擦擦。最後出場的村上春樹某本小說，攤開了三○六頁的〈螢之光，解除魔法的方法，早晨醒來鬧鐘會響的世界〉那一節，只因想要現給一旁的同學朋友看看裡頭MIKIMOTO的銀色鑲珍珠的書籤夾……」如果是的話，恭喜你，因為你也可以寫本你屬於自己的《長物志》了。

音響街踏勘記

assembling my first hi-fi...with a little help from my friend

你覺得自己已經長大，決定換掉表姑十年前送你的那台手提CD音響，升級成「真貨」——就是那種有擴大機、有揚聲器、背後有一堆線接來接去的那種高檔貨。當然，你不考慮上新聯晴、全國電子賣的那種現成音響，真正的玩家（雖然你不是）總是懂得自己挑選各部零件，拼裝出最適合自己的組合，至少這個你是明白的。

可是問題是，你搞不清楚前級跟後級有什麼不一樣（音響不是都正面朝前嗎？），也不曉得為什麼有人要花幾萬塊買一條電線，然後假裝那條線真的讓自己的音響脫胎換骨痛改前非？為了不使自己在音響店裡看起來像個任人宰割的蠢蛋，你跑到金石堂去翻了一下午的專業雜誌。結果你的音響知識不僅未獲絲毫長進，無數拗口精巧的名詞反而使你愈來愈混亂，唯一的心得是：人類為了取悅自己的耳朵，竟然能搞出這麼多花樣，真是文明的罪惡。

你不笨，知道科技與資訊的重要，於是連上網路，到台灣BBS連線音響版蒐集資訊。經過一夜折騰，你發現：（一）把客人當蠢蛋任意宰割的音響店很多，除非你跟老闆很熟；（二）在殺價和欺詐這方面，你永遠鬥不過那些經驗豐富的老闆；（三）每個人都跟某家店的老闆很熟，除了你。

別無選擇，你只好打電話給某位許久不見的朋友，據說只要是「有螺絲釘的裝置」，從打蛋器到業餘無線電到汽車引擎修護，沒有他搞不定的問題。這位古道熱腸的朋友在電話裡侃侃而談揚聲器擺位法則和歐美日音響設計理念之異同，經過一個多小時的電子學／基本物理講座，你怯怯開口：「可不可以陪我去中華路挑音響？」

你朋友問明預算範圍，便一口答應了。唯一的要求是：不要多嘴，一切讓他來。

在一個風和日麗的週末下午，你看著他跟音響店老闆先是互相恭維，然後對某款綜合擴大機挑三揀四，接著又針對某牌CD唱盤展開辯論。稍事暖身之後，你朋友開價，老闆毫不猶豫罵起髒話，你朋友也不知羞恥地問候老闆的親娘，一旁的夥計加入助陣，一副要掏「傢私」出來的表情。就在你準備奪門而出、免得捲入血案的時候，老闆跟你朋友又稱兄道弟起來、友善地互搥肩膀。朋友示意你掏錢，然後遞過來一台沈甸甸的綜合擴大機和一部金光閃閃的CD唱盤。你根本搞不清楚它們的牌子，卻深深感覺到專業的可敬。

接下來，你們在中華路來回遊走，你朋友用博物館館長審視新到館藏的眼神檢查了十幾款揚聲器，反覆試聽，最後挑定一款木殼的美製品牌，據說這種品牌跟你的個性最搭配。（天，這對喇叭是O型水瓶座的嗎？）然後你們開車到八德路光華商場旁邊的地下街，直奔最角落的電子零件專賣店。你朋友一眼掃過店外十幾捆電纜線（它們讓你聯想到修電話的工程車），拿起其中一款長得跟其他電纜線完全相同的線，端起來嗅了一嗅，然後喊老闆出來剪了十呎。你的朋友說，這

種喇叭，一定要搭這條線，聲音才會如何如何。你除了點頭，還是點頭。

然後你們開了很久的車，行經北二高，繞到汐止，彎進一個無人的工地。你朋友左右張望了一番，示意你小心把風，然後速速搬了八塊空心磚到後車廂，他說用空心磚墊高喇叭，可以省下買腳架的錢。回程的車上，受到得逞的快感驅策，他又忍不住發表了一篇揚聲器與空間共振的物理學論文。

經過一整天的奔走，你已經累癱了。你朋友卻渾身是勁，興致勃勃地替你搬器材、插電、接線，然後指點你如何調整揚聲器的擺放角度、如何在某個角落擺一疊過期的《少年快報》（跟聲波傳導路徑有關！）、如何拆掉牆上掛的鏡框（避免不必要的反射）、如何辨認合適的插座和延長線……這樣忙了半天，等到他點頭，已經是凌晨兩點了。

儘管一身臭汗、疲累至極，你還是難掩興奮，把高中時買的Dark Side of the Moon挖出來，音量扭到九，充滿幸福地聽著，並且懷疑以前自己的耳朵是長來幹嘛的。你朋友滿臉專業嚴肅的表情，不時走上前，把右邊的揚聲器朝左後挪五公分，把左邊的揚聲器往前推半公分。

然後對面鄰居推開窗戶大聲侮辱起你的祖宗十八代，滿眼血絲的父親也跑來敲門，你們只好悻悻然關機。朋友臨走前，還不斷叮嚀

▶ 名廠Grado出品的傳統LP唱針，裝在別緻的金屬罐子裡。

許多保養調校的細節要領，好像在跟保姆交代怎麼照顧寶寶似的。

接下來的一整個星期，你足不出戶，把CD收藏整個溫習了一遍。說也奇怪，這套讓你荷包大失血的高檔音響，竟不斷讓你回憶起第一次買的那對喇叭。那年你十六歲，隔壁同學缺錢缺得兇，把一對桌上型隨身聽外接喇叭賣給了你，索價三百元。這對造型彆腳的塑膠喇叭陪你熬過一個又一個振筆疾書、涕泗橫流，瘋狂寫日記、拼命寫詩的失眠夜，讓你在滿櫃的卡帶堆中挖掘青春期的狂夢。

許多你正在溫習的音樂，都是那段時間第一次認識的。那對塑膠殼小喇叭，就是天堂的大門，它們徹底改變了你的生命。你一面聽著簇新的組合音響，聽出許多以前沒發現的錄音細節，一面跌回深深的記憶裡。

或許有朝一日，你也會擁有身價百萬的靜電喇叭和兩員壯漢才扛得動的真空管前級擴大機（人總是有做白日夢的權利，不是嗎？）——但你已經發現，心中最難忘的，依舊是十六歲的那對塑膠殼喇叭。你很明白，那樣的聆聽經驗，是一輩子只會發生一次的。

或許，再好的音響，也不過就是那樣了吧。

讓人不得不上癮的進口雜誌

──台灣還需要多久才能編出這樣的雜誌？五年？十年？三十年？

why i can't survive without reading this!

這本書的作者都是經常購買進口雜誌的青年，這裡就是我們生命中不能缺少這些雜誌的理由。為什麼連五十音都看不懂還要逐期收集Studio Voice和《太陽》？紐約的流行與台北青年何干？台灣真的沒有夠炫的雜誌嗎？

PAPER

（美國／英文）

「我不知道在台北買PAPER要幹什麼？每個月知道紐約正在流行的事物對眼前的生活有任何的幫助？而且英文用詞艱澀難讀，根本不準備給紐約以外的人看。奇怪的是在台北的好多書店都可以買到，而且我也常買。」

WINE SPECTATOR

（美國／英文）

「有人拿它來進修，有人把它當做購買指南，不過就算對像我這種只有能力隨隨便便喝葡萄酒的人來說，偶爾買一本來翻翻依舊很過癮。」

ダ・ヴィンチ（達文西）

（日本／日文）

「每個月把它翻一遍，就大概知道日本最近出版了那些新書。雖然只看到書的封面，又從來不會念五十音，但也就夠了。去日本旅行逛書店時不也是這樣？」

FLASH ART

（美國／英文）

「以前衛藝術為主要報導對象，編輯群個個功力高深，隨便瀏覽其中一篇文章就足以增加不少鑑賞功力。反正純藝術雜誌在台灣已經夠少了，除了Flash Art，我還能看什麼？」

WHAT CAR?

（英國／英文）

「What Car?是英文汽車雜誌中最具公信力的一本，不少國內同類型的刊物都以它為參考對象，評論文章一針見血，又透著獨特的英式幽默。」

JOYCE

（香港／英文）

「儘管整本雜誌有嚴重的廣告嫌疑，精美的印刷和充滿創意的攝影卻讓我不由自主的一頁一頁翻下去，沒有囉唆的文字，連廣告都好看的不得了。」

AD (Architectural Digest)

（義大利／義大利文）

「從事櫥窗設計、室內設計的人大概都不會錯過這本雜誌，但是它並不會曲高和寡、讓你望書興嘆，相反的可以發現許多利用空間的巧思，對於像我這種生活在小空間的台北人相當實用。」

WIRED

（美國／英文）

「是的，網路無國界。可是，我還是得閱讀進口的網路雜誌，因為並不是隨便一份關於cyberspace的平面刊物，都能夠清楚有力地修理高高在上的《紐約時報》，同時又能夠注意到版面的風格與特色。」

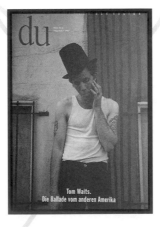

du

（瑞士／德文）

「或許你的德文程度和我一樣僅止於『你好嗎？』，可是連阮義忠的《攝影家》都要向她致敬，對於一本專輯主題涵括Tom Waits／容格／都柏林／伊斯蘭／星期天……的雜誌，就算讀不懂，也值得每期收藏。」

太陽

（日本／日文）

「將《漢聲》與『電視冠軍』結合起來，大概就可以拼湊出《太陽》是一本長得什麼樣子的精緻雜誌。我個人認為，日本人認真做事的態度，對於整個世界來說，都是一種莫大的壓力。」

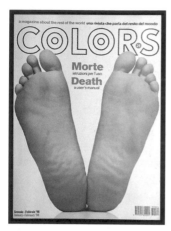

COLORS
（義大利／有多種雙語版本）

「Benetton出品的雜誌，用流行商品型錄的概念做民族誌與田野調查。在班尼頓門市部，一本COLORS只賣一百元，換季的時候也跟衣服一起打折，簡直太划算了！」

STUDIO VOICE
（日本／日文）

「它自稱『多媒體綜合雜誌』，事實上所有與流行文化相關的議題，Studio Voice都有能力插上一腳。我發現這家雜誌社全部的員工竟然只有十二人，天！」

MOJO
（英國／英文）

「對於像我這種有考古癖的搖滾迷，每期MOJO都稱得上是搖滾史的學報。不過千萬不要做裡面的填字遊戲，它只會讓你累積多年、自以為很要得的搖滾史權威地位毀於一旦。」

RAYGUN
（美國／英文）

「買RayGun只有一個目的：看看他們這期又怎麼玩版面。我的工作跟視覺設計有關，這本雜誌每個月都能讓我重溫徹底被擊敗的滋味。」

VILLAGE VOICE
（美國／英文）

「耶穌教徒一個星期得上一次教堂，以顯示自己沒有遺忘耶和華；有一群心中不時懷想著紐約的傢伙，對於這個藝術創作者的天堂聖地的感念之道，就在每週一份的《村聲》。」

ARCHIVE
（德國／英文）

「在台灣看這種國外廣告雜誌的結果，除了讓人練就不著痕跡幹別人創意的方法，就是忙著拍手。」

人要衣裝，畫要裱框

don't let a bad frame ruin your poster

◀ 精心裱褙的Beatles White Album專輯附贈海報。

古代的傢伙說，「家中無字畫，必是俗人家」。除非是身家背景比較特別的人，否則普通的現代人大概不太會掛上字畫，但是海報可就不是這麼回事了。在年輕人的房間裡，如果沒有一兩張像樣的海報，還真的有點讓人面上無光。

一張像樣的海報除了點綴房間之外，更能展現個人的藝術品味。不論是心愛的偶像歌手（Beatles也好，辣妹也罷），或是某次出國買回來的德國現代主義大展海報，乃至幾張精緻程度足以讓朋友眼紅想要硬拗回家的複製畫作，都可以讓來訪的朋友很快地對你的美學素養肅然起敬。

但是，再名貴的畫作或海報，如果沒有一個像樣的框，就不成其為名作。說得誇張些，海報沒有框，還不過就是一張印有圖案的紙，而且如果你有經驗的話，應該知道將一張紙直接「糊」在牆上，在海島台灣，尤其是

座落在盆地裡的台北市，沒有多久，那張「紙」一定會因為受潮而縐得很難看。

漂亮的海報如果搭配了不對味的框，就像是身材面貌俱佳的妙齡女郎穿了一套看起來像窗簾的洋裝，不僅無法彰顯出原作的價值感來，反而讓人忍不住發出「鮮花插在天然肥料上」的感慨。更準確的說，框是海報的延伸，有了搭配得宜的框，才能凸顯海報內容物的精彩。

一般來說，海報的設計者不會預留框的存在空間，因此在框的選擇上，就必須格外謹慎。如果你對於自己的品味沒有太大的自信心，最好尋求專業人士的建議。專業人士何處尋？除了和平東路師大一帶的美術社，或許也可以嘗試其他的選擇。

比方說，民生東路敦化北路口的「仁富框廠」，就是許多「內行人」常光顧的店家之一。從「框廠」的名號，就可以嗅出這家店不一樣的地方。因為是工廠直營，所以框價便宜、貨色齊全，而且裱褙的工也仔細些。從超級巴洛克手工雕花鏤空鍍金框，到最最俗氣的粉紅色鋁框一應俱全。此外老闆經驗豐富，可以對你心愛的海報提出適切的建議，要加木邊、麻邊、美國卡紙之類的怪邊，都可以得到專業的諮詢。當然他們也提供送貨的服務，讓沒有車或者愛車根本裝不下大型海報的朋友，可以輕鬆在家裡，等海報送來，讓自己和來訪的朋友慢慢享受吧！

二十世紀末的Michael信徒

wanna be a top-earning sport star? change your name to michael first

根據權威的《富比士雜誌》年度統計報告，1996和1997這兩年的「運動員收入排行榜」，有三個名叫麥可（Michael）的人，連續兩年都在前五名之列：NBA的王者Michael Jordan是其一，還有就是F-1德國籍賽車手Michael Schumacher，另一位則是打拳擊的Michael Tyson。也許，想靠運動致富的人，都應該以"Michael"為名。

就拿1997年來說，Michael Jordan的總收入是七千八百三十萬美金（薪水三千一百三十萬，廣告收益高達四千七百萬），Michael Schumacher是三千五百萬美金（薪水兩千五百萬，廣告贊助與其它加起來有一千萬），而Michael Tyson只有薪水收入，也高達二千七百萬美金。

不過，如果我們對「這幾位平均一天可以賺上好幾百萬新台幣」職業運動選手的崇拜，只是因為他們可以在一年的時間裡，賺到一般人一輩子也賺不到的錢，那真是太不尊敬這幾位「Michael先生」。Michael先生們最偉大的地方，並不在於他們有本事賺錢賺到這種地步，當然這是非常非常了不起令人羨慕的事，但這只是帳面上的結果罷了；真正讓芸芸眾生無法和他們比擬的是：我們是人，他們是神。

有神的地方，就會有崇拜者；崇拜者的行徑，無所謂理不理性。崇拜運動明星，不管崇拜者的學歷高低、用何種方式呈現，骨子裡洋溢的那股情緒都是一樣的。更進一步的崇拜者，我們可以稱它們為「信徒」，一如宗教上的狂熱份子，「Michael信徒」對神的所作所為不僅瞭若指掌，跟神蹟有關的一切事物也如數家珍。談起跟Michael有關的事，就一副好像他和Michael是從小到大形影不離的哥兒們，哪一場比賽他做了什麼舉動都有辦法娓娓道來。同時還收集了一大堆和神有關的物品，深諳每樣東西的製造意義、設計理念與珍稀性。即使在台灣這個遠離神本尊所在的亞熱帶島嶼，也有其管道用盡一切手法搞到跟神有關的事物。要想成為Michael的信徒，這是最起碼的要求。

讓我們從麥可喬丹開始說起。如果你對「他是所有NBA迷心中最偉大的神」這件事，感到不解或者懷疑，這兩年在全世界各地播放的NIKE電視廣告，應該已經說明一切。

Challenge me. Doubt me. Disrespect me.
Tell me I am older. Tell me I am slower.
Tell me I can no longer fly. I want you to.

挑戰我。懷疑我。藐視我。
告訴我，我已年老力衰。
告訴我，我已行動遲緩。
告訴我，我已不再能夠飛翔。
我要你這麼做。

這段由喬丹自己口述的廣告對白，搭配的畫面是他獨自在偌大空無一人的籃球場，從中場加速在罰球線前起身飛行灌籃。

這個動作正是喬丹1987年第一次拿下NBA灌籃大賽冠軍的招式。十年過去了，儘管籃壇新生代個個皆英雄，但再也沒有比1987年喬丹的表演更讓人熱血沸騰、更叫人熱淚盈眶。十年後的1997年，他在廣告片上重施故技，動作開創性或許不如往昔，但氣魄絲毫未減，甚至更使敵手膽寒。公牛隊總教練菲爾傑克森曾經形容喬丹是「當代穿著寬鬆運動短褲的米開朗基羅」，這應該是全地球人類沒有爭議的共同結論。

I've miss more than 9000 shots in my career. I've lost almost 300 games.
26 times, I've been trusted to take the game winning shot and missed.
I've failed over and over and over again in my life.
That is why I succeed.

在打球生涯中
我曾經有九千多次投籃沒進
輸掉幾乎三百場球
二十六次我在危急關頭被球隊託以關鍵一擊
卻失手
在人生中我曾不斷失敗又失敗
這就是我之所以成功的地方

畫面裡喬丹穿著長大衣，從體育場門口被鎂光燈簇擁著，獨自走到籃球場入口，這段旁白緩緩地訴出喬丹身為天王巨星不為人知的壓力。喬丹是不是當今世上最會打籃球的人已無爭議，問題在於，究竟整個籃球史上有沒有人打得比他好。但喬丹偉大，並不意味著他在每一場球每一節每一分鐘都偉大，不過不要忘記，老鷹雖然有飛得比雞低的時候，可是雞卻永遠飛不到老鷹的高度。這兩則廣告文案，把喬丹的球技神格化得淋漓盡致。

喬丹自承，這樣的心理素質培養，是建立在

一次又一次艱難的成功上頭。說得白話一點，就是必須不斷不斷地在重要時刻挺身而出投進關鍵球。對喬丹來說，他天生就是被上帝派來世上做這件事。打從1982年他還在北卡大學當大一新生，進入NCAA最後冠軍戰，只剩32秒北卡落後一分，他在左邊底線距離籃框16呎遠，倒數第17秒毫不猶豫地出手得分，使北卡拿下冠軍。這樣的事，這只是剛開始而已，在喬丹的NBA生涯發生太多次。

例如1997年公牛和爵士的總冠軍賽，第一場喬丹在終場投進致勝一球，第五場他抱病打完全場並在最後關頭投進關鍵分。難怪球迷唐諾會這麼寫：「喬丹這個人，喬丹打籃球的這些日子，是多出來的，是神垂眷NBA的額外恩賜。畢竟NBA半個世紀，有喬丹的日子加起來也不過十來年，我們卻碰上了。想想，上帝也沒有那麼多兒子，可以天天派一個下來。」

在競爭無比激烈的職業運動界，因為重金所誘，層出不窮的天才選手不斷地冒出來。不過做天才不難，成就霸業卻是無比艱難；得一次冠軍其實已經很難（不信可以去問巴克利和尤恩），連續得好幾次冠軍那簡直是不可思議的困難。這就是喬丹神的地方（當然我們不會忘記六次總冠軍唯一和喬丹聯手作戰的皮本以及

傑克森教練），他做到許多別的天才根本不敢想也做不到的事，這樣的人已經不是天才二字所能形容。要是這世上真的有神的存在，頂多也不過如此。

喬丹更恐怖的是它在運動產品領域掀起的革命意義。自從1985年擔任NIKE產品代言人之後，使得公司的年營業額急速竄升，我們幾乎可以這麼說，NIKE是跟著喬丹一起走紅全世界的。1995年初當他宣佈可能重回籃壇，光是這個還不十分確定的消息見諸媒體，NIKE的股價立刻大幅飆漲。這是什麼世界！？

以喬丹為名所發展的"Air Jordan"籃球鞋，至今已邁向第十三代，歷史上從沒有一個球鞋系列像Air Jordan誇張地發展到「收藏品」的境界，每一代的每一雙鞋子彷彿都是經典，而現在每推出新一代產品的時候都讓人萬般期待。而Air Jordan不是什麼別的，它「只」是一雙動輒三五千元台幣的籃球鞋罷了。為什麼會這樣？因為它是麥可喬丹穿的鞋子，如此而已。如果你在台北的運動用品店看到喬丹鞋，除了當季新款以外，幾乎都是店老闆「光陳列不販賣」的私家收藏品。除非你願意花高過當初售價好幾倍的金額，也許還有機會擁有。但是通常沒有店家願意出售，不為什麼，因為店家老闆也是「Michael信徒」的一員。

再來是舒馬克。讓我們這麼說吧，如果說NBA是全世界最會打籃球選手的聖殿，Formula 1就是賽車界的最高境界。舒馬克在22歲那年正式參加F-1的比賽，一開始加入的是Jordan車隊（無巧不巧正好與Michael Jordan的姓氏相同），在第一場的資格賽中，舒馬克就一鳴驚人搶到第七順位的起跑位置，對當時Jordan車隊來說，車輛性能遠不及其它車隊，一個第一次參加F-1的新手竟然跑出這麼不得了的成績，似乎預言著一個賽車天才即將誕生。

隨後舒馬克被Benetton車隊看中，簽下五年的長約，在1992年的比利時站舒馬克拿下了他生平第一場F-1冠軍，並且奪下了當年的年度季軍寶座。此時大家都知道，舒馬克雖然年輕，但已經是世界冠軍的熱門候選人。

1994年是F-1新舊交替的年代，是五〇年代車手和六〇年代晚輩交接的一年。世界上最偉大的車手洗拿，在五月一日聖馬力諾的比賽中事故身亡，留給賽車迷永遠忘不了的慘痛回憶，同時也讓舒馬克留下永遠的遺憾，他無法和洗拿正面對決，賽車迷永遠不知道他和洗拿究竟誰快。這一年舒馬克拿到第一次世界冠軍。在洗拿身故之後，F-1場上幾乎沒有人能夠真正的威脅到舒馬克，他的對手除了患得患失、表現不穩定的希爾

（Damon Hill）之外，只剩下前人留下來的驚人紀錄。

1995年的F-1似乎是為舒馬克而舉辦的，17場比賽中拿下了9場冠軍，平了F-1的最高紀錄，這一年典型的比賽情況是：一起跑舒馬克就搶到前面，然後一路領先，最後到達鐘點時領先亞軍幾十秒。他順利的拿下了第二個世界冠軍杯，也讓Benetton成為歷史上最年輕的冠軍車隊。

1996年舒馬克在眾人的期待下加入了法拉利車隊，他肩負的不止是個人職業生涯的另一個高潮，同時也必須負擔法拉利失去十六年的車手冠軍寶座及十四年未曾收復的車隊冠軍。可惜巧婦難為無米炊，舒馬克雖然技藝超群，但是法拉利的機械完美度不足使他馬失前蹄。

1997年舒馬克表現依然精采，整個年度他的積分幾乎一路領先。到了Jerez大獎賽，在這決定性的最後一場比賽，舒馬克演出神勇

一如往常，因為他知道不能輸，十六年來法拉利從來沒有離冠軍寶座這麼近過。當這場比賽進行到剩下三分之一時，他卻和對手Jacques Villeneuve發生了碰撞，使他無法繼續參賽。結果Villeneuve得到該場的季軍以及年度世界冠軍，舒馬克因這件事故被認為惡意碰撞而取消了年度亞軍，這是他賽車生涯第一個低潮。不過沒有人會認為舒馬克會就

1997年英國F-1 Racing雜誌評選有史以來最偉大的F-1車手，第一名當然是洗拿，舒馬克雖然「只」排第五，但已經是現役車手的最高名次了。而今年二十九歲的舒馬克起碼還有十年的F-1職業生命。現在擋在他面前的只有一項紀錄：成為史上最年輕便拿下三次世界冠軍的車手。

話說回來，在台灣做F-1迷是件無比孤獨的事，每次看完比賽完全無人能和自己分享心得，更沒有太多專賣店販售相關產品。但是，對真正的信徒來說，環境的艱難反而越能突顯對信仰的忠貞，越能激勵他們對神的死忠。例如有舒馬克親筆簽名的運動

此一蹶不振，因為沒有一個正常人敢看不起神。

舒馬克從來沒有駕駛過公認最好的F-1賽車，但是他總是可以用天才來彌補機械上的不足，他可以在第十六位起跑，一路過關斬將的奪下方格旗；他也能在最難預測的天候下作出最準確的setting。在雨天，舒馬克更是Master of rain。1997年的摩納哥站，每一輛賽車都掂著腳轉過濕滑而刁鑽的彎角，但是舒馬克卻能不受惡劣環境的限制，到終場他領先所有對手將近一分鐘的時間，除了洗拿，沒有人辦的到。

鞋，就可以在台北市西區萬年大樓裡頭找到，它的售價甚至比在日本當地買便宜許多。感謝這些明知銷路有限卻堅持理想的商店，讓信徒如我知道在這座城市裡不是只有自己孤臣孽子般地奉舒馬克為神，感覺突然溫暖了起來。

能夠和神活在同一個時段是
件難能可貴的事，不管是喬丹還是
舒馬克，他們的存在讓運動迷感到幸福，他
們神乎其技的身手讓對手心服口服，他們的
戰功絕對與荷馬史詩或貝多芬交響曲一樣勢
必列名歷史經典。其中最叫世人
感動的，則是他們過
人的精神力量。劉大
任先生曾在他的運動
文學文章中寫道：
「運動員的根本定義就是
面對挑戰，就好像人的根本定
義就在於面對死亡一樣。沒有挑戰
就沒有運動員；沒有了死亡，也就沒
有了人。」

因此在文章最後，我們願意把另一位名叫麥
可的張德培先生也列進來，而非錢雖然賺得
很多但是名聲不佳的拳王泰森。提到小張，
自從1989年在法國公開賽一戰成名拿下冠軍
至今，將近十年的時間沒有在四大公開賽拿
下任何一次冠軍。要說小張實力不行顯然是
外行的講法，近幾年他的年終排名都在前幾

名之列，許多對手也一再表示他是最難纏的
對手。

可是小張已經不只一次距離四大公開賽冠軍
只有一步之遙，無奈的是，這一步似乎是他
永遠無法跨越的一步。是體型的限制嗎？是
技術的問題嗎？都是也都不是。就更別提小
張饑渴的奪冠意志了，誰都知道他只要拿下
四大賽任一個冠軍，就足以構成退休的好理
由。

但是我想很難。因為他
不是神。男子網
壇的神是山普
拉斯，和神同
在一起的代價
絕非其快樂無
比，而是有苦說不
出，因為神連一次冠軍
也不會分給你。不過身為黃種
人的我們，每看到小張又在場上來回奔波救
球，仍然願意為他加油打氣。這位Michael
張雖不是神字輩，我們仍願當其信徒。

一件T恤，一種姿態
every t-shirt tells a story

每個人身上穿的T恤，絕不僅是一件或長袖或短袖的T
字狀套頭衫而已。

T恤之為物，在於它能夠表現出主人所要展現給世界的
一種樣貌。也就是說，我們穿的，其實是一種思想，
一句宣言，一種姿態，甚至是一個故事。

搞藝術是件麻煩的事，但是這個世界上的許
多人，依舊前撲後繼地為藝術獻身。如果藝
術永遠只是藝術，那大概就完了。藝術應該
是與生活息息相關的事，它絕對可以是一台
精心設計的房跑車、一段深入淺出的球賽評
論，或者一個讓人視覺不忍離去的商店櫥窗
才對。

哎，倫敦。多少感人的情事就在這
裡發生。數年前本書某位作者第一
次出國，便是前往這座迷人的霧都
。返回島嶼之後，才有「在台北生
存的一百個理由」的發想。

做愛姿勢一百種——你自己試過幾種？

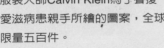

服裝大師Calvin Klein為了聲援
愛滋病患親手所繪的圖案，全球
限量五百件。

已故世界最偉大賽車手——
洗拿（A. Senna）的漫畫造
型，這個造型被製成各種商
品出售，所得全數用來幫助
貧困的巴西兒童，讓他們免
於流浪街頭。

雖然沒有正式的統計資料可以佐證，但是
根據經驗法則，在台北這座城市迷戀
NBA、並且膽敢穿著「非公牛隊T恤」在
街上行走的朋友，數量少之又少。這是
1998年由大鳥柏德率領、在東區總冠軍賽
險些讓公牛翻船的溜馬隊T恤。

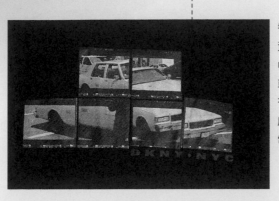

看過盧貝松監製的Taxi吧？紐約的
黃色計程車，雖然不見得比得上片
中的那位馬賽市裡F-1似的計程
車，但在台北沒事穿著一件與紐約
有關的圖象，卻也能夠滿足窩在這
座城市中，沒事就要看看伍迪艾倫
電影進補的心靈。

SHOPPING在我城
smart shopping in a sloppy town

要在台北享受shopping的樂趣，絕對是件麻煩的事。例如逛百貨公司，最重要的一點，千萬不能在星期日前往，尤其是週年慶期間的禮拜天，店內人潮擁擠的程度簡直跟顛峰時段塞滿乘客的公車一樣恐怖，而且還會有很多扒手在你身邊。至於最適合的時間，當然是平常日子的午後。但這無疑是一種有著職業歧視的論調，正常上班族誰有辦法在這個時間去逛街呢？不過還有補救之道，對一個下班不喜歡直接回家的人來說，週一至週五的晚上也是逛百貨公司的優選時段。

說到百貨公司，似乎是城市人想要shopping時，第一個會聯想到的地方。「百貨公司」其實是一個奇怪的詞彙，它的英文是department store，按照字面上的意思，是把許多不同部門的商品集中在一個地方販賣的大店鋪。換成中文，「百貨公司」字面上的意思就變得非常詭異——擁有一百種貨品的公司。照這個意思作推論的話，百貨公司本質上的矛盾在於，它們通常不只擁有一百種商品而已，而是展示著幾千幾萬種以上讓人眼花撩亂目不暇

給的商品；而一般說來它們彼此之間的差異性小得驚人，若想把兩家百貨公司展示商品種類分析比較的話，你很容易就發現，這家店賣的東西和別家有的雷同率，很有可能高達百分之八十以上，甚至更高。

這樣的事在我們的城市更為明顯。大概這也是它們之所以如此注重形象猛作廣告的根本原因。如果一樣的東西在每一家都買得到，那為什麼一定要到這家採購而不去另外一家呢？這真是一個中年婦女最熱衷討論的問題。她們能夠在菜市場的小組會議，或者美髮院的鄰座交談，乃至飯店下午茶的即興討論之中，研究出究竟在那一家採買比較划算，成本計算的範圍從贈品好壞、交通費用所佔比率、貴賓卡有無之差異……都包括在內。

不過對某些熱衷逛百貨公司的朋友來說，百貨公司是存在著精神性的。「精神性」是什麼？可以說是「風格」，要講是一種「氣氛」也對，或者可能暗示的是它的「血統」。不過，追根究底應該就是這年頭中產階級最愛掛在嘴邊的「品味」二字。

不同的百貨公司就會有不同

的風格。這和店鋪定位與廣告訴求有極大的關係。最明顯的例子非中興百貨莫屬。它的平面報紙稿與電視廣告，十年來一直是台灣廣告獎的固定常客。不過似乎更多時候，廣告比百貨公司本身有思想太多。但這不就是廣告要做的事嗎？

不同的百貨公司就會有不同的氣氛。氣氛一詞向來難以言喻。它可能跟賣場的空間佈局最有關係。忠誠路上的高島屋，光是它那從一樓挑空至四樓的空間規劃（靈感顯然來自巴黎春天百貨），就註定和東區明曜百貨的方正格局，讓人感覺差異極大。而且高島屋圓弧型中庭所產生種種繁複的可能移動路線，比起明曜繞一圈就上一層樓所代表的傳統逛街方式，顯然更具挑戰性的多。

不同的百貨公司就會有不同的血統。台北的百貨公司幾乎可一刀劃開分成日系與非日系之別。姑且不論其間的差別，至少身邊「以對百貨公司不熟為恥」的朋友一致認為，來自日本的新光三越南京西路店以及忠孝東路SOGO，毫無疑問地坐穩「台北最好逛百貨公司」前三名中的兩個名額。

不同的百貨公司就會有不同的品味。這個品味在此可以解釋成進貨水平。一家店擁有那些牌子有那些貨色都左右著它的品味高下，這似乎應該是百貨公司最應該重視的地方。

其實人們面對百貨公司從來不必這麼複雜。通常只要每次逛百貨公司時，可以在自己喜愛的品牌專櫃找到要買的東西，就十分滿足。所以會因為有紀伊國屋書店而習慣去高島屋（加上非假日去停車極為方便），因為喜歡MAC這個彩妝品牌，而熱衷去忠孝東路的SOGO西邊靠近升降電梯的角落，或者同一層東邊的法國agnès b.設計師專櫃，專門去三越世貿店逛全世界只有十五家分店的義大利珠寶品牌 Pomellato，乃至一定得在出爐時間到只有新光三越才有的麵包店，去買它獨門特製的塊狀吐司。

如果百貨公司的「百」，這個數量用語還有實際指涉意義的話，比較有趣的應該是想辦法在甲家和乙家兩個不同的百貨公司找出一百種不同的東西吧！要是連這個小小的標準都無法通

過，在我城的百貨公司shopping，真的就不知道該怎麼繼續逛下去。

所以不能只逛百貨公司。從百貨公司的專櫃延伸出來的是，台北街頭觸目可見世界各大品牌直接授權成立的 designer's shop，這樣的設計師名店通常不是給一般人隨便沒事去逛用的，而是給內行人去進修補貨專用的。它的貨色會比在百貨公司裡的櫃齊，更關鍵的是它整間店更具有品牌風格。但風格之所在就是隔閡之所在。仁愛路圓環旁邊比鄰而立的Polo和Giorgio Armani，講究的門面裝潢讓非族類中人想都不會想進去；和復興小學隔一條巷子的Emporio Armani也是；位在延吉街上靠近仁愛路口的Maurizio Bonas，在義大利佛羅倫斯是開在Giorgio Armani對面的齊名男裝品牌；安和路上的BOSS專門店，氣氛簡直就是德國冷峻設計概念西裝的翻版；台北上班族女士的共同制服Toppy家族，在東區的中和羊毛大樓有間四層樓的旗艦店。

要是把專櫃集中在一起，就是所謂的mall。台北這樣概念的店首推位在遠企大樓的JOYCE。精確地講，遠企提供逛街的部份可分為兩大區域，一是The Mall，而五樓集中一些特殊品牌的區域是JOYCE。JOYCE的牌子都是世界頂級的設計師作品，都是些

特別強調原創設計風格的服裝，時常會看到影視圈人士在此出沒。類似的店還有位在統領百貨後面的小雅，氣派的房子裡面可以找到包括Paul Smith在內的許多高檔名牌，而小雅另一家位在忠孝東路復興南路口的店，要看當季的Donna Karen就去那找。要是嫌這些名牌價格過份高昂，台北也有賣過季名牌的outlet。中興百貨的619室，仁愛醫院旁的Bazaar，還有離內湖焚化爐不太遠的JOYCE WARE HOUSE都值得參考一下。別古板的認為買世界名牌一定要去歐洲日本最划算，根據歷年的經驗顯示，在台北的過季店和清倉時的專櫃店，常能讓人用喜出望外的價錢誇張地買到好貨。

小時候讀過的一本城市觀察書裡有一句話，經過這麼多年依然叫人印象深刻：「決定動亂的線索不在立法院，而在百貨公司。」應該就是如此。

吸菸過量統一中國
三民主義有礙健康

smoking is as bad as kmt

身在第三世界城市的好處向來不多，很多時候擠破頭也想不出來幾個。不過，身邊一些有著某種共同慣習並且同時因為這檔事被「某些人」非常討厭的哥兒們深信，在我們這座城市吸菸，絕對是件相當幸福的事。

不過這種幸福，當然只有吸菸者本身能夠享受。對不吸菸的人來說，所有吸菸者的自圓其說都是詭辯，這跟身在地球上的哪裡完全無關。坦白地說，吸菸絕對算不上是件好事，但是它最糟糕之處，絕不是致癌索命之類的科學研究報告所控訴的觀點。吸菸最讓人痛苦的，應該說它是件天生註定會影響別人的事，正因為這點，所以每個吸菸者在反菸運動甚囂塵上的今日，點燃每一根香菸的同時，無可避免地必須承受某種價值的指責，不管是別人的眼神還是自己不安的心理作祟。

讀過一篇討論「看球變成耽溺，抽菸則是致癌」的文章，作者是位「運動傷害」纏身的球迷作家，成天呆坐家中看球惹來老婆拳腳相向，為了說明自己的行為雖不值得鼓勵但也不應該被唾棄，洋洋灑灑地引述二十世紀偉大的自由主義大師以撒‧柏林提出的「消極的自由」概念，解釋這塊並非不影響別人的領域，界線模糊可是確實存在，在這個空間裡面要看喬丹灌籃、要抽菸、要頹廢還是要革命，都是他家的事。所以作者認為抽菸與否其實是道德問題，應該由個人自律而非由法律強制介入這個地帶，不過話雖如此，抽菸的人基本上還是得自覺慚愧，因為多數的吸菸者都知道抽菸算不上什麼好事。不過這世界上有很多我們在從事在追求的，不都不是什麼好事嗎？

在台灣以外的國家買過菸抽的人都知道，歐美地區的香菸零售價格幾乎是本地的兩倍以上，光是這點，就讓吸菸者感到無比的幸福。另外，對公賣局香菸情有獨鍾的「台灣香菸民族主義者」，感受更是強烈，因為，除了像洛杉磯等少數幾個地方買得到長壽菸，全世界再也沒有那裡可以買到這麼便宜又呷個慣習的台灣香菸。

話雖如此，請千萬記住，吸菸絕對不是好事，這跟三民主義有礙健康一樣，是再確定不過的事。

58

百萬喜美

a million dollar civic:
no limit for car re-equipping

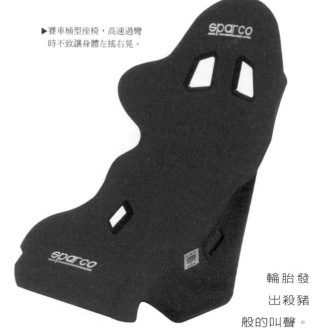

▶賽車桶型座椅，高速過彎
時不致讓身體左搖右晃。

汽車應該是為了兩種心態的人而存在，一種是消極的，只是為了需要交通工具代步的人；另一種是積極的，為了血液中天生就有的狂飆因子。

絕大多數的四輪族應該被歸類為前者，也就是說買車只是為了方便，為了不當沙丁魚，為了成就自我獨立的夢想，或者為了在同儕間能夠平起平坐。汽車永遠是身外之物，沒油就加，壞了送廠，犯不著費心照顧。至於換車只是隨著車輛老舊或者職位的調整才會考慮，能夠入選的車種也和身材一樣，尺碼越來越大，速度越來越鈍。

在積極的用車價值觀裡，這些尊貴、奢華是累贅，是永遠不被考慮的因素，真正需要在乎的是油門反應夠不夠迅速、引擎轉速提升夠不夠快，操控性是否敏捷。他們或許並不是真的常常需要將轉速表拉到紅線的邊緣，享受引擎咆哮的快感；也不是有事沒事就來個高速過彎，把對面來車嚇得手忙腳亂，讓

輪胎發出殺豬般的叫聲。對他們來說，招之即來的馬力，車隨意走的操控性本來就是一輛像樣的車天生就應該具備的本事。但是站在汽車成為普及性消費商品的立場來看，除非家財萬貫、日入斗金，買輛價值數百萬元的純種跑車而不皺眉，不然一般量產車恐怕難以滿足這群血液中摻雜高度辛烷質的性能狂。既然買不起重量級的純種跑車，改裝便成為唯一的選擇。因此選購一輛車必須考慮的是車輛的先天條件好不好、改裝套件取得容易否，相容性夠不夠高。用「以改裝套件的多寡來決定選購的車種」來形容這群人的購車價值觀似乎更為貼切。

但是這兩種看似極端的用車哲學並非全然沒有交集，只要曾經享受過油門到底，轉速表的指針向右狂飆的人，甚至只是曾經動過這樣念頭的人，血液中大概多多少少都存在這

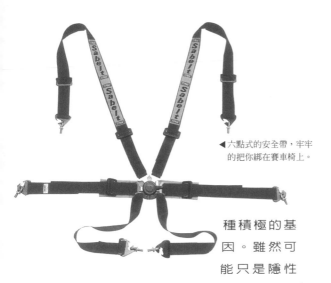
▲六點式的安全帶，牢牢的把你綁在賽車椅上。

種積極的基因。雖然可能只是隱性的，但是並不表示它不受挑逗，只要適當的機會或經濟能力。至於這樣的隱性基因能夠發揮多大的作用，就要看身體與荷包的極限在哪裡。

千萬不要以為改車是件簡單的事，你可以花幾百元買張顯赫的改裝名廠的logo貼紙唬唬自己，或者花千餘元換根大口徑的排氣尾管，以雄渾的排氣聲浪嚇嚇別人，這叫「心理戰勝法」，不但騙不了別人，久而久之連自己都覺得可笑。何況哪天真槍實彈的幹起來，恐怕只有吃灰的機會。

要玩就玩真的，至於怎麼改？改什麼？每個店家都有一套理論，山頭林立、百家爭鳴。改裝店永遠知道消費者的心理，他們會事先衡量你血中的辛烷質，然後毫不吝嗇的幫你慢慢提高。從外到內、從下到上，先推薦你換套輪胎、改一組避震器，讓你先嚐嚐初級改裝後的驚喜，然後再鼓勵你提升引擎馬力。至於提升的方法可就多了，從正統改裝法如進排氣拋光、高角度凸輪軸，電腦晶片，到國人自行研發的各式偏方都有。老闆舌燦蓮花，口若懸河，彷彿每改一樣都可以增加一甲子功力，都可以讓你的愛車鶴立雞群。改上癮了之後，就算花上

幾萬元只為起步加速快個0.2秒、過彎速度增加五公里都心甘情願。於是乎原廠零件漸漸被改裝套件取代，車身越來約低，雜音越來越多，甚至維修調校的時間比在路上跑的時間還多，懂得越多，錢花得越兇；錢花得愈多，懂得也越多。

所謂「百萬喜美」就是個極致的改裝例子，小喜美售價不過五十多萬，但是就是有人願意花和車價相同的價錢改裝，車價加上改裝費用可以高達百萬之譜。有人為了比賽，有人為了耍帥。不管動機是什麼，不論改裝費用投資了多少，改裝喜美的普遍程度在台北街頭已經形成了特殊的景觀。呼嘯而過的剎那間似乎可以瞥見年輕車主的得意表情。即使遇到塞車而緩步前進，車身的創意彩繪也足以吸引路人的目光。

什麼人玩什麼鳥，什麼人開什麼車。對於改裝車主而言，每天跟修車工人一樣蹲在車底，東摸西摸，弄得全身髒兮兮，但是卻樂此不疲，因為在與機械奮戰的過程中，不但使得性能提升，更讓你的愛車增添了與眾不同的氣質，其中的樂趣與成就感只有經歷過的人才能體會。

台北唱片物語

i remember when rock was young...

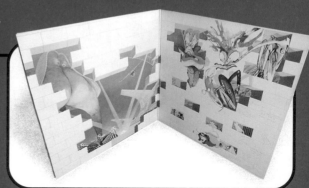

僅僅十多年以前，鐵道邊的中華商場依舊是買唱片的不二選擇。你會把大盤帽塞進書包，在陽光普照的週末下午擠進糾結的人潮，直奔商場二樓末端的佳佳唱片行。你翻著架子上一排一排的唱片，天氣真熱，汗水從前額流到臉頰。驀地你抽起一張曾經在雜誌上見過的封套，心突突地跳著。啊。就是這個嗎。

那時候沒有人說「盜版」，因為誰都沒有「原裝正版」的概念。合法代理跨國發行唱片的時代尚未到來，大家的Hi-Fi也都因陋就簡，只要音量夠大，就是好音響。而你連自己的音響都沒有，祇能趁大人不在家的時候，借母親的老唱機，扭開音量聽。唉唉，這些神諭一般轟然降臨的音樂。

從拿到這張唱片的那個夏天開始，你的生命就又多了一些祕密，沈甸甸地鎖在它的溝紋裡，那些美麗、狂暴的聲音。你並不確知別人是否也像你一樣經驗著無由分說的憂傷和徬徨。每當四下無人，你把這張唱片抽出來，扭大音量、戴上耳機，至少有那麼一段時間，世界暫時不再那樣難以忍受，至少你知道，在這顆莫名其妙的星球上，有人和你一樣寂寞，一樣痛苦。

大學聯考結束，你終於自由了。在離家不遠的偏僻巷弄裡，你發現了一間小小的唱片行，沒有招牌、沒有宣傳，外觀有點像家庭洗衣店。你怯生生地走進去，赫然發現架子上整排整排的卡帶，都是傳說中難得一見的經典名盤，沒有廠牌、沒有版權，設計陽春之至，只有一張薄薄的封皮，卡帶上的標籤要自己寫、自己貼，一捲七十元。後來你知道，它們是老闆自己錄來賣的──這些唱片，當時根本沒地方買，所以沒有人會責備老闆侵犯了什麼什麼權。要知道那是八○年代末，Tower還沒到台灣開分店，唱片行擺的都是十二吋黑膠LP，第四台剛剛興起，尋找這類小眾音樂的資訊是非常艱難的。

於是你大學四年大部分的零用錢都繳給了這間名叫「瀚江」的唱片行。它彷彿也是台北重金屬樂迷的固定聚會所，狹小的店裡總是擠著幾個鬍髮怒張、皮衣皮褲的壯漢，圍著戴眼鏡的胖子老闆聊天，聽著暴怒喧騰的音樂。後來瀚江搬家了，你與它失去聯絡，然後輾轉聽說老闆自拷自賣的行為被賍到，抓去關了一陣，店也收掉了。這家餵養你好幾年的寶窟，就此成為歷史。事情就是這樣：有的東西你習慣性地以為它會一直在那裡，它偏偏就「噗」一聲消失了，再也不會回來。

前幾天收拾房間，整理出一大箱的錄音帶，從老藍調到後龐克，瀚江卡帶構成了你青春期最重要的背景音樂。你在懷舊和鄉愁的驅策之下重新放了幾捲早已不怎麼聽的專輯，然後驚訝地發現：當年那些大公司代理發行、一捲一百二十塊的卡帶幾乎都霉壞了，只有這批瀚江卡帶依舊清晰澄澈，跟昨天才買的一樣。

在國際六大唱片托辣斯進軍台灣之前，曾經有一段時間，西洋音樂是經由「在地唱片公司」代理發行的。大約從八○年代中期開始，台灣的消費者才漸漸建立起「盜版」和「合法代理版」的概念。隨身聽大約也在那段時間流行起來，耳機從頭罩式演變到耳塞式，機身也愈來愈輕薄，剛好可以跟便當一起塞進書包。每到上課時間，同學總是把耳機線塞到袖子裡，再從領口繞出來，塞到耳朵偷聽。有時候聽得忘我，還會大聲唱起歌來，引起全班側目。

那時候CD是高不可攀的希罕玩意，每個人都聽卡帶，只有「有錢人」才會跑去買放LP的「唱機」。代理卡帶之中，滾石發行的Masterpiece系列和齊飛發行的黑底黃字經典系列，是你惡補搖滾史的重要教材。你每星期固定到信義路師大附中對面一家迷你唱片行買一兩捲卡帶，當時的雄心是要把這兩套卡帶──總共一百來捲吧──全部蒐集齊全。可惜沒過多久，洋人集團紛紛收回代理權、直接來台經營，這些名盤卡帶從此絕版，你的野心終究沒能實現。

這種卡帶起初賣一百零五元，後來漲到一百一十元。等它漲到一百三十元的時候，你已經不大聽卡帶，轉而效忠CD陣營了。那時候卡帶附送的歌詞幾乎都是「聽寫」出來的，經常錯漏百出、無法卒讀。回想起來，高中時期一面偷聽、一面校對歌詞的經驗，對英文程度的加強倒也不無幫助。

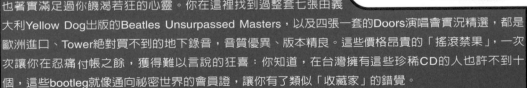

後來，口袋裡的銀兩漸漸可以支撐你每個月購買四五張CD。每次到西門町，Tower便取代被剷平的中華商場，成為尋寶的新去處。

逛完Tower，你習慣繞到後面阿宗麵線樓上的「交叉線」去晃一晃。交叉線曾經是台北擁有最多bootleg CD（註）的唱片行，架子上三四百片的規模，當然不能跟先進國家的專賣店相提並論，卻也著實滿足過你饑渴若狂的心靈。你在這裡找到過整套七張由義大利Yellow Dog出版的Beatles Unsurpassed Masters，以及四張一套的Doors演唱會實況精選，都是歐洲進口、Tower絕對買不到的地下錄音，音質優異、版本精良。這些價格昂貴的「搖滾禁果」，一次次讓你在忍痛付帳之餘，獲得難以言說的狂喜：你知道，在台灣擁有這些珍稀CD的人也許不到十個，這些bootleg就像通向祕密世界的會員證，讓你有了類似「收藏家」的錯覺。

這是在交叉線買的Led Zeppelin演唱會實況錄音，全球限量發行一千張，裝在中國製的絲綢匣子裡。這是你的唱片收藏裡，包裝最別緻的一套。如今交叉線已經收掉了，台北再也沒有像它那樣提供一整架bootleg的店家，對有心「精益求精」的樂迷來說，實在可惜。

（註）Bootleg：這個詞最早是在美國厲行禁酒令的時代出現的。它的原意是指「私釀酒」，當年違法私釀的酒常常藏在靴筒裡，故有此名。後來引申為凡是未經授權的出版品，都可以叫bootleg。在唱片界，凡是未經授權、在地下流通的未發表作品，都是bootleg，通常包括藝人錄好了但沒有收錄在正式發行專輯中的遺珠、以及現場演唱會的實況錄音。

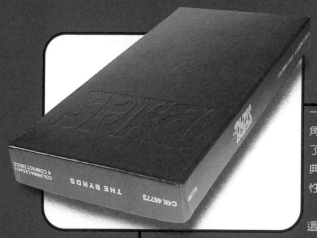

一次你和某人為了小學課本裡「四萬萬隻微生物」的故事主角究竟是蔣公還是國父爭論起來，最後決定打賭，結果贏到了這一盒Byrds四CD套裝。Byrds是六〇年代風格獨具的經典樂團，從民謠到迷幻到鄉村，無畏地試探搖滾樂的可能性，作品非常精彩。

這盒CD是在光華商場旁邊的「學友」（現在叫「合友」）買的。老字號的學友一直是光華商場附近尋寶的首選，不僅店頭片量夠多，標價也非常親切，就數量與價錢兩方面來說，學友是僅次於公館「宇宙城」的好去處。

大概識貨的人不多，學友的這盒Byrds一直乏人問津，蒙著厚厚一層灰，幾乎遮掉了上面的字樣。一看標籤，四張CD的標價竟然只要八百元，簡直便宜得離了譜，讓賭輸的人大喜過望。原本以為是滯銷品大減價，可是愈想愈覺得不可思議，結帳之後，還是忍不住看了看另外一盒同款CD的價錢。果然，學友標錯價了，讓你們佔了好幾百塊的便宜──這是你對這家唱片行最甜蜜的回憶。

Tower的瞎稱是「掏錢莊」，可見它的CD售價非常不友善。非不得已，你是不在這裡買CD的。當然這就意味著你也有「非不得已」的時候──這張Bob Dylan1966年的經典專輯Blonde On Blonde是哥倫比亞限量發行的24K金紀念版，公認音質最佳的究極發燒版本。哥倫比亞八〇年代末替Bob Dylan重新出的CD不僅包裝簡陋，音質更是糟糕，被歌迷唾罵了很久，這張鍍金版CD算是洗清了之前的恥辱，每次聽，聲音都美得令人震顫。

這張CD在台北其他唱片行出現的機率微乎其微，只有Tower龐大的訂貨數量與展示空間，才足以容納這種不曉得誰會買的東西。當然它的價錢也令人心碎，幾經掙扎，才讓你咬緊牙關結帳，幸好你從未後悔過這個決定。

買唱片的終極途徑：
越洋郵購。

除此之外⋯⋯

台北是世界公認「CD售價最便宜」的都市，近來各大公司固然不斷漲價，但和歐美日本的天價相比，這個優勢依舊屹立不搖。假如你的音樂品味極度挑食，這篇文章提到的賣場都無法滿足你，台北依舊有若干為「小眾中的小眾」準備的店家，不妨參考：

重金屬樂迷朝聖的地盤，自從瀚江關閉，便漸漸轉移到了農安街的「小林」，在這裡你可以找到歐陸進口、獨立廠牌發行的重金屬CD，以及別處難得一見的前衛搖滾名盤，許多台北玩樂團的青年固定會到這裡拜訪。喜歡世界音樂、民族音樂的樂迷不能不到永康公園旁的「大大樹」一逛，這是一間散放著木質氣味、進門要換穿拖鞋的唱片行。「水晶唱片」的門市幾經更迭，現在搬到了金山南路加油站對面的Roxy Vibe，要搜刮

他們的非主流專輯，到這裡就對了。假如你的口味更特殊，非重鹹重辣不能滿足，信義路巷內2.31附設的CD店，從巴黎服裝秀配樂到歐陸冷僻爵士廠牌到工業噪音DIY卡帶應有盡有，許多專輯都是海內孤本。至於想撈點便宜的人，不妨鎖定愈來愈多的二手CD店，有的還會有會員交換制。重慶南路的「啓元」、公館的「個體戶」、西門町「小蔡的店」，還有前面提到的水晶門市部，都有這樣的服務。

要是這些都還不能取悅你的耳朵，別怕，只要有信用卡跟數據機，再怪異、再偏激的音樂都可以在網路上找到。但是最好先確定以上的店家都沒有你要的專輯，畢竟越洋郵購的帳單殺傷力相當恐怖，上網之前，記得勒緊褲帶。

經典

這裡所謂的「經典」，僅只代表我們這一代，

站在二十世紀末，

對某一部份台北的難以割捨。

當中最重要的，

在於活在當下的我們這個世代這個族群的生活印象。

這些事物或許會被遺忘，

或許會昇華成可望而不可即的傳說，那都不打緊。

我們在意的只是現下此刻，

它們滲透到你我的生活之中，

讓這座城市顯得有幾分可親、甚至可敬。

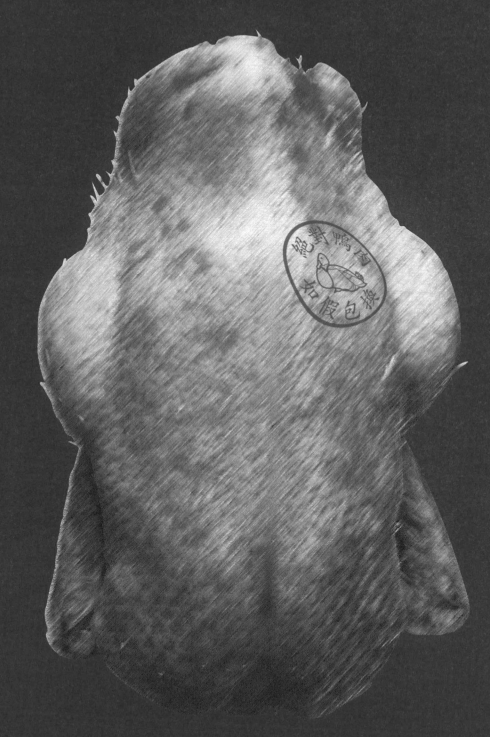

要分辨鴨子與鵝，的確是一件困難的事。爭辯是無用的。
我們說這是鴨子，這就是鴨子。

這絕對不是鴨肉，這是你在「鴨肉扁」可以點的，貨真價實的鵝肉。

拜託不要點鴨肉
duck house: geese only

「鴨肉扁」不賣鴨肉。「鴨肉扁」是一家不折不扣的「土鵝專賣店」。

對於許多在地台北人而言，所謂的「中華商場」商圈，可能都包括了這家招牌上大剌剌地寫著「本店全省絕無分店」的「鴨肉扁」。這家老店究竟有沒有分店，實在是一件難以查證的事。不過，在大台北地區，竟然可以發現好幾處掛名「鴨肉扁」的店家，這或許可以作為此店廣受歡迎的一項旁證。

「鴨肉扁」的麵價，簡直就是見證台灣經濟成長的一頁簡史。儘管我的年齡有限，沒受過戰火的洗禮，不知道是否曾經有過一碗麵或米粉只要一元或者五元的時代，不過倒也是從十五元，二十元，二十五元，三十元，一路吃到一碗四十元的世紀末。雖然切盤鵝肉與麵、米粉的價格，不斷隨著台灣的外匯存底節節高漲，但是「鴨肉扁」的特色卻絕不打折，例如值回票價的湯頭，絕對會讓客人不顧吃相雙手捧起碗來喝到最後一口，例如長年以來「堅持傳統，大拇指必然搶先客人一步先行試吃一番」的服務生，永遠比侯孝賢電影裡扮演某種固定類型角色的高捷或林強，更為傳神、更有味道。

行道樹——通往記憶深處的綠色閘門

memories silently embedded in sidewalk groves

高三將近聯考的那幾個月，每天都在學校留到很晚。其實未必得下多少書，只是盡量讓生活進入一種「類似備戰狀態」的節奏而已。離開學校的時候，寬闊的馬路總是空蕩蕩的。頂著夜風騎腳踏車回家，我總是慢吞吞地踩著踏板，晃啊晃地騎這段不長不短的路程，不想太早到達終點。

泛黃的街燈照耀之下，望著寂然的馬路，總覺得這座城市顯得十分陌生：這不僅僅是因為車子少了、或者天色暗了而已——那裡面有某種更深沈、更複雜的東西，讓我生出一種幻覺，好像騎著騎著，就會騎到幽暗迷濛的歷史裡面去似的。夜裡空曠的馬路有某種神祕的力量，讓我想起遍體苔痕的老房子、七十八轉的手搖留聲機、時明時滅的煤油燈、還有照片簿裡父祖猶然年輕的容顏。我無法解釋這種神祕的體驗，有時候我會跑到便利商店去買一盒微波爐加熱的點心，找個路燈照不到的角落坐下來，邊吃邊望著路上零星呼嘯而過的車輛，試圖捕捉這種感覺的來處，卻總是徒勞。

事隔多年重新回憶彼時的種種，我努力在腦海中重建那個現場。原已漫漶的細節一件件浮昇出來：路燈曖昧的顏色、人行道上鐵條斷落的白色座椅、腳踏車老是鬆脫的鍊條、便利商店裡茶葉蛋的香味。當嗅覺也回到彼時的空氣裡去的時候，毫無預兆地，謎底忽然解開了。是樹。

夜晚的街道徐徐掀開一過紗帳，整條街的路樹都不再被廢氣障蔽。行道樹的氣味隨著夜風放散開來：榕，樟，欒，構，槿，茄冬，蒲葵，黃槐，木棉，海棗，楓香，刺桐，紫薇，大葉桉，麵包樹，羊蹄甲，白千層，美人樹，木麻黃，火焰木，溼地松，黑板樹，水黃皮，盾柱木，橡膠樹，青剛櫟，南洋杉，大葉合歡，馬拉巴栗，細葉欖仁，大王椰子，錫蘭橄欖，印度菩提樹，澳洲鴨腳木……伊們靜靜吐納著，用氣味代替耳語，把我包圍在中間。

於是我終於明白，在我腦海中起落的那些玄奇、古舊、莫可名狀的意象，原來竟是沈埋在夜的暗處，默默呼吸著的樹的語言。

清粥不只是搭配小菜
we turn rice porridge into a dazzling taiwanese buffet

「清粥小菜」算得上是台灣生意人二十世紀末最偉大的發明,他們聰明地把台灣傳統飲食現代化,讓這項飲食沒有像其它古老民俗技藝被人們遺忘,而是轉換成一個新穎而現代的形式,成為都市人飲食消費的一種流行內容,一種飲食生活形態。

所謂的「清粥小菜」,其實存在著販賣手法上的差異,在台北市最少就有兩種以上不同的經營類型:一種是「原始的清粥小菜」,

多半是在路邊攤作生意或是位在老市區不刻意裝飾的老字號;而另外一種「改良式清粥小菜」,幾年前從復興南路發跡,到現在仍然生意興隆。

復興南路的清粥小菜店能夠歷久不衰,最有意思的應該是它揉合了兩種台灣人日常飲食類型——合菜和自助餐,兼具兩種類型的經營精神及操作優點。它點菜的方式選擇性地接收自助餐開放點菜的手法,菜色種類的多

朵多姿簡直可用「繁華如夢」來形容：有熱炒也有冷盤，有隨時保持溫熱的滷肉鍋同時也有小時候吃稀飯佐餐的乾食，甚至你還可以請廚房師傅立刻為你煎一顆全熟或半熟的荷包蛋。

而它擺設菜餚的技巧更是精彩，你說一般自助餐那會看起來如此乾淨可口呢？簡直徹底顛覆過去我們對自助餐的刻板印象。也許有人會憤憤不平的說，這樣的比較根本不公平，一般自助餐的市場基礎無它，就是便宜。其實清粥小菜店老闆算盤打得比我們還精，它的訂價絕對高過自助餐，但又比吃合菜划算。每次看到用餐時間一群一群湧入清粥小菜店的人，我就不免替開傳統中菜館的老板難過，雖然人們在吃清粥小菜，但他們是用吃合菜的形式在吃清粥小菜。也許「改良式清粥小菜」的興起，搶走了許多傳統中菜館的生意。

復興南路的清粥小菜店，都是些什麼樣的人去吃呢？週末午夜時分，你可以看到剛從東區狂歡出來的年輕人成群結隊前來，由於復興南路的地點適中，公館附近的夜生活族群

也是這裡的常客，每每會在這裡碰上演藝人員跟穿戴時髦的新新人類。平常日子的晚餐時間，你又可看到全家扶老攜幼的前來消費；老外也不少。即使半夜，復興南路這一段老是有人雙排停車，生意真是好到一粥難求。

清粥小菜店最感人肺腑的一點是它的營業時間，一天幾乎有二十小時歡迎你來吃。在國外生活的台灣人，十個有九個半最想念的，就是活在台灣無論多麼晚都能找到吃熱食的地方。而我也永遠記得，某個冬天的午夜三點，一群工作戰友剛剛被老闆砍頭痛批之後，滿腹委屈的幾個年輕人跑到復興南路，圍著擺在騎樓的桌子，望著「粥菜通通吃光見底的鍋盤」宛若新亭對泣的感人場景，所謂「孤臣無力可回天，長安不見使人愁」大概就是這個意思吧！

清粥不只是搭配小菜而已，它應有盡有的各式菜餚，簇新的室內裝潢加上溫暖的投射燈光，配合店家企業化的經營理念，「改良式清粥小菜」征服了台北人最難以被滿足的挑剔口味。

燒餅油條反攻大陸
牛肉麵是台灣土產

legendary taiwanese foods in immigrant style

▲寶宮戲院旁邊巷內的「永康公園牛肉麵」，是許多老台北心目中的「牛肉麵神宮」。要是我們接受「台北牛肉麵領先世界」的前提，這碗麵便有可能列入「全世界最經典牛肉麵」的候選名單了。

你大概不會相信，現在全世界最好吃的燒餅油條和最經典的牛肉麵，都在台北。

先說個故事給你聽吧：前兩年，一位來自北京的老音樂家到台灣訪問，做東的主人請他就近吃了一頓燒餅油條配豆漿的宵夜。白頭髮的音樂家拿起油條，喀滋一口咬下，大喜過望，嘆道：「我已經幾十年沒有吃過這樣的油條了。」大家一陣錯愕：燒餅油條豆漿之類食物，不是從北京傳過來的嗎？怎麼「原產地」竟然連像樣的油條都沒有了？原來在北京，食用油很珍貴、不能浪費，街邊小販賣的炸食，用的是來路不明的油，回鍋又回鍋、色黑如墨，幾乎可以拿毛筆蘸著練字，根本不可能炸出這麼香的油條。

或許你不知道，這兩年「永和豆漿大王」把台灣的連鎖店模式搬到對岸，全天候賣起燒餅油條豆漿糯米飯，把這些小吃改頭換面成形象高檔的宵夜食品，在上海等大城市極受歡迎，證明台灣油條的優良品種果然名不虛傳。從小就和燒餅油條朝夕相處的台北人，很難想像這款食物輾轉傳來台灣數十年之後，竟然在原產地瀕臨絕種，還要靠台灣商人「反攻大陸」、重新輸入呢。

至於「川味」牛肉麵，它的發源地原本就在台北，四川壓根兒沒有人吃這種麵，它是外省人在台灣的發明。據說，當年最早在台北賣牛肉麵賣出名氣的是一位四川老鄉，招牌上的「四川老×牛肉麵」原本是指「四川人老×賣的牛肉麵」，卻被顧客解釋成「老×賣的四川牛肉麵」，人們遂以為這玩意兒是四川名產。此後無數跟進賣麵的店家為了沾光，也紛紛標榜「四川」、「川味」，漸漸才變成「除卻四川不是麵」。大陸一直要到近幾年才有人賣起「台灣牛肉麵」，但是據親自吃過的人表示：大陸牛肉麵不僅肉少，味道也差，短期之內恐怕還沒辦法趕上台北的水準。

講究的牛肉麵，不僅只選用特定部位的牛肉，連切肉的刀路、熬湯的藥材都要講究。桌上那一缽免費奉送的酸菜更是大有學問，挑剔的客人不必等麵上桌，光從這缽酸菜的表現就能判定這家店的水準。對牛肉麵執迷的台北食客，不僅對肉質、湯頭、麵身、佐料都有近乎宗教的堅持，連另賣的泡菜都在考核之列。講究的程度，絕對不讓「電視冠軍」裡的日本拉麵專家專美於前。

論整體的中國菜水準，台北未必樣樣領先（香港跟溫哥華都是可敬的對手）。但是燒餅油條和牛肉麵這些到處可見的小吃，卻絕對要在台北才能嚐到「世界第一」的經典水準。這兩種外省人引進的台灣小吃如今成為老饕心目中的極品，也算是見證了台灣四十年來新舊移民混處的獨特歷史吧。

老外都服氣的台灣雜誌
——《攝影家》與《漢聲》
our pride and joy : photographers & echo

好像古代的台北文化圈曾經流行過這麼一句話:「想害一個人,就叫他去辦雜誌」。雖然台北已經不再是那個古代的吳下阿蒙了,不過大概也沒有哪個比較見聞廣博的人,曾經聽說某某窮光蛋,因為辦了一本雜誌,不到個三五年的時間,就海撈了一大票的例子。

但是仍不時可以聽到,某某人和誰誰誰,好像又想辦一本雜誌了。於是在少數特別一點的書店架上,可以看到(「看」這個動詞包括現在式、過去式、完成式、未來式不等)《南方》、《雨狗》、《分割喜悅》、《當代》等等,族繁不及備載。相信偌大的台北市,沒有一位讀者有能力與機會,收藏以上的每一本不同的雜誌,因為以上許多聲音,都「迅速地傷逝於風中」。

雜誌大概真的是很難一直撐下去的。尤其是那些其實只刊登自家肚臍眼的心情故事,而且文字讀來必得咬牙切齒,而且而且,圖片與版面的走法,實在令人髮指的少數刊物。他們最悲哀的地方在於,通常在倒刊之後,總要發出幾聲「台灣社會竟然連一點文化的空間都建立不起來」等等不甚好聽的哀嚎,而這些人卻沒有發現,除了他們要好的幾個朋友之外,其實沒有幾個人注意到他們的雜誌已經匆匆走完人生的旅程。

所以在看到如《攝影家》這樣台北土產的雜誌出現時,心情真的是很興奮的。儘管有人以為,這樣一本雜誌,對於台灣的攝影文化並不會有太大的影響力,但這應該不是重點所在。《攝影家》這本雜誌最大的意義,對在地的文化消費者來說,是讓他們兩個月就有一次機會可以心甘情願地「愛用國貨」。

透過總編輯阮義忠個人的國際人脈關係,我們有幸從攝影的面向,閱讀立陶宛、土耳其、匈牙利、捷克、印度、義大利等地的精彩文化;也因為《攝影家》的「Homage to du向這本雜誌致敬」專號,我們認識了這本世界級的刊物;還有一大ㄊㄨㄚ散居於全球各地的攝影家。當然,最重要的,還是一幅又一幅如羅蘭‧巴特所說的,「刺點」深刻又生猛有力的攝影作品。

一位朋友還曾經在巴黎的羅浮宮看到她的存在。並不是說連老外都會買他們的帳,就有什麼比較了不起的地方。換種角度來看,《攝影家》的啟示之一,或許在於她提示了一種新的可能性:在台灣這樣小得可憐的經濟規模條件下,以「雙語對話」的方式,與國外類似族群互相串聯,倒不失為一種破除「小眾」迷思的手法,而且應該是個充滿挑戰性又有趣的方式吧。

《漢聲》

又是從阮義忠談起。他的另一本《IMAGE影像雜誌》，在兩三年前，又玩了一次致敬的戲碼，不過這次致敬的對象並非遠在他方，而是另一本同樣誕生成長於台北的雜誌《漢聲》。從阮義忠當初第一次到《漢聲》面試時的情景，就可以看出《漢聲》的一些特色：

「站在台北市八德路四段的一個小巷口，心裡不禁懷疑，是不是記錯地址了！印刷和編輯都十分具國際水準的刊物，辦公室有可能會夾雜在鐵道和菜市場之間的老舊公寓裡嗎？在塞滿垃圾文件的信箱中，有一張小貼紙標示著『英文漢聲雜誌社』……

「漢聲雜誌社的大門一開，首先看到的是一張破沙發和堆滿牆角的成綑雜誌，原來這是兼倉庫的會客室。編輯部在裡面的小房間，黃永松那小得不能再小的辦公室面對著兼作暗房的洗手間，浴缸上架著一部放大機。從樓下踏上樓梯到和黃永松見面握手之前的這幾分鐘，已經讓我感覺到了漢聲雜誌的克難精神和強韌的生命力。」

就這樣，「乾、泡、醃、醬」、「泉州人」、「虎文化」、「福建圓樓」等一期一期地出現，沒事還弄個四期盒裝的「迎春四書」。就像阮義忠說的，「現在的漢聲，下一期要出什麼是你絕對猜不到的」，「無論是從編輯理念或者出版形式來看，漢聲是令人越來越無法歸類了」。

令人難以猜想到的精彩內容與形式，基礎在於極度認真的工作態度。什麼叫做認真？舉個例子來說，在做「有機農業」這一系列的專題時，《漢聲》的美編們一大早上班前的第一件事，就是到市場去買菜，以便到辦公室裡「臨摹」。所以那段時期，辦公桌上總是堆滿了各色蔬菜，編輯們大概睡覺時都可以夢到這些蔬菜的橫切面圖。

一本好的雜誌，背後當然有一大群既專業又敬業的工作人員。例如總編吳美雲，對於編輯檯上的作業，絕對沒有絲毫的馬虎。據說他對文章圖片貼「歪」的容忍限度，在零點三公釐之內，超過零點五公釐，一概必須重貼。《漢聲》的另一位大將黃永松，早年曾規定無論文編美編，都得隨身帶著雜誌社配發的相機，目的是要每個人都養成敏銳的觀察能力。據說連黃永松本人，到現在都還隨身帶著徠卡小傻瓜，看到什麼值得拍的，立刻拍下來。

就是因為有這些人數十年如一日地工作著，所以我們才能享受到這些絕不比國外遜色的秀異雜誌。想想看，生活在台北，竟然也可以欣賞到這些很用功又好看的刊物，實在可以說是一件蠻幸福的事。

經典

✎ 黃威融
   許允斌
📷 許允斌
   姚瑞中

歷久彌新的波麗路

an alluring old bistro : perhaps your parents had dated here

台北有變也有不變的部分。變的部分不勝枚舉，不變的部分少得可憐。然而位在民生西路上的波麗路餐廳，就是少數經歷幾十年始終不變的有趣特例。

如果說「變」代表的是「與時俱進、跟隨流行腳步」的話，在這層意義下的「變」通常是好的；要是「不變」代表的是「堅持立場、不受旁人所動」，如此的「不變」應該也值得鼓勵才對。不過在我們這座求變若渴、原味盡失的第三世界城市，擁有隨時在變的事物一點也不讓人覺得奇怪，能存在不變的事物反而引人側目。

很有可能的是，位在民生西路的波麗路餐廳，就是台北市為數不多、數一數二忠於原味的經典事物其中之一。

波麗路餐廳在1934年開始營業，距今超過六十年。當年它是第一家具備沙發椅、第一家鋪進口磁磚、第一家裝吊扇冷氣、第一家砸大錢購置高檔進口音響設備的西餐廳。也就是說，以前它是此地極盡奢華之能事的用餐場所，去消費的顧客想當然爾是所謂的權貴階級。

同時，波麗路也是從前台北藝術家文人的聚會所在。它在硬體上的投資不只是知道要花錢而已，而且還知道找畫家顏雲連來作室內設計。相較於這座城市許多時髦店家「週生月死」的生命與改來改去的裝潢（為了隨時要換所以現在多半用木板隔間），正顯出波麗路室內裝潢的設計功力。它選擇最單純的動線規劃，不用什麼花俏的建材，也沒有講究的燈光，唯一的裝飾就是牆上的壁飾，這其實就是視覺重點所在。用木材、水泥和鵝卵石拼貼出來富變化的幾何型，看起來簡單，但是沒有深厚的造型能力及對素材的起碼了解，根本設計不出來。

波麗路就連餐具也都簡樸得要命。就像老一輩人的行事風格，講求實在而耐久。並不是說老的東西、不變的事物就一定好，但在波麗路，許多事物越是經過時間洗禮，越能顯出它的耐人尋味。

現在我們去民生西路會看到兩家波麗路，一家是老店，一家是新店。至於哪一家是老店哪一家是新店，其實已經不重要。只要坐進它那獨步全城幾乎絕跡的老沙發，吃一客「使用酷似小學生時代才會有的不銹鋼圓型便當盒」盛裝的法國鴨子飯，就著數十年如一日的老裝潢吃一頓，這樣的事，就應該屬於一種經典。

始終不變的美觀園

a taiwanized japanese restaurant : you can never find such a chair elsewhere

據說，「美觀園」是台北最早使用「美乃滋」這種調味品的餐廳——一份附有美乃滋拌生菜絲、炸魚排、火腿、白飯（壓成紡錘型）、外加一碗味噌湯的「快餐」，在五○年代要價六元，現在則是八十元。這種菜色如今看來當然不甚驚人，但在三四十年前，應該是相當體面的大餐吧。

將近四十年過去，這家店好像凝凍在歷史的河流裡。走進美觀園，「老台北」的氣味和聲響撲面而來，把新新人類的西門町整個擋在外面。從入口處彩色的珠簾、椅背上的藍底印花紋樣、到壓克力燈箱裡的食物照片，這裡的一切總是俗艷得理直氣壯。除了菜單上的標價與時俱進，你看到的一切都像「文化村」似地保存原貌，最醒目的特色莫過於這裡的鐵椅子——鋼質的表面被無數屁股磨得光可鑑人，呈直角高高豎起的椅背活像日本時代的火車座位，和同樣是鋼質的桌子配成一對。市政府要是有心，真該買幾把下來，列為典藏歷史文物。

在這裡進食的客群幾乎看不到外面滿街走的新新人類（伊們都跑到隔壁的TGI Friday's去了），滿座賓客也絕少用北京話交談。有趣的是，這裡的跑堂永遠是一群十四五歲的小伙子，跟滿座平均年齡四十歲以上的顧客形成強烈對比。他們穿著寬大的和式外褂、吆喝著在樓梯間上下奔跑，江湖味十足的身姿，不禁令人推測這些小伙子若是不住台北，大概會去習武練拳、偶爾扮扮八家將，或者集體飆車甚至綁架同班同學……總之就是很難跟隔壁Friday's的顧客聯想在一起。

在生物演化的例子上，孤島的生態系往往會發展出面目獨特、卻與環境密合無間的樣貌——美觀園便是這樣自己發展出一套菜譜的美學。你很難把這裡的吃食和印象中的「日本料理」劃上等號，但你絕對相信，這裡的每樣菜，都是從多年經驗精心淬鍊出來的調理方式，和本地人的腸胃契合無間：加了酸菜的滷排骨蓋飯怎麼看都不像日本人吃的東西，在生魚片上澆一圈醬油的碩大「醋飯」也跟「握壽司」僅止於形貌的相似而已。炸蝦個頭嬌小、各自裹著厚厚的麵糊糾結在一起，模樣甚是怪異，然而份量總是多得讓你受寵若驚。此外，據說美觀園也是台北最早開始賣「生啤酒」的店家之一，口感鮮醇甘甜，絕不摻水欺騙顧客。十年前台北街頭四處可見的「啤酒屋」漸漸銷聲匿跡，好像只有美觀園的生啤酒，還能繼續吸引絡繹不絕的擁戴者。

每次走進美觀園，你都會看見兩鬢飛霜的男子，把風衣跟帽子擱在旁邊的座位，就著一碟沙西米，慢吞吞獨享一大盅啤酒，不動聲色地滿足著小小的口腹之慾。歷經數十寒暑的磨礪，這些人很少把喜怒哀樂寫在臉上，可是從他們專心致志的吞嚥和咀嚼來看，你知道他們安心，並且快樂。就是這種安適的風景，使我們到美觀園用餐，不管時間多麼匆促、環境多麼嘈雜，都像是在犒賞自己，向一個我們還沒有能力理解的蒼莽年代致意。

搖滾傳奇，頹廢ROXY

ling wei's roxy pubs : a gen x's chronicle

「哪一家Roxy對你來說，意義最特別？」——從你的回答，便能約略聽出閣下在台北廝混的資歷。

迷戀AC/DC的人，多半無法忘情它盤據整整三層樓的頹廢氣氛：二樓喝酒聽音樂、三樓用大螢幕看影碟（記憶中永遠在放The Wall）、頂樓吹風吸菸——這家酒吧是後來所有Roxy的原型。和平東路那家Roxy，二樓有一整層臨街的大窗，宜於觀賞夜景，桌椅牆壁都是木板釘成，佈滿千奇百怪的塗鴉。八德路上曾經短暫出現過一家Roxy，裡面漆黑不見天日，尚未走紅的伍佰在這裡替Sissey（趙一豪）《把我自己掏出來》的「限

制級演唱會」彈電吉他伴奏，技驚全場，觀眾如癡如狂。師大路一帶，也曾經同時存在過兩間Roxy：其中一間自稱「泡沫紅茶店」的Roxy Junior，架子上一大堆黑膠唱片和CD都可以讓顧客自由選播。另一間分店面積大了好幾倍，依舊昏黑闃暗，依舊滿牆顧客留下的塗鴉，地下室就是「水晶唱片」的門市部。侷促狹小的空間塞滿了聽都沒聽過的獨立廠牌怪團作品，每次在那兒挖寶，都會暗自擔心：萬一失火，這間狹小的地下室豈不成了現成的骨灰罈。

上面那些店，都是廣播人凌威開設的，如今通通不在了，只剩下金山南路愛國東路口的

▲凌威的第一家pub，AC/DC的火柴盒。

Roxy Vibe替他傳遞香火。Roxy系列的酒吧，十幾年來歷經更迭，從最早的AC/DC到現在的Vibe，種種傳奇故事，可以寫成一冊厚厚的編年史。台北的pub何其多，朝生暮死、起起落落，只有Roxy能超越單純的「酒吧」形象，成為某種次文化的象徵。就像六〇年代的「明星」、「野人」；七〇年代的「稻草人」、「艾迪亞」一樣，今後在描寫八〇年代的台北青年文化時，大概也不能不提Roxy。

在Roxy，聽音樂總是比喝酒重要的。對一般程度的消費者來說，在Roxy坐一整晚，很可能聽不到任何一首自己認識的歌，每一首卻都好聽得要命。Roxy的牆上永遠排著滿坑滿谷的唱片，大部分是絕版多年的傳統黑膠LP。許多人不介意微薄的酬勞前來應徵DJ，便是為了這滿牆的唱片。

於是Roxy便成了一個臥虎藏龍的所在，不少聲譽卓著的樂評人都在這裡打過工，靠著滿牆唱片而功力大增。隨便挑一天來看看，在唱機前面叼著菸、邊放CD邊搖頭晃腦的長髮男子，可能是某個連鎖唱片行的訂貨選片總管；坐在隔壁桌比手畫腳激動不已的眼鏡仔，或許就是率先引進眾多西洋獨立音樂廠牌的歷史英雄；至於在吧台烤雞塊切麵包的妹妹，則可能是已經簽下國際合約的搖滾樂團主唱──附帶一提，Roxy的潛艇堡簡直獨步全城，不過知道的人似乎不多。

更重要的是，Roxy在表演場地極度匱乏、法令規章綁手綁腳的情況下，替年輕人保留了一塊現場表演的空間。從師大路到八德路到愛國東路，Roxy百折不撓，總要想辦法在侷促的場地空出一片地方，讓創作樂團有發洩的管道。在live house還沒開始流行的年代，Roxy簡直就是搞團青年心目中的聖地。從早期的Double X、伍佰，一直到新生代的瓢蟲，Roxy發掘了不少將才，讓我們在羨慕紐約的CBGB、倫敦的Marquee之餘，想起Roxy，便不至於過分自卑。

十幾年了，Roxy永遠站在「大人世界」的對立面。它從不說教，它懂你的苦悶和幻滅、也懂你的焦慮和夢想。Roxy敞開大門，容納著一個又一個虛無浪蕩的年輕靈魂，沒有任何一帖藥，比這裡整晚的音樂更能撫慰無所不在的挫折感。即使在犬儒成性、華麗風騷的世紀末，即使在這麼一座雜亂儈俗的城市，夢想，依舊是有意義的吧……Roxy的存在，不就是最好的例子嗎？

（註）師大夜市巷內（原本地下室有水晶門市）的Roxy，現在改名Roxy Coffee Bar，已經重新開張。此外，師大路上還有另一家Roxy Plus，也仍在繼續營業。

洪範——文學書籍的「工業標準」

simple and beautiful : the ultimate book design

▶ 王文興長篇小說《背海的人》內頁。這是文學史的驕傲，排版工人的噩夢。

於是訂下了新價單，拿到一張的個的白紙大書幾個字：「血本大犧牲　瘋狂大減價」一律不再去詳分牠的了的個細價，杭八朗「全相」就只算牠是——五元‼ 竟而仍然還是沒有人！照這樣的個的形態繼同同復復繼繼似似的陸陸連連展續下去，不能夠再削減了，「血本」，然而這麼的個的樣的下去一直直來的人都稀稀落落，寥寥沒多少人。但是，雖然人甚少，而到了後來我，爺，卻是「飽尸又尊敬」——頗然有一些「名聲」，有那麼一些子的個「令望」。——

——這全是因ㄅㄜ的ㄅㄜ的那天「瞎貓挖死老鼠」，天曉得怎麼個的會叫碰對了的的，現在爺倒是成爲了一個「人物」了——可是，是一個「人物」也不能當幾錢大錢使，沒的的來得的的牠生意還是一樣兒一樣子的沒的生意，——以是，是以故，「名‧聲」地是　空的——所以，相士他還是　是　一個「藝術家」。

那天，那可是確實是一個「黃道吉日」，——一天子的時間裡那一日一共有四人之衆前來「求診」，初時來ㄅㄚ一個，後來又來了三ㄇㄧㄥ。後來，——仍是下午——來的那三個裡，先一齊來了個兩個，當中的一個是軀體顙頭相當相當出碩茁，唯臉相上的表情看著到到的看起來很有些逢頭蕪髮，目神惺惺惺忪的樣樣式式態相相象兒，兩球很大很大的——有一點兒斜欹的——眼目顑，穿一身白質地衛生衣（——白的？——），兩條路胖圓膀胳兒像灌滿滿飽足的那麼樣兩條肥肥香腸——胸腔部區上拱拱冒冒的像兩隻大圓圓厚實的鐵餅，

另一個，較尸尤這一個，年紀要輕得多，約大略略看着他起來只有十幾歲上下不到廿齡歲，穿着到的個的倒是族簇新一袋火紅的淺薄尼龍製茄克風衣。穿白（—— 白？ —— ）衞生衣，的那一個 走上前來

◀這就是「聚珍仿宋版」的模樣。「聚珍」說穿了就是「活字」的意思，據說是前清某個皇帝嫌「活字」聽起來不雅，才取了這麼個香噴噴的名字。

不知輪到誰；許是教堂鐘，許是天色。
我們是遠遠地告別了久久痛恨的臍帶。
接吻掛在嘴上，宗教印在臉上，
我們背負著各人的棺蓋閒逛！
而你是風，是鳥，是天色，是沒有出口的河。
是站起來的屍灰，是未埋葬的死。

她開心地笑：「你喜歡看
一串一串的肥皂泡麼？」
對着半開的窗子

當代出版史上，中華書局重排印行的一系列「聚珍仿宋版」古典經籍，是相當著名的一套書。這套書使用的仿宋體字形，一直被認為是不可多得的珍寶，也成為日後許多字形設計者靈感的泉源。捧讀設計編排如此精緻的古籍，絕對是一場視覺的饗宴。

事實上，書籍的裝幀、用紙、版型、字體，探究下去都有一套一套的學問。只是這些學問，在這個出書跟發唱片一樣速戰速決的年代，能講究到什麼程度，實在很難說。像中華書局那樣用「人間文化財」的精神重刻古典經籍的態度，若是用來做新書，大概祇能用「匪夷所思」來形容吧。

但是，真的有人在用這種方式硬碰硬地出書，只為維持某種手工的「質感」，這家書店就是「洪範」。九〇年代以降，在所有書籍都改用電腦排版印刷的時代，全台灣只剩下洪範還在用傳統鉛字排印文學書籍，無視於打字、校對、印刷各個環節都必須付出的額外成本。

翻開洪範的書，有時候也會產生翻閱「聚珍仿宋版」一樣的幸福感。直到現在，洪範依舊有一定比例的書，不惜工本地用鉛字手工精印。翻開《哀悼乳房》、《紅高粱家族》或者《楊牧詩集》，用手指輕輕摩挲，你甚至可以感覺到紙頁背面鉛字壓透過來的凸痕。這種質感既不招搖、也不故做

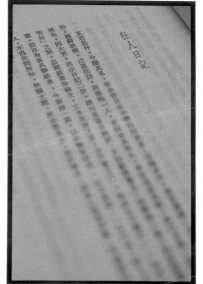

姿態，大標永遠是簡簡單單的長仿宋，內文除了標準的明體，就是楷體跟黑體。書頁上下恰如其分的留白（行話叫「天地」），鬆緊合度的行間與字間，米黃模造紙的內頁，二十五開或三十二開的尺寸……洪範的書簡直可以作為當代中文出版品的「原型」，就像Bauhaus的工業設計，簡潔俐落，卻蘊藏著無比深厚的智慧與功力，擁有超越時代的永恆美感。

假如說《漢聲》在雜誌界為同業樹立了憚精竭慮、不惜工本，追求最高標準的典範，「洪範」也絕對有資格在出版界抬頭挺胸、傲視所有印製文學書籍的同行。洪範不僅選書標準極度嚴格、編輯過程之嚴謹不下於學術研究，校對更是仔細精確、務求完美，不讓《漢聲》總編吳美雲「錯一個字砍一根手指」的名言專美於前。許多有志寫作的青年，把「在洪範出書」列為比得什麼文學獎都要崇高的目標，並不是沒有道理的。

每次逛國內外的書店，看到平凡社、岩波、企鵝等等顯赫的公司做出一大堆了不得的出版品，總難免有些自卑。不過，在台北任何一家稍具規模的書店角落，你都可以用三百元換回一本厚達五百頁、沈甸甸的《魯迅小說集》，或者用九十元買一本值得讀上二十遍的《家變》，挽回你受挫的自尊。在這個物價高居亞洲前幾名、消費品質卻極不穩定的城市，洪範的書絕對是穩賺不賠的投資。

背海的人

誰發明的「西」點？
──總之不是西方人

taiwanese bakery : some hilarious variations

顧名思義，「西點」當然是洋人的玩意兒。而麵包的台語發音，ㄆㄤ丶，也反映著一頁曲折的台灣史──據說這個字原本是葡萄牙文，在海權時代傳入日本，成為日文裡的外來語，後來又經由日本殖民政府傳入台灣。

這種發源於地球背面的食物，經過了一世紀的演變，早已發展出獨一無二的在地特質。街頭巷尾屢見不鮮的「西點麵包」，已經變成跟西方沒什麼血統關係的食物了。這裡就是幾種我們仍然稱作「西點」，但是歐洲人大概做夢也想像不出的「台灣特產」。

有餡麵包

有餡的麵包要如何讓顧客分辨它們的內容？這裡有三個麵包，你能分辨它們包著什麼餡嗎？

各家麵包店都有一套用來辨認餡料的符碼，只要是常客就不會弄錯。以筆者住處隔壁的麵包店為例：同樣是黑芝麻，撒在普通圓麵包上表示包豆沙；撒在墨西哥麵包上表示包奶酥；撒在起酥麵包上表示包肉鬆；撒在炸甜甜圈上則表示包酸菜。要是麵包表面光滑無痕，並不是沒有餡的意思，它裡面包的是果醬；至於表皮有蚊香狀圓圈的，則是奶油麵包。

凡此種種，大致上還是有約定俗成的規範，但最好不要以為這套符碼有放諸四海通用的準則，否則很可能在期待奶酥的心情下、一口咬到芋頭，不可不慎。

奶油夾心小圓餅

看到「西點」這兩個字的時候，最先想到的就是這種點心。它有奶油、草莓和巧克力三種口味（草莓口味看起來像極了小朋友玩的響板），往往在鐵盤裡堆成小山，秤重計價。這種點心有軟硬兩種配方，有人偏好鬆軟綿密的口感，也有人覺得吃起來脆硬似餅乾才正確。每家麵包店都會賣這種點心，而且調理方式各有巧妙，就跟法國餐館的洋蔥湯、小吃攤的乾麵、義式咖啡廳的espresso一樣，這種貌不驚人的小點心，是檢驗廚師手藝的最佳依據。

最後，誰能告訴我們這種點心叫什麼名字？它絕對是有名字的，只是這麼多年來，我們從來沒有問過──這樣說起來，它倒像是默默付出的無名英雄了。

肉鬆麵包

年紀漸長、手頭比較寬裕的時候，對鹹麵包的渴望就從蔥麵包轉嫁到肉鬆麵包身上了。厚厚一層美乃滋讓肉鬆附著在表面，長相雖然不怎麼討喜，吃起來卻相當過癮。從街角的家庭麵包店到高檔的法國麵包店，這種麵包的形制都差不多，頂多改用有牌子的肉鬆吧。當然，起酥夾肉鬆、蛋皮麵包捲肉鬆都是不錯的選擇，但口感最豐盛的還是這種遍體覆蓋著肉鬆的橄欖型麵包。

花生奶油麵包

兩塊半圓形的麵包夾著一大團奶油，再密密麻麻撒上一層花生粉，就是這種經典麵包了，一個的熱量就可以抵過一餐。這麼大刺刺擺明超高熱量的麵包，性格相當激烈，適合極端的情境，比方說失戀的時候吃。這款個性鮮明的麵包，無論從哪個角度下嘴，都很難避免難看的吃相，所以最好還是買回家，沾得滿臉滿嘴也無所謂。

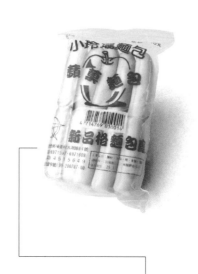

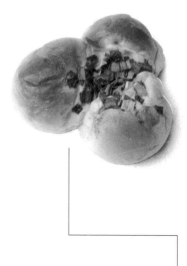

蘋果麵包

在雜貨店和便利超商，都不難買到包著塑膠袋的「工廠麵包」，最經典的例子莫過於這種「蘋果麵包」，大概每個人小時候都用它滿足過小小的飢餓感。詭異的是，這種麵包好像根本就沒有添加過任何跟蘋果有關的東西，它的香味是玄妙的化學作用的結果。多年來，蘋果麵包都是這副德性，包裝的字樣也維持著古拙的趣味。除了刺眼的條碼標誌著時代的進步，這款麵包仍舊替我們守著絲絲如縷的鄉愁。

犀牛角

到底是什麼樣的天才，發明了這款麵包？也許是某個從來沒吃過法國牛角麵包的同胞，照著圖畫或者腦海中的印象做出來的？它亟欲臨摹真正的croissant，不過僅止於形狀有三分神似，尺寸和口感都跟我們所知的croissant毫無關係。更天才的是，他替不希罕的「牛角麵包」加了一個字，這袋新品種的麵包便倏然有了極其草莽的名字：「犀牛角」。真是神來之筆。

蔥麵包

這是在地原料與外來食品結合的完美典範。好像從來沒看過哪個高檔的法國麵包連鎖店在賣這種麵包，總是要到街角的家庭麵包店才能買得到。神奇的一小撮蔥花使整塊麵包都香了起來，小時候總是把中間那塊蔥花集中的區域留待最後享用。當然，也有小朋友偏偏就是痛恨吃蔥，每次都把那塊偷偷掰下來丟到垃圾桶，真是不乖。

雞蛋糕與車輪餅——牛皮紙袋暖洋洋

egg cake and wheel pie : street vendor's easy delights

雞蛋糕

小時候在國語日報上畫畫班，離外婆家不遠，下課後她總會來接我跟弟弟去玩。就在國語日報社的樓下，有一攤賣雞蛋糕的。外婆買了雞蛋糕，總是把紙袋放在八歲的我的夾克連身帽子裡面暖著。一老兩小走在綠蔭遍地的牯嶺街，咿咿嗚嗚講著小朋友的事，外婆總是一邊聽，一邊笑吟吟地把手探進我的夾克帽子裡，先摘一只給弟弟，再摘一只給我。

雞蛋糕，在那個時代，我很確定，個頭比現在賣的大一號，飽滿紮實，絕不會有半個是空的。現在街上賣的凹烙著EGG字樣的雞蛋糕是後起品種，古時候雞蛋糕就是雞蛋糕，通體渾圓，當然，在「食物是老的好」記憶定律催化之下，味道也是比較優秀的。間或也會看見做成動物狀的雞蛋糕，扁扁一餅，但從來不會買來吃，嫌它「感覺不正統」。這是一種近乎宗教信仰的堅持，沒什麼道理。近來連「起士」、「巧克力」口味的雞蛋糕都出現了，擺攤的居然還是阿凸仔。姑且不論好不好吃，這種僭稱「雞蛋糕」的行徑實在不可饒恕——在雞蛋糕的形制方面，我是個不折不扣的基本教義派。

現下的雞蛋糕販子品管非常鬆散，或許雞蛋糕屬於擺攤營生的「入門級」產品吧。雞蛋糕往往是「雙色」的，蓋兩面烤製時間不均也。麵糊更是偷工減料，「半空心」的雞蛋糕被小販的鐵籤一叉就支離破碎，不忍卒睹。可悲的是這種劣質雞蛋糕積非成是，已成為業界標準。如今偶爾吃到結實飽滿的雞蛋糕，竟會有「賺到」的欣喜了。

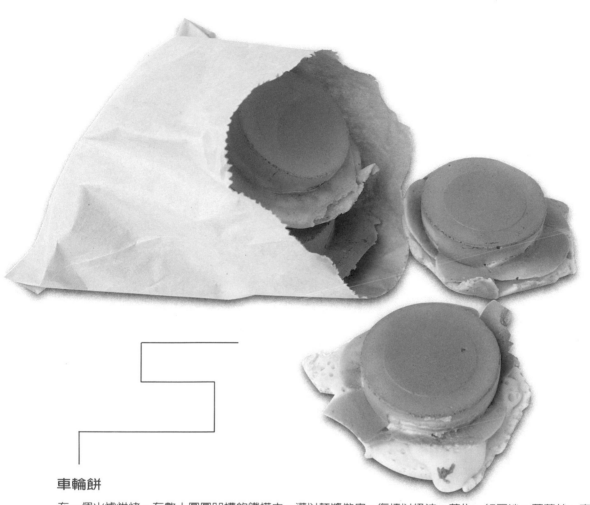

車輪餅

在一個火爐烘烤、有數十圓圓凹槽的鐵模中，灌以麵漿做皮，復填以奶油、花生、紅豆沙、蘿蔔絲、高麗菜等餡料的食品，謂之「車輪餅」，以其形似而得名。甜鹹不拘，通常三個一組出售。做不好的車輪餅外皮軟而無味，顏色蒼白，冷了就不能喫了。

此物以新生南路台大側門對面巷口，綽號「酷婆」的胖孃孃做得最佳：她對有意插隊或者挑三揀四的客人總是不假辭色，威嚴懾人，故有此號。酷婆的餅尺寸特大，與他攤相比便有了先聲奪人的氣勢，餅邊有一圈闊闊的裙圍，餅皮香脆、餡料厚實，三個下肚，可抵一頓飽餐。酷婆在此地設攤多年，舀漿、填餡、裝袋的節奏不疾不徐，全神貫注的嚴肅表情幾乎像大師作畫。她的攤子從黃昏開張到深夜打烊，永遠大排長龍，至少要在寒風中站十分鐘纔能解饞。

此物連喫三個難免膩口，以兩人分食一袋為宜。個人鍾情奶油與蘿蔔絲口味，惜後者據說銷路不佳，絕版久矣。無論如何，在冷颼颼的夜裡經過新生南路，而竟不彎到酷婆餅攤排隊，是非常對不起自己的一件事。

公園號酸梅湯

老台北的味覺殘片
iced plum soup : souvenir
from the ruin of an old town

一家小吃店既然擁有「公園號」這麼一個古樸的名字，足見年資不淺。這個「公園」，指的自然是它對面那座「以前的新公園現在的二二八和平公園」。

「公園號」座落在衡陽路和懷寧街交口，一幢磚紅色老房子的騎樓裡，這附近從日據以來就是老台北的心臟地帶。它的店面不怎麼大，卻有兩面尺寸驚人的招牌。掛在外面的那塊是新做的，彷彿還透著油漆未乾的招搖味道；騎樓裡面的這塊則古意盎然，寫著斗大的「老牌」兩個字。鮮紅的顏色早已剝褪，卻還是不難讓人想見二三十年前的壯盛氣派。

這裡賣炒麵、魚丸湯、自助餐、豆沙酥餅、排骨便當，以及據說對腸胃不大親切的「四色冰淇淋」——這在進口冰淇淋尚未大舉出現的年代，應該算是相當壯觀的甜品吧。不過它最有名的特產，還是酸梅湯。

「公園號」的酸梅湯分為店內與外帶兩種規格：若是在店裡喝，老闆會遞給你一只事先裝滿了酸梅湯的玻璃杯，用的是以往路邊裝甘蔗汁的那種杯壁很厚的杯子。至於外帶的酸梅湯，則是用塑膠袋盛好、橡皮圈束口，整齊地排在一個大鐵盤上，每個塑膠袋裡面都有載浮載沈的小冰塊。

在「公園號」喝酸梅湯是一項懷舊的儀式，召喚著一切與這個店名相應的、屬於老台北的鄉愁。從騎樓走出去，不遠處就是那片小廣場，廣場上有算命攤、有賣吹泡泡玩具的小販、還蹲著一頭大鐵牛——每個台北人的家庭相簿裡，都必定有一張小朋友騎在牠背上拍的相片。廣場後面是古老、潔白、寧靜的省博館，長年展示著各種乏人問津的物件。風箏從樹蔭上方零星飄昇，你可以聽見孩子們遠遠的嬉鬧。

找個舒服的角落站好吧——喝酸梅湯當然要站著。你一口口吸著冰得令你後腦發麻的酸梅湯，望著這些童年以來就未嘗改變的景象，這是保留在車陣和市招中間，小小一塊「老台北」的殘片。不知不覺，塑膠袋已經皺縮成一小團，你把它攢進垃圾桶，一抹嘴，走回滾滾紅塵。

只有暫時脫離洶湧的車陣，走進「公園號」，你才有藉口利用啜吸塑膠袋的短短一分鐘，完成這項回憶和檢查的儀式。至於酸梅湯的味道？那當然是不壞的。但這其實已經無關宏旨了不是嗎？

台灣人下午茶

——臭豆腐和大腸麵線

stinking fried tofu goes well with guts noodle:
afternoon tea *à la mode de taiwan*

去國外旅行的時候，我們通常會刻意去模仿當地人，在一天的行程中特地安排一段時間去喝下午茶，找個咖啡館喝杯咖啡吃塊蛋糕。在那樣的地方做那樣的事，總是旅行中最期待的事。回到居住的城市，不管過了多久，一想到當時的場景跟氣氛，總是讓人懷念不已。

然而只要身在島嶼之中，一切都不一樣了。光是「在異國旅遊的愉快心境」和「在台北生活的無奈情緒」這項差距，就令人完全沒有辦法去想像下午茶這麼一件浪漫悠閒的事。不過，事情也許並沒有那麼糟。

因為個人腸胃不好的關係，每到下午五點左右肚子非常容易餓，而且是餓到不吃東西沒有辦法繼續做事的那種程度。若是叫我塞幾片餅乾、沖杯三合一麥片充飢了事，不禁讓人覺得跟難民沒什麼兩樣。於是我必須在台北街頭尋找可以吃的東西，既足以解決肚子的饑餓狀態，份量又不至於影響到吃晚餐的胃口。

在每一個辦公大樓林立的經貿商圈附近巷弄中，一定有至少一攤以上被當地上班人士稱頌的麵線攤。多半是從午後三點開始營業，賣到八點檔連續劇播完那個時候。台灣人到了下午想吃點東西時，很自然地想到去吃一碗麵線。傍晚時分來上一碗，這是真正台灣精神的道地下午茶。好吃的大腸麵線非常容易被找到，只要找圍滿人群的那種攤子就八九不離十了，在這方面你可以相信台灣消費者。台灣人什麼都不挑，吃路邊攤最是講究。一次上門不能讓他滿意，絕不會再來第二次；要是好吃，叫他排隊等半個鐘頭也無怨無悔。

光復南路接近信義路口的便利商店旁，那攤兼賣黑輪的麵線攤可以作證。泉州街往永和方向的路邊也是，每到下午接近傍晚時分永遠停滿汽車機車，而店家連個體面的招牌都沒有。還有重慶南路的城中市場，就是必須從郵局旁邊的不起眼骯髒巷子鑽進去的那條小巷，有一攤母女一同掌鍋兼賣麵線與臭豆腐。而巷子的天際線，矮矮的違建屋簷上方，夏天會有水管噴水散熱，簡直是九龍大排檔的街景翻版。一提到麵線，不管是蚵仔還是大腸品種，它就是台灣人最經典的下午茶。比較餓的時候，叫一碗大腸麵線和臭豆腐，絕對讓人又飽又滿足。

每每在飢餓難耐的工作午後，出發前往覓食這台灣珍味；或者當我再也無法忍受這座城市的種種，無法自抑地懷念起某一次旅行過程的下午茶時，一個人好好享受一碗大腸麵線和臭豆腐，它的滋味絕對不會比什麼淺草的拉麵、布魯克林區的甜甜圈來得遜色。

眞正的「地下書店」——唐山

progressive bookstore "underground"

跌跌撞撞地活到九〇年代末期，偶而回想八
〇年代還在大學念書的歲月，仍然願意相信
和確定不變的事越來越少。不過篤定的是，

在那個學生運動可以上中國時報第三版頭條
的時代，校園裡年輕人呼吸的方式絕對和現
在的自己以及現在的大學生不一樣才對。

不過，這麼說一點也沒有覺得自己屬於的那一代有多麼了不起。也許每一個世代的內心，都存在著一個其他年紀不能體會、非共同經驗絕對無法感同深受的"Woodstock"殘存在靈魂深處吧！

說到"Woodstock"，是發生在1969年美國紐約市北方一個名不見經傳農場的一場耗時三天三夜的搖滾樂演唱會，許多當年知名和不知名的樂手和團體登台競演，大概擠進了五十萬的長髮嬉皮（因為塞車而擠不進去的還有一百五十萬人）。劉大任在他一篇〈胡士托〉文章裡的描述更為有趣傳神：「五十萬人在大雨滂沱的野地裡活了三天，沒有發生一樁暴力事件，只有和平、愛和音樂。這就是胡士托。不錯，的確有兩個人死亡，一個死於心臟病，一個意外。因為迷幻藥和性交而欲仙欲死的，自然不計其數。」

"Woodstock"可以說是六○年代青年反叛文化的極致代表。但不管怎麼樣，那畢竟是別人家發生的精彩故事。雖然規模縱深有段距離、社經文化背景大異其趣，在不同地區的每一代年輕人身上，應該都存在著屬於他們自己的"Woodstock"才對。

然而，會留在歷史上的通常是所謂的「大事」，可是「大事」通常不會讓當時身在其中的人記憶最深刻。如果勉強要從「我們那個年代」挑出一個明顯的重大事件，若是以動員程度來選，我猜很多朋友會投三月野百合學運一票，不過最令人懷念的是，到現在還

屹立不搖於台大新生南路側門巷子裡頭的「唐山書店」──這個永遠的「地下書店」。

「唐山」是一家「在地下室經營」的人文社會科學書籍專賣店。十年來它換過兩個不同的地點營業，都位在台大麥當勞後面的巷中，一樣都是地下室。從八○年代末期到現在，它幾乎一點也沒變。用九○年代流行的術語來形容的話，它照樣把「政治正確」的期刊雜誌書籍乃至經典電影錄影帶放在最明顯的平台位置，在這裡可以找到幾乎所有被歸類於「地下」、「另類」的出版品資訊，文法科學生需要的教科書也都可以找到。甚至當年讓身穿高中制服的我為之一震的《南方雜誌》現在也有合訂本擺在架上。

時至今日，「唐山」過去的光環已漸漸褪色，新出現的許多媒介逐漸取代它過去獨占的功能。但長久以來它自行出版的許多人文思想性書籍始終有其水準，即使可以在別的地方買到自己想要的「地下」書籍，我仍寧願專程走一趟唐山。

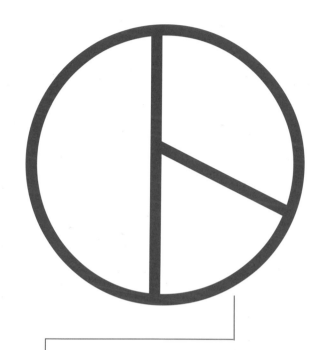

如果情勢照現在這樣發展下去的話，1994年底的那場台北市長選舉，也許將是台灣這幾十年最關鍵的一場選戰。

現在回想起來，應該就是從投票結果揭曉那一天開始，打贏選戰的陳水扁，就成為台灣政治前途最被看好的明日之星。在此之前，他「不過」祇是一個在國會表現搶眼的在野黨議員罷了。暫且別說要和國民黨中生代菁英相抗衡，在民進黨內「長扁之爭」的傳聞從未間斷，美麗島事件前輩的輩份資歷更卡在他前頭。不過，這些事情現在似乎都完全不存在了，對不對？

這都是那次選舉造成的後果。打從陳水扁入主台北市，所有的媒體對他的所作所為簡直過份地關心。幾乎所有人都相信：在市府路辦公的首都市長佔地利之便，從仁愛路四段直走到一段然後接凱達格蘭大道，將是入主總統府的最近距離。

首都市長選舉的重要性，舉世皆然。以1979年

首都市長選舉
——空前並且不會絕後的政治嘉年華會

mayor election : the biggest
carnival in the city's history

台北新象大洲情　　　　　　　我不入地獄，誰入地獄！

的西班牙選舉為例，當時在野的社會黨攻下馬德里和巴賽隆納這兩個最大的城市，隨即在1982年贏得全國大選，取而代之成為執政黨。西班牙社會黨黨魁岡薩雷茲隨即在1979年面對黨內激進勢力挑戰時，公開對全黨喊話：「我們的國家不可能為了本黨的成熟坐等十年。」隨即發動黨的體質改造，轉向中間務實的路線。這事，許信良和施明德應該非常熟悉。

選舉是現實的，但選舉過程則是浪漫的。台灣的選舉始終給人一種反智低水準的印象，但是1994年的首都市長選舉是個例外。雖然當時主要的三位候選人為了求勝也做了些不怎麼高明的技倆，甚至許多人因為支持不同對象形同陌路：例如結婚多年感情甚篤的夫婦為了選舉冷戰，例如街上根本無啥冤更談不上有什麼仇的計程車司機與乘客惡言相向，例如從小一起長大的高中同學竟為一場選戰割袍斷義。

但是，1994年那場台灣解嚴後史無前例的首都市長選戰，無論是演戲的還是看戲的，都用具體的行動，把「單純的一場選舉」昇華成「一場無以倫比的嘉年華會」。若你曾經去參加十萬人大遊行，要是你去聽了大安森林公園萬人空巷的演講，你一定會同意：這根本不是一場普普通通的市長選舉，而是一場首都市民總動員的激情嘉年華。要享受這樣的嘉年華會，跟你喜歡黃色綠色還是藍色一點關係都沒有。

雖然骨子裡首都市長選舉是場不折不扣的惡鬥，但更值得期待的，是一場精彩絕倫的政治秀。也因為首都市長的政治後市看好，在野在朝的政治人物莫不精銳盡出，使得這場市長選戰比台灣任何一場選戰都來得迷人。1994年的快樂希望一戰已成歷史經典，可預見的未來幾次，相信只會更加精彩。

有那麼嚴重嗎？　　　　　　你看過會長跑的搪瓷娃娃嗎？　　　　和平，奮鬥，救中國！

偏方

這是一座如果沒有想像力，

簡直不知道該怎麼活下去的城市。

生活在台北的人都不希望自己必須永遠活在台北。

因為有偏方的存在，

所以暫時解放了這個城市的無可救藥；

懂得使用偏方，

可以讓人活在這座城市還有起碼的尊嚴可言。

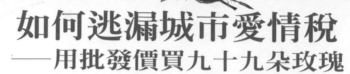

如何逃漏城市愛情稅
——用批發價買九十九朵玫瑰

99 roses wrapped in newspaper :
a good bargain to flatter your lover

這絕對是一個糟透了的城市。雖然已經很久不知道戀愛到底是什麼樣的事，但是從來就不必懷疑，這是一個讓人談起戀愛萬般艱難的城市。不說別的，光是每天下班堵了又堵、塞了又塞的交通狀況，就讓看似簡單無比的約會成為一件極為麻煩的事。

同時，無止盡的忙碌是這座城市的最大特徵。忙得沒有時間和喜歡的人悠閒地吃頓飯，忙得沒有時間和關心的人噓寒問暖，忙的沒有時間和在意的人分享心事，忙得沒有時間發現自己身旁的東西最為珍貴。

可是我們又很有時間去追求。持續去追求此起彼落的績優股指數，不斷去追求自以為是的感情價值，勇敢去追求一段又一段的人際關係，配合時尚去追求去配合可能對事情本身一點也不會有太大幫助的民俗禮儀。在這篇文章裡，我們要討論的是約會送花表情達意這件事。

對於買花表情達意這檔事，始終讓人難以理解。不過這是一個不能問為什麼的題目：為什麼情人（通常是女人）喜歡收到追求者的花？為什麼在特定節日不送花就被歸類為外星人？為什麼不能送具有保固效果的乾燥花？為什麼花的數量越多就表示越有誠意……早就說過，這都是不應該問的問題。

如果一定得買花，在情人節的時候，在情人生日的時候，在交往週年慶的時候，過去是到濱江花市現在則是去內湖花市，去買中盤花商批貨剩下來的花。不要以為剩下的就不是好貨，它的品質絕對可以和在公司旁邊裝潢有模有樣的店家賣的花相提並論，甚至只會更新鮮更便宜更多樣。

只是，從事這個活動需要時間。時間，對城市人而言，是比錢還貴還奢侈的東西。不只得挑對時間去花市，買回來以後，還得細細修剪，更要自己花心思去美術社文具店或禮品包裝部門選美術紙。儘管這麼麻煩，但是常常覺得，送什麼花和送幾朵花都比不上搭配的包裝紙重要，因為這才是看得出品味的地方。除了好品味，在這座城市又還有什麼可以追求的呢？而品味不只是送出去的東西而已，優雅而技巧地逃漏城市愛情稅整件事情，本身應該就是件好品味。

台北，有夠機車
a motorcyclist's view of this damned city

在上下班超級尖鋒時段，看著一路上各種大小車輛一律以不到五公里的時速爬行，然而你卻可以騎乘著可愛的50cc小綿羊，在賓士600與大公車之間，悠游自得游刃有餘地穿梭前進，說實在話，真的是會讓人不由自主地哼起"What a Wonderful World"！祇不過，在這個「有夠機車」的台北市裡，除了這種速度的快感之外，一位機車騎士，還可能得被迫享受其他「機車指數」相當高的待遇。

在落雨的天氣，機車族享受著四輪怪獸所賜予的，怎麼閃也閃不開，像是星座血型般命定似的，必然濺上身的污水；在艷陽高照的柏油路上，機車族停在十字路口的紅燈前，享受著併排在旁的私家轎車，因為車內的「空調設備」而產生的高溫熱氣；乖乖地行走在慢車道上，機車族享受著這座城市裡最偉大的，以F-1選手的心情隨時準備不規則切換跑道的公車與計程車；碰到行人穿越道，還得耐下心來，等候零零落落的路人甲路人乙，尤其在比較長距離的大馬路口，一個機車族可以清楚地體會到「階級差異」的具體呈現：如果行人也會緊張的話，緊張的範圍也僅止於對四輪怪獸的恐懼，到了「機慢車」停等的慢車道前方，所有行人的緊張與恐懼業已消失無蹤，他們的步履轉成悠閒的散步狀，讓焦慮的機車騎士們眼睜睜地看著紅燈跳回綠燈，後方還傳來陣陣煩躁不安的喇叭聲；最最有趣的，大概可以算是那件規定騎士戴安全帽的「機車事件」：在那個懷抱著總統春秋大夢的寶貝貴族主導之下，每個跨坐或側坐或擁抱於二輪機器上的生物，都必須乖乖地在七月天的大太陽與柏油路面之間，戴著讓人全身直流感恩的汗水、妨礙視線、破壞髮型的大頭盔，而且有事沒事，還得看著前方的四輪怪獸屁屁上貼著的福音書：「上帝愛你，流汗總比總血好」。

曾經聽過一位熟悉過去三十年來台灣高層決策的前輩說過，台灣的交通情況會發展到今天這種地步，原因之一，在於過去小蔣時代，過份放任機車成長，而未有相應的規劃。除了抱怨種種罄竹難書的「機車待遇」之外，或許機車族群還需要一點更正面的對待，就像十年前《人間》雜誌在一次「台北病理學·都市住民運動大反撲」的專題中，一則關於「台灣摩托車奇觀」的報導文字〈他們永遠在跑〉所寫的：

如果沒有摩托車，不只「早報」變「晚報」，「限時專送」也將變成「平信」。就像龐大的中小企業分攤著國營企業的長期虧損一樣，「摩托車」填充了交通政策與公共投資者的鉅大缺漏，每一個奔馳在擁塞的馬路上討生活的人，才是「台灣奇蹟」的創造者。他們總是無怨地盡著本份，做為人口大多數的中產階級和熟練技術勞工，是台灣整體經濟進程的根砥與依據。

到天母成衣店尋找名牌「瑕疵貨」

hottest brands at half price

必須坦白的是，雖然曾經不只一次在正式與非正式場合向所有的朋友宣稱，自己絕對不是一個「崇尚名牌、非名牌衣服不穿上身」的那種人。但是，如果對所謂的名牌一點感覺也沒有的話，去逛天母成衣店，也許不會是一件有趣的事了。

「天母成衣店」這個東西，存在於台北市的中山北路七段，不過從來就沒有一家特定的店是叫這個名字。過了天母東西路圓環之後的中山北路，由南往北的話，沿著緩緩的斜坡往上走，大家熟知的誠品天母中山店和Friday's餐廳就在右手邊，那一排前後附近的店家就是「天母成衣店」的所在。

「天母成衣店」最早出現的原因，是為了提供在台灣工作的外國人一個買衣服的地方。因為歐美人的大尺碼衣服在台灣很難買到，所以剛開始時這裡集中了大尺碼的成衣在此販賣。而這些大號成衣的來源是那裡？就是台灣的成衣加工廠。台灣從過去到現在一直幫許多國外的知名或不知名品牌代工，所以

批貨不是一件難事。演變到後來，批的貨不只是專門賣給體格魁梧的老外，上門的顧客也漸漸本土化了起來。

時至今日，「天母成衣店」指的是一種不標榜品牌、不堅持完美無瑕、不強調賣場寬敞的服裝販賣方式。在這裡出現的貨色，因為是商家直接從工廠批貨，多半是不符合交貨標準被客戶退貨的瑕疵品。所謂的「瑕疵」其實很難界定，也許是扣子車歪了、邊邊的接線沒弄齊……但是對作為消費者的我們來說，很多時候根本很難分辨出它到底是什麼地方出了問題。甚至，有幾家後生可畏的新店賣的全是店老闆自己和朋友從國外帶回來賣的進口名牌水貨，經營手法跟原始天母成衣店的概念完全無涉，不過一樣非常好逛。

到「天母成衣店」找衣服，是門學問。麻煩在於，如果是抱著去百貨公司逛專櫃的心情去天母逛成衣店，極有可能會讓人完全無所適從。在一個幾乎沒有成套成組式樣的公式可供參考的賣場，五顏六色各式各樣的襯衫一字排開，風格完全迥異的外套集中吊在同一區，底下還擺著三件一九九的內褲供你挑。如果一定得將「天母成衣店」衣服的特色做個描述，可能只能用「比較休閒、比較非正式」來形容。在這樣一個近似跳蚤市場的購物環境，shopping的艱難與無窮魅力展露無疑。

在「天母成衣店」會出現的貨色，有很多是台灣消費者聽都沒聽過的牌子，而這裡也不會特別強調它們這些牌子，取而代之的是用size來分類。說到品牌，常看國外流行雜誌的朋友一定有類似的感覺，在這個世界上除了許多知名服裝品牌以外，還存在著成百成千我們未曾聽聞的牌子。「不知道」並不代表它「不有名」，沒聽過也不意味著它的品質不好。若是有本事從這些「亂七八糟」的品牌、殘缺不全的貨色當中找到適合自己穿著風格的單品，說真的，這不是花多少錢的問題，而是有沒有採購sense的問題。

在這裡，像 Calvin Klein, Nautica, Esprit, Guess, Polo, Gap, Giorgio Armani, Republic of Banana……等等耳熟能詳的名牌，都有可能在不經意地翻找過程中赫然出現。因為號稱是瑕疵品的緣故，它們身上的標籤都被刻意的破壞，所謂「欲蓋彌彰」就是這個意思。但是你還是看得出它的血源，同時你將有機會用比專櫃價格便宜好幾折的價錢買到它。

這當然是逛天母成衣店極為重要的樂趣來源。能夠用便宜很多的價錢擁有嚮往的名牌貨，真是世上數一數二快樂的事。雖然穿名牌並不保證有品味，但是能夠擁有自己喜歡的名牌，委實是件叫人再滿足不過的事。

從桂林到亞馬遜
——專業書店的專業
from kuei-lin to amazon: speciality bookstores

對於某些人來說,「書到用時方恨少」這句話絕非祇是老掉牙的成語,而是切膚之痛的描述。不管你所急需的,是明天上午簡報中的一句slogan,正寫到一半時推敲了老半天,怎麼敲也敲不出來的論點,或者一幅印象中依稀存在的圖象,甚至祇是論文裡的一個小註腳,都可能讓人真實地體會「上窮碧落下黃泉」的無奈心情。在這種時候,如果想尋找相關的圖書作為參考的話,大概就只有到各種不為行外人所知悉的專業書店了。

不要以為到「誠品」這種綜合性的大書店,就可以滿足專業人的強烈需求與渴望。並不是說「誠品」不夠看,而是原本設計的定位就有所差別。想想看,一個專業的電腦工程師,會因為敦南店挪出一塊電腦書的新區域,就找得到他要的程式參考手冊原文書嗎?

不同領域的專業書店之所以存在,簡單一句話,就是為了「滿足不同領域的專業人士」。像是座落於重慶南路,在文化圈裡也曾經大名鼎鼎的「桂林」,以前祇要到這裡來走一趟,仔細地看看一旁書架上貼有訂購者小標籤的新書,你大概就可以準確地估計出下一波台北知識人的流行新話題。從Habermas到Foucault,從Lévi-Strauss到Bourdieu,哲學的、社會學的、人類學的,後現代後殖民後結構後解構,或者一時興起,也可以訂購那位喜歡連時出門散步的康德先生的Kritik der reinen Vernunft,就是村上春樹小說中的男主角沒事睡不著覺時常常躺在床上閱讀的《純粹理性批判》。應該可以這麼說吧,在還沒有網路訂書這玩意兒之前的時代,「桂林」對於這些已經在檯面上享有盛名的文化明星,或是努力準備浮上檯面的後起之秀,簡直就是一座不可或缺的彈藥庫。

在十來年以前,專業書籍的取得百般不易,連「誠品」都還未出現的真空期,支持所謂專業人士,以及準專業人士——學生,繼續生存下去的方式,不是託國外友人耗時費力地幫你找到再寄回台灣,就是得靠「永漢」、「敦煌」等比較多外文書的書店,但

是要精確的找到想找的書還得碰碰運氣。嫌貴？有就不錯了，愛買不買隨你。當年一個美術系的學生想看一張分色準確的印象派油畫，偷渡出境到法國看可能還容易些，不然只有將就著本地粗糙的印刷品質來「猜測」可能的原色。這個時候，可愛的「亞典」書店已經漸漸的發覺到這群饑渴的人們可能帶來的市場利益。

說「亞典」可愛一點也不為過，不但存書多、種類齊，價格更是令人欣喜，最棒的是還可以接受order。你不但不愁找不到經典畫家的名作，甚至可以拿英國Thames & Hudson出版社的印刷和日本中央公論社來作版本比較，甚至如德國文件大展字典般厚重的目錄，也得以在本地找尋伯樂。除了一般美術、建築類的書籍以外，「亞典」也會出現一些「保證全台灣不超過五個人會買」的超冷門書，給人意外的驚喜，例如二十世紀初的德國女畫家，表現主義大師Kollwitz的畫冊。有時候真可以用「百家爭鳴，百花齊放」來形容逛「亞典」的感覺。

「桂林」養活了一票文化人，「亞典」的存在，也滿足了不少美術相關專業人士，就像是和平東路的「詹氏書局」與忠孝東路的「啓茂書店」對於建築人的意義，台大公館地帶的「書林」與「雙葉」對於文史學生的長久支持，還有專賣醫學書的、專賣生物科學的、專賣理工化學的、專賣電腦程式設計的一家家原文專業書店……。

但是，「專業書店支撐專業人士」的時代已經漸漸離去。就像是《莊子‧天下》中所說的「道術將為天下裂」，學術性的、專業性的知識資源，已經不再由少數特殊族群所獨佔，而是任何人都可以獲得的材料；換句話說，大家都有可能來分一杯羹，都可以在茶餘飯後打屁閒扯時，或在報章雜誌讀者投書甚至專欄小方塊上，以「半專業」或「準專業」人士的姿態發言。

為什麼會出現這種鉅變呢？背後主要的原因之一，就在於「亞馬遜（Amazon）」這一類網路書店的出現。以前千方百計才有辦法透過好心的書店代訂一本國外的書，而且可能還得等個三四個月乃至半年，讓人都快忘記自己到底訂了什麼貨，但現在透過網路下訂單，每個人都可以用過去所無法想像的驚人速度，直接掌握到各種專業書籍，不論是聽過或者沒聽過的，精裝或小開本，亞美利加或者波蘭日耳曼所生產的。

台灣正逐漸走向「從桂林到亞馬遜」的這條路，不過，相反方向的「從亞馬遜到桂林」仍然是值得期待的，就像是《傅科擺》作者艾可預言的，在網路時代來臨之後，反而可能會促成另一波專業書店的再興起，以滿足閱讀人口愈來愈勾鑽的味口。或許在未來，我們除了在傳統綜合型書店與網路書店之外，還有更多更精緻、更小眾的地圖書店、文藝復興書店、酷派爵士樂書店……。

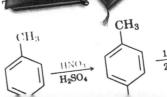

室內風情自己來
it's not hard to be an interior designer

（註）圖片提供：力大裝潢。

我猜你對自己的房間一定很不滿意，或者已經痲痺了。書桌從國中用到現在都沒有換過，青春期叛逆的在桌上刻劃的憤怒語句現在看起來令人發窘；那扇曾經避免和父母正面衝突的木門仍然使用老式的喇叭鎖；天花板的燈也老氣得可以，反正整個房間怎麼看怎麼難過。該怎麼辦？你應該很嚮往室內設計雜誌上那種「看了就很舒服，住起來一定更棒」的房子吧？那就請室內設計師幫你改頭換面吧，別鬧了，哪可能有這種閒錢。請巷口的室內裝潢？太俗了吧！這種不上不下的尷尬窘境並非無藥可救，尤其是個人空間狹小的台北市民，所需要的只是一點點巧思。

一個看起來舒服的空間有幾個要素是不可忽略的，首先是空間配置，當然，你我都不是專業的室內設計師，對於複雜的空間觀念可能無法捉摸，但是起碼掌握一個原則，就是動線的流暢，好的動線必須兼顧視覺和實際使用。簡單的說，房間內常常走動的幾條動線必須保持順暢，假設你從書桌移動到書架，卻經常必須跨過一堆攤在地上的資料或衣服，那你的

工作情緒勢必受到影響；早上起床之後到衣櫃拿衣服卻被昨天晚上在床上看的書絆倒，相信你一整天的心情大概都不會太好，所以說，保持房間內走動的順暢是影響工作效率及心情的重要因素之一。

在視覺的角度來看，房間內不要有看起來突兀的東西擋住視線，包括看起來不搭軋的家具或不協調的色彩。例如家具的基本造型是樸素的，而偏偏出現了一個巴洛克風格的椅子，或著突出牆面一大塊的櫃子，這些都可能會造成空間被零碎切割，不但阻礙了視線的流動，也讓空間看起來更小。至於色彩，盡量保持一定的明度或彩度，避免眼睛在差異過大的色彩間移動，造成視覺上的疲勞。

色彩對於營造空間的整體氣氛有舉足輕重的功效，基本感覺的營造可從牆面著手，這個功夫似乎沒有取巧的餘地，刷油漆吧。小空間的漆色應該以高明度高彩度為上選，如此可增加空間的明亮度及擴大感，看起來也柔和些。踢腳板不妨換不同色系的油漆塗刷，使得色彩變化多一些。在刷油漆之前

▶這長得像「鴨頭」的玩意兒就是「手取」，圖中這組適用於抽屜上。

最好先徵求油漆行老闆
的建議，找出適合的
油漆種類，免得花錢
又費力。至於桌面，
拿掉厚重的玻璃
吧，去永樂市場剪一
塊桌布鋪上去，保證比原來難看的三夾板好
的多，但是最好不要選擇對比太強的花色，
免得工作時分散了注意力。

至於你的老木門，到美術社買「卡典西
德」，那是一種有顏色的塑膠貼紙，色系還
算齊全，黏附力不差而且便宜，一尺大概三
十元左右。剛開始使用「卡典」可能不是很
順手，不是皺成一團就是起氣泡，而且貼久
了邊緣容易翹起。教你個小訣竅，最好兩個
人一起進行，先擦乾淨門板，再泡一桶稀釋
過的沙拉脫，然後撕下「卡典」的底紙，然
後把沙拉脫噴在門板和「卡典」的背膠上，
再用刮刀（信用卡也行）順著刮平，等乾了
之後就牢牢的黏附在門板上啦。如果仍有小
氣泡就用刀片刺破，再用手擠壓就可恢復平
整。

空間配置妥當等於蓋房子打穩了地基，起碼
看起來順眼了些，接下來的工作就是在不花
大錢的原則下，選用有質感的小配件改善或
美化舊有的傢具。別小看這些小配件，運用
得當則可以發揮畫龍點睛的效果。就從房間
內處處可見的把手開始吧，這個東西專業名
稱叫「手取」，在士林天母一帶有專門店，
材質有木頭、金屬或壓克力，國產貨價格便
宜，不過造型上比起進口設計師精品就普通

了一些，但是話說回來，既然
是進口設計師精品，在價格
上也就不會太平易近人。針無
兩頭尖，看著辦吧。

再來是燈飾，台灣人對光線的使用觀念一直
停留在「實用」的範圍內，事實上光線對於
氣氛的營造功效絕不遜於色彩。我們可以把
光線概分為兩種，一是間接光源，一是直接
光源。間接光源說大白點就是指眼睛無法直
接看到發光體，光線經由牆面、天花板或隔
一層布來反射傳達，這樣的光線比較柔和而
且照射範圍比較大，但是因為經過反射所以
亮度自然較弱，不過整個房間卻因為光線的
柔和擴散而顯得氣氛浪漫。直接光源的使用
就沒啥特別了，選購一盞漂亮的檯燈、壁燈
或吸頂燈（就是天花板那一盞啦）就夠了。
若是覺得光線太過強烈刺眼的話可以在燈罩
上釘一塊薄薄的布，或者貼一張描圖紙，這
樣可以使光線平均些。但是請千萬注意燈的
溫度及光線的亮度是否合適。

除了這些，還有的就是個人偏好的擺飾，例
如陽台上的小盆栽、文具組、瓶瓶罐罐等
等，台北市區內就有好幾家專門販售這些小
用品的店，價格也還可以，選擇得
宜可以發揮畫龍點
睛的效果。

▶這也是「手取」，和上圖的造型截然
不同，如何搭配全看個人喜好。

運動頻道的救贖
——走火入魔的專業運動迷
the redemption of sport channels : a hardcore fan's diary

運動比賽和運動迷的關係，許多時候，其實就是「一個人和一台電視機」的關係。好像就是這麼簡單。但是更多時候，運動比賽和運動迷的關係，根本是「一個人和整個世界」的關係。應該就是這麼複雜。

看運動比賽至少有兩種方式：第一是看現場，第二是看轉播。前者充滿太多技術困難，這個世界上能有幾個人像美國黑人導演史派克李（Spike Lee）一樣，瘋魔NBA到無可救藥的地步，只要紐約尼克隊在麥迪遜花園廣場出賽，絕對可以在最前排的貴賓席發現他的身影。而且不只純看球，還要不時跟裁判理論，更得視狀況和來犯的敵隊明星主將叫陣。經典代表作就是1995年尼克與溜馬系列戰，他和大嘴米勒的場內外叫陣對罵。

不過對大多數的平凡人來說，誰也沒那個時間無役不與，也沒那麼多錢無票不買。台灣運動文學寫作的前輩劉大任先生，長住紐約也是一個不折不扣的尼克迷，在一篇〈誰叫你愛上尼克〉的文章提到，他兒子大學畢業後去工作拿到第一個月的新水，居然不是找女朋友吃飯，而是請他老爸也就是劉大任本人到麥迪遜花園廣場看一場NBA。劉大任自我解嘲地說，那場球的現場觀眾包括前總統尼克森，只是尼克森坐在「球場旁邊會被三不五時飛出界外的籃球打到」的貴賓席，而他們父子倆坐在「離球場表面50英呎以上」的高空觀眾席。

到現場看一場球，幾乎是所有球迷的夢想。但是所謂夢想，就是指

「不能拿來當成白飯按照三餐吃的東西」，我們才稱它為夢想。比較實際的，是在家裡看電視轉播。而且說真的，要真正看懂運動比賽，只有透過運動轉播才行。不然我們怎麼知道四屆賽揚獎得主麥達克斯，三振打者的那球究竟是時間差還是下沈球？一級方程式賽車手舒馬克在彎道怎麼卡住有利位置超到大衛庫塔前面？史卡地皮本剛剛那一球到底怎麼騙過防守者拉竿投進籃框？山普拉斯是在那一個回擊轉守為攻搶下這一分呢？老虎伍茲在果嶺上最後一計長推的弧線有多扣人心弦……。透過電視螢幕，反覆地從各個角度慢動作重播，這一切都不是問題。

看現場，是讓人看爽用的；看轉播，是讓人看懂用的。更讓人欣慰的是，即使你身在第三世界島國，這些世界級的比賽，只要你家看得到有線電視，特別是那幾個運動頻道，你根本不必擔心錯過這些精彩的比賽。而你付出的代價不只是區區的電費，還包括你的靈魂。

做一個真正的運動迷是辛苦的。對他們而言，單看一場比賽根本不過癮，要看就是要鉅細靡遺地看整個系列才算數。一個看運動頻道看到病入膏肓的朋友形容，運動比賽是當代最迷人的長篇小說，看小說就是要看長篇的才看得出結構佈局和戲劇張力，而運動比賽也是。只看幾場重要比賽那能體會其中的精髓，你永遠不知道那一場比賽會是經典比賽，不管是網球棒球籃球賽車都一樣，你唯有從開打的那一刻就亦步亦趨地盯著螢幕，從季內賽第一輪第一回合就參與，否則到了關鍵時刻根本不知道它為什麼會如何發展。

所以每年三月初到十月，每隔兩個星期的週日，F-1賽車迷固定要回家看衛視體育台的現場直播。如果你的朋友是賽車迷，奉勸你絕對不能

在那短短的幾個小時打電話給他們，真正的賽車迷是不會在那時候鳥你的，他可能早就把電話線拔掉了。

四月底NBA季後賽開打，東西區十六支球隊開始捉對廝殺，要經過三輪幾十場的淘汰賽之後，最後由兩支球隊爭奪冠軍戒指，年度冠軍將於六月中揭曉。在這一個半月，ESPN永遠講不到重點的中文解說員，成為台灣地區所有NBA迷共同唾棄的敵人。

六月底，最有傳統的溫布敦網球賽揭開序幕。衛視體育台的幾位主播許乃仁、劉中興、胡娜成為不知睡眠為何物的人類，每天至少坐在轉播台十小時以上。喜愛網球的上班族，個個都變成夜貓子。七月，每隔四年的七月，別以為指的是標榜運動精神的奧林匹克，世界杯足球賽正火熱。World Cup是全世界群眾基礎最雄厚的運動項目，平常不看足球情有可原，不看World Cup簡直是一種罪惡。足球賽的深邃奧妙酷似圍棋，講究的是佈局，比的是誰的氣長，而不像籃球是殺來殺去的中國象棋與西洋棋。要看懂足球了解其中的魅力，需要多一點耐心跟更多的智慧；當然不可或缺的，還有對民族性的基本瞭解。巴西的球風為什麼用浪漫的森巴旋律來比擬最貼切？怎麼讀出德國足球隊的作戰方式與賓士造車技藝如出一轍？看足球轉播是不允許中途去上廁所的電視娛樂，因為勝敗之分不在球門禁區前的臨門一腳而已，那就落入只看結果不重過程的庸俗，重要的是看兩隊攻守的鋪陳，好看的世界杯足球賽會讓人們重新體會什麼叫做流暢。

八月份，強悍著稱的美國網球公開賽上演。相較於年初澳洲公開賽的悠閒氣氛、五月法國紅土球場的典雅浪漫、六月溫布敦的貴族情調，美國公開賽就像比賽所在地的紐約市，既不優雅更不高貴，劉大任那

本運動文學集的書名《強悍而美麗》，就是書中描述美國公開賽文章的同名標題。

一樣在美國境內，全世界棒球迷最矚目的大聯盟季後賽九月份開打，兩個聯盟各八支球隊競爭進入世界大賽的兩個名額。老美把他們的棒球冠軍賽稱作「世界大賽（World Series）」，其實是非常目中無人的，但沒有辦法，這的確是事實：全世界最好的棒球選手都在大聯盟，每一支球隊才不會像亞洲的職棒有所謂的洋將上場名額限制，如果上場的九位球員一半以上來自中南美，也沒什麼好驚訝。這就是野茂英雄、伊良部秀輝、吉井理人等日本職棒明星要放棄在日本躺著賺錢的機會，到美國一較長短的原因，因為大聯盟才是證明自己真正實力的地方。

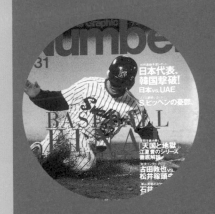

與漫長的例行賽不同的是，季後賽的每一場比賽都是大賽。什麼是大賽？就是絕對不能手軟的比賽就叫大賽，許許多多偉大的球員像小葛瑞非、鐵人瑞普金都還沒有打過世界大賽，只有能在關鍵的大賽贏球的人才是所謂的「十月先生」。

有了運動頻道之後，民族主義是個無啥小路用到極點的詞彙，看慣了人家高水準的比賽，誰會想看台灣自己體育活動的轉播？真正走火入魔的運動迷不只是看電視而已，要不然你們以為這幾年「台灣書店雜誌區許多奇怪的進口運動雜誌」都是那些人在買？

看運動比賽有那麼嚴重嗎？沒辦法，不走火入魔的話，在這一行就不夠專業。只要家裡收得到運動頻道的訊號，收看轉播是每天都必須操作的事；而努力做一個更專業的運動迷，絕對是一生的志業。

手腳並用的歐洲車情結
they're not crazy, they insist driving manuals in taipei

這是一個制式化的都市，可能是為了潛意識裡的被認同需要，或者是為了確保自己在體制中不被排擠，也許只是沒有主見、人云亦云，在這個都市裡活動的人需要套用某些模式。她們畫同樣的眉毛、穿同樣的洋裝；他們習慣相似的直條紋襯衫、戴同一種品牌的手錶，他們稱為「流行」。在台北要堅持自我品味，需要的不只是獨到的眼光，還有抵

抗世俗的毅力。愈堅固的體制，它的制式程度也就愈牢不可破。這談不上對錯，只是在潮流的輪轉中，這似乎是不可避免的現象，但是在現象的背後卻抵消了一個城市可以承受的活力、抹煞了應該存在的創意。

就連象徵個人自由的汽車都逃不出「流行」這個可怖的影子。車是你的另一雙腳，讓你

快速的移動、高速的逃離；也能夠讓你在進退不得的車河中保有不被侵擾的自尊。汽車應該是個人肢體的延伸、車主的私人城堡，甚至應該成為個人的象徵，其價值早已超越最初被賦予的實用功能。但是事實卻非如此，大部分的人關心的只是「好開省油停車方便」，最好再加一堆有的沒的配備。似乎再也沒有人在乎擁有一部汽車應該有的認知是什麼。對於他們來說，車子不過是機器，是不需要了解，不需要溝通的一塊鋼鐵。

一輛汽車的構成象徵了工業文化的精練結果，絕不只是鋼鐵與塑膠的組合。挾著百年造車工藝，歐洲造車技術早已爐火純青，影響了全世界的造車概念。為了追求造型的整體感，設計師不惜把車門把手隱藏起來；為了視覺的韻律感，工程師刻畫鬼斧神工的腰線、前低後高的楔型車身，帶動你的視線遊走於車身的每一寸。他們早已揚棄傳統機械物件的功能化造型，創造了新的設計理念，為一堆冰冷鐵皮賦予了生命與個性。他們不製造汽車，而是雕塑它。這就是歐洲人，天生流著創意的血。就算號稱「汽車王國」的美國也不得不低聲下氣。從另一方面來看，雖然日本車在各方面都有極為優秀的表現，但是不可否認它是媚俗的，然而正是因為如此才能博得普羅大眾的歡喜。媚俗並非壞事，只是在這個前提下有些堅持必須妥協，有些個性無法保留。這就是體制的壓抑。就算科技再進步、模仿能力再強卻也永遠抓不到那已經昇華的美學觀念。

或許從改款的年限就可印證這一點，歐洲車

每一種車型通常的產品生命期為七、八年，甚至更久，而且每一次大改款都是一次驚喜；但是日本車的產品生命期僅有短短的四、五年，而且經常必須藉由小改款來刺激購買欲。這是車廠造車的態度以及對產品的信心問題，或許對於歐洲車廠來說，設計一輛汽車除了本身的科技能力之外，如何創造及延續一個車廠的文化才是設計師的最大的責任。因此，每一個國家生產的汽車都自然而然的保有了該民族的民族色彩，有人說義大利車充滿設計感，有拉丁民族的熱情；德國車有機能感，像亞利安人有條不紊的態度；法國車有巧思，法蘭西的創意顯現在車子的每一處；英國車有貴氣，留下了日不落國的光榮色彩。而這樣的精神顯現也直接感染了消費者購車的心理趨向。

當然，光靠外型誘人並不足以讓你甘願承受輿論與經濟的雙重壓力，不少玩車老手嗜玩歐洲車，而且非手排不可，為的是體驗在賽車場歷練出來的機械結構，透過右手撥弄檔位，雙腳在踏板間跳動，引擎蓋下活塞拼命爆發運轉著，車輪忠實的傳遞動力讓你飛快前進，在進出彎道間體會到什麼是人車一體。車隨意走，心中有說不出的暢快。或許你會嗤之以鼻的認為台北的交通何必如此作賤自己，我卻不以為然。選擇手排歐洲車絕非只是崇尚所謂「歐洲名牌」而已，在這背後其實蘊藏了多少的文化精華，而真正的邏輯是掌握自己的選擇權以及體驗生活品味的樂趣。這種感受只需存在於疲累了一整天之後的夜晚，或者一個翹班的午後。

大補帖

98 XYZ
風雲再起

〔主要成份〕
Microsoft Windows 98 中文 "正式" 版
Microsoft Office 97 中文 "專業正式" 版
一點就通 38種語言全文立即翻譯 V7.8 for 95/98/NT/Mac
CD-Warez 98 超強版燒錄程式 for DOS/95/NT/FreeBSD
輕鬆音中仙語音輸入法 V1.2beta 辨識率99.87%
布魯斯史賓斯汀／反抗的殘片3CD精選合輯數位重新混音
Tom Waits / HOT BEERS ON A COLD NIGHT
超正點bootleg重出江湖

最有特色的土產禮品——大補帖
warez cdr, everybody's secret pleasure

想想看，一個老外朋友到台北來觀光，除了帶他到華西街看看殺蛇，到自己長這麼大也難得進去一兩次的故宮晃晃之外，有沒有什麼真正具有台北特色的土產品，可以送給朋友做紀念，而且這種禮物又算得上是「送禮自用兩相宜」？想到答案了嗎？Bingo！就是大補帖。

你以為光華商場旁的補帖攤子盛況不再，所以大補帖就不再流行了嗎？事情當然不是這樣子。補帖的存在，可是歷經了幾個不同階段的變化呢！在過去那段美好的時代，幾個理工科的學生，閒來沒事破解一些遊戲或程式來玩玩，彼此互通有無，可能就是故事的開始。後來，一顆蘋果不小心砸到某個傢伙

的頭上，於是他就忽然了悟，湊了幾萬元，買了台燒錄器，將這些破解的東東湊在光碟片上，賣給周遭的親朋好友，一片也可以賺個兩三百元（看他的良心或是那顆蘋果的size而定），就是最原始的「大補帖」了。這種收入通常可以讓用功玩電腦的窮學生們，享受一陣子錦衣玉食的富裕生活。

然後，因為補帖的生意實在太好做了。大家都想來分一杯羹，黑×幫、竹×幫，大哥帶小弟，一攤一攤的補帖販子，就這麼在光華商場一帶如雨後春筍般出現了，警方隨便一次搜索行動，就可以查扣四五萬片補帖，再加上十來萬片空白片，還有二三十台燒錄器。即使這群顧攤的小弟們沒有半個搞得清楚PC與Mac的差別，還是一樣可以大刺刺地邊嚼檳榔邊翻著一大疊的目錄喊著「先生，你要找什麼？我們都有哦！」，再一邊與警察伯伯玩著捉迷藏的遊戲。新聞紙上還有過這樣的故事，光華商場附近的大補帖「業者」，打電話到管區的警察局，「請」他們不要再到這一帶取締，這真是「台灣奇蹟」中非常令人稱奇的一幕。

台灣補帖業者優秀的程度，據說連美國國防部用的航太工程軟體，一套幾百萬美金的，都曾經有人盜版。不過這種連施振榮都畏懼三分的台北土產，近來在市面上似乎有點消聲匿跡，因為智慧財產權的觀念日益推廣？當然不是囉。在八德路與新生南路口，經常還可以看到一邊是內政部在推廣智慧財產權（得靠送滑鼠墊來招攬人群），另一邊一小撮一小撮更熱鬧的，不就是在進行著兩片一千五的生意嗎？

補帖一時的消聲匿跡，祇是因為管區不得不

的臨檢。「戴帽子的」一走，生意還是繼續。但是現在對補帖業者最為感冒的，已不再限於合法軟體業者，更加入了唱片工業。何以故？拜新科技MP3的技術之賜，平均一分鐘CD等級的音質，祇要1MB的空間就足夠了，也就是說，一片六七百MB的光碟片，乖乖，可以收個十幾張的音樂CD呢。

平常的音樂CD一片動輒三四百元，不過在補帖業者的催生之下，幾張排行榜上的專輯，都可以塞在一張補帖裡，花個千元的代價，就可以將伍佰、周華健、張惠妹、席琳狄翁、辣妹一口氣帶回家。而且拜網路與電子交易之賜，還不一定得大老遠地跑到停車困難的八德路，在家裡透過網路下單，省事又方便。但如果你是那種酷愛當場廝殺喊價氣氛的人，還是可以到光華商場一帶去過過癮。

事情發展到這種地步，實在教人不得不懷念起那段早期的美好歲月。一大群人吃飽沒事，在網路上以一種像是討論獨立建國或者社會主義何者較為重要似的態度，在爭辯著究竟該不該劫富濟貧，將造就比爾·蓋茲成為世界首富的生財工具轉送給勞苦大眾分享。

雖然這種早期的駭客精神不再流行，但是新科技永遠還是有正面積極的發揮空間，例如說，如果你剛好有位朋友在東京街頭以不到千元台幣的代價，買了一套此地絕無僅有、五張合輯的Bruce Springsteen bootleg CD，那麼就應該努力「拗」他，使他晉身「土產禮品」的生產者，壓成一張炫人的MP3大補帖，讓世界各地嗷嗷待哺的同好們，也都能好好地補一補，享受新科技所賜予的快感。

拯救電腦白癡的大型賣場
even dummies have their dignity

如果你不幸，屬於那種「搞不清楚『嬰呆兒』的Pentium II與MMX是啥碗糕，更別提如何辨識remark與否的超高難度問題，不知道記憶體還分什麼幾十針上百針的，想破腦袋瓜也猜不透第十八代巫毒卡與Hendrix唱的巫毒教到底有什麼關聯」的傢伙，想必你雖然痛恨但早已習慣無情的大眾媒體加之於你身上，洗都洗不去、原罪也似的歧視性標籤：「電腦白癡」。

但是，「電腦白癡」難道就沒有尊嚴可言？沒有這一批為數眾多、花起錢來決不會龜毛老半天的「電腦白癡」（因為實在也搞不清楚A牌與B牌之間的差別，要計較也不知從何下手），什麼電子股、網路世界會像現在這樣地蓬勃發展嗎？

好不容易，終於有些聰明的店家，開始注意到了這個族群令人敬佩的消費能力。所以，在台北地區，一些至少看起來比較乾淨明亮的電腦賣場開始出現，現代生活廣場、國際電子廣場、NOVA資訊廣場、T. T. Station、Aurora、太平洋T-Zone、東元3C Land……，連上新聯晴、泰一電氣這種以前專賣各種大小家電的賣場，也做起了電腦生意。

新型大賣場的嶄新氣氛，格外可以突顯過去光華商場的窘境。在以往光華商場獨大的時代，買電腦絕對是一件痛苦無比的事，除非你真的很懂，或者有一個喜歡沒事就打開機殼拆拆裝裝的親密男女朋友可供免費使用，否則就只有被店家生吞的份。不過請注意，所謂的「很懂」，不是說你的「嘸蝦米」速度很快，你會改「暈倒九五」的啓始畫面，

你會用澳洲人的HotDog程式拼湊兩個浪費網路資源的「烘培機」……；這些使用軟體的小技巧，在採買電腦上，完全起不了什麼作用。在這種大把鈔票交易的場合，你需要的是能夠「硬碰硬」的硬體知識。

在這些大型賣場出現之後，「電腦白癡」這個「弱勢族群」，似乎可望享受到一點點「遲來的正義」。過去在光華商場所遭受的各種無可奈何的屈辱，祇能在心底暗幹不已，如今似乎也可望逐漸步出歷史舞台。

PC Home的發行人詹宏志對於這種新型電腦大賣場，曾經使用過「電腦百貨公司」這個比喻。他說，「百貨公司並不是放大的商店，而是新使命的商場；電腦百貨公司的使命，不應該是新的攤販總匯，也不應該只是舊的賣場放大；它應該有新的商品組成哲學，它應該有新的賣場空間哲學。它必須仔細想，使平凡大眾在光華商場徬徨無助的原因是什麼，消費者在小店面裡得不到的東西是什麼；如果這一切都指向同一個答案，那一定就是電腦大型賣場的新使命」。

是的，到了那一天，這些大賣場，以及舊的小店家們，都想出這個簡單的答案——「服務」，「電腦白癡」們，也就可以享受到真正應得的尊嚴了。

充滿發現樂趣的西洋雜貨店

exotic grocery shops : ready to be surprised!

即使到了快要三十歲的現在，自己出國旅行的經驗勉強在同年齡的朋友間，算是可以拿出來閒扯一番的那種人，但是一說起在異國生活的瑣碎細節，就突然不知道怎麼和那些「其實也只不過到國外拿個學位、最多待個一年半載的人們」，繼續對話下去。因為很清楚的一件事實擺在眼前：旅行式的短暫停留和到當地居住一陣子，基本上是完全不一樣的兩件事。

至少我是這麼相信著。而自己開始對城市中的「西洋雜貨店」感興趣，就是從這樣的打擊開始的。

在我們這座城市裡頭，一直有這麼一群「必須依靠外國食物才有辦法活下去」的人存在。這裡所謂的「外國食物」，並非指那些在餐廳裡烹調好的料理，而是原料。把範圍

放寬一點來界定的話，就是跟外國扯得上關係的任何東西，從零食、起司、碳酸飲料、調味佐料、果醬……通通都包括在內。

而這群人的構成有兩大來路：第一種是住在台北的外國朋友，因為吃慣了家鄉口味，也許是調理菜餚的橄欖油，或者加味的紅酒醋，都是在此地一般超市沒有辦法買到的家鄉貨。不妨這麼比喻，美國許多大城市Chinatown裡，都有專賣華人雜貨的商店，而這裡所說的「西洋雜貨店」對老外的意思是一樣的。

第二種人則是曾經到國外住過一陣子的自家人。可能是因為停留異地期間接觸到某些類型的食物，從此念念不忘，即使回家以後仍不屈不撓地堅持要偶爾回味一番。或者更可能的是，他們在飲食口味上已經被改變了，所以也必須常跑西洋雜貨店。關於這一點，我可是非常認真的篤信有這麼回事，至少身旁就有好幾個有留學經驗的朋友，都是在飲

▲ 就是非得要用日清出品的油炸粉，來自日本的烤肉醬和辣椒粉嗎？沒錯，人一生必須妥協的事已經太多，關於這點不能再讓步。

食口味上的變化大過專業學識上的躍進，而這也算不上什麼壞事。

這幾年城市裡的「西洋雜貨店」店家數目似乎越開越多，不過主要的分佈還是以天母附近的中山北路六七段為最密集的區域。如果你和我一樣都不是文章前面提到的兩種人，請先別擔心，雖然這種店存在的目的與我們無關，但也絕不會不歡迎我們去逛。只是逛一大堆幾乎都沒有看過的東西，要能夠樂在其中就得看個人本事了。像位在中山北路士東國小對面的「華瑞行」，走進店家觸目所及全是印滿外國語文的大小雜貨，地下室的葡萄酒架更擺滿了三面牆：要是想買些新鮮的肉品跟海鮮，在中山北路六段上頭店齡長達二十幾年的「快鑫」絕對讓你不會空手而歸；要是不夠勤快的人想買點現成貨，靠近美國學校的「新新」不只從歐美進了原產地

的蔬果乳酪，還提供調味好一份一份的義大利麵食與沙拉甜點，買回家稍作加工即可；類似的店在天母北路上還有幾家，不只賣食物，連一些烹飪器具都可以買到。

到國外旅行和到國外生活是不一樣的兩件事。因為旅行的時間通常過於短暫，而沒有辦法讓旅行者有機會體驗日常生活，這種日常生活可不是在旅程中特地閒散地過一天就能取代的，唯有待在一個地方較長的時間，才可能經歷生活中的瑣碎細節。而瑣碎細節的具體代表，就是雜貨店。

所以，每次走進城市裡的西洋雜貨店，總是莫名其妙的意亂情迷了起來，雖然走出門口就是熟悉的城市，門裡面卻是另一個世界。

◀ 在美國念書時常吃到的零食，台北的西洋雜貨店裡可能會有。

◀ 採買義大利麵條和醬汁，自己回家料理一番，吃飽後再配上義大利道地的espresso咖啡，其實一個人的生活也不算太壞。

116

BACK TO 西門町

once glorious district still deserving exploring

重畫一張西門町消費地圖
當街上高中生制服的學號和十年前自己身上的數字一模一樣

重組一條西門町逛街動線
當不再使用手提收錄音機聆聽搖滾音樂

我們的年紀都大了
這樣的事就像下雨一樣地明顯

重新發現一些西門町的魅力來源
包括遺產包括新知包括已知包括未知
重新界定一種西門町的使用方式
屬於十七歲屬於二十七歲屬於三十七歲⋯⋯

 ### 修鞋

即使多年以後，腳上穿的皮鞋從「昔日中華商場的兩百元廉價學生貨色」變成「知名品牌的原廠製品」，一旦鞋子有任何異狀，峨嵋街立體停車場旁邊巷裡的修鞋師傅，都有辦法處理。

 ### 老天祿滷鴨翅

萬一沒有老天祿的滷味，看到無趣電影時就真的非常無趣了。而且方圓百里的中年男子，喝酒的時候也就不知道還有什麼可搭配。

 ### 香菸書報攤

對某一輩「從剛開放洋菸進口時代接觸吸菸」這檔事的朋友來說，當年在西門町的菸攤買菸是件極為特殊的經驗。這裡總是會販賣一些在別的地方沒看過的奇怪香菸。如今雖說盛況不再，但這樣的攤子在台北已不多見。它也兼賣書報，特別是香港各種奇奇怪怪的報紙，這裡都有。

（註）以上小圖由林家琪繪製。

小香港

從西寧南路萬年大樓對面一個極不顯眼的走道進去，往上走到二樓或往下到地下室，就是歷史悠久的「小香港」。要找特殊流派的流行貨，這裡都有。儘管這幾年台北街頭出現許多標榜二手貨專賣的店家，要找優質的二手名牌牛仔褲，「小香港」仍然值得一逛。

配件組裝

不管是想找日本少女流行的行動電話套，想替自己的腰帶換一個不一樣的皮帶頭，想找平價的銀質飾物……散落在西門町街道的眾多小店都有讓人眼睛一亮的有趣貨品可挑。

襪子

不管你是男生還是女生，不管你是十七歲二十七歲三十七歲，即使全身上下穿戴名牌，除非你真的很有錢，買有牌襪子的預算還是省下來吧。到中華路天橋下面的襪子店一次把一年的份量買齊，質感色澤耐穿度都經得起考驗。

娃娃

想到要買不一樣的娃娃，萬年大樓裡的幾家店絕對可以滿足你的需求。特別是日本國製造的娃娃，做工用料乃至功能設計都讓人掏錢掏得無話可說。逛過之後就了解，別人汽車裡頭、房間擺的好看娃娃不一定都是從國外帶回來的。

香水

很多人收藏藝術品是從蒐集名牌香水瓶開始入門的。要找世界各大名牌甚至百貨公司專櫃都沒有進的特殊貨，萬年和西門新宿都一應俱全。沒事千萬別去逛，它隨時有新品輸入誘人破費。

飲與食

到萬年大樓地下室吃天婦羅已經不是好不好吃的問題，而是一種儀式。這就像等電影開始的前半小時去日式食堂填飽肚子，看完電影到成都路上的蜂大坐在它奇特的椅子上喝杯咖啡，是每次去西門町都不能不去做的事。

視與聽

Tower Records西門店是它在台灣開的第一家店，它和中華路上的佳佳唱片行都以貨色齊全為人聽聞，不過齊全的方法與特點不盡相同。除了買唱片，來西門町有人專門到萬年四樓找日本流行雜誌書籍，而1997年底誠品在過去今日百貨所在位置開店，現在來西門町終於也有大型書店可逛。

▶ 在光華商場賤價買到的德文教科書。裡面有許多生物學、醫學和自然科學的木刻版畫，這一頁的插圖描繪著古人接生的情況。

尋找五十歲以上的老書

books older than your grandma,
cheaper than a cheeseburger

還記得在那段苦悶的高三歲月，每逢段考、模擬考之後，或者其他有的沒的名目，班上總會有一兩個傢伙提議，張羅些銀兩，然後派出幾名採購專員，大搖大擺地驅車（當然是摩托車）前往光華商場，蒐集一些養眼的書籍，以增加班上的庫藏數量，慰勞這群在聯考魔掌下嗷嗷待哺、惡男也似的莘莘學子們。

年紀大些的朋友，可能都有過在光華商場舊書攤中尋寶的經驗。我說的可不是近來才流行的「大補帖」，或者如前面所說的養眼書籍、影帶光碟片，而是另一種寶：老書。似乎這才是光華商場較原始的面貌吧。

舊書攤的種種似乎不需太多介紹，就隨便說幾本我覺得很有價值的吧。日本京都學派大師加藤繁著，中研院杜正勝院士（就是曾經因為《認識台灣》而沾染了風風雨雨的那位大師級學者）翻譯的《中國經濟史考證》，坊間早已絕版多時，只要一百五十元，還是精裝本的。什麼，太無聊了？那麼東立出版社「舊刻」的《怪博士與機器娃娃》怎麼樣？雖然沒有版權，但是可愛的機器娃娃還是叫做「丁小雨」，而不是某大集團有版權的「則卷」爆米花什麼的，「可美」也不是俗不可耐的「寶瓜」，這種值得珍藏、就要絕跡的版本，除了光華商場之外，恐怕真的快要無處可尋了。

光華商場舊書攤的收藏範圍，可是沒有什麼學科之別的，除了那些男性青少年必備的性教育教材之外，我也曾在光華商場買過一些好書，或者不見得都是那麼值得珍藏的，但因為是舊書，價錢自然也比較平易近人。大

▶1992年，誠品書店「第一屆古書拍賣會」的DM。如今誠品已經不再提供古書買賣的服務了。

學時代就讀文學院的我，便曾經由某位工科朋友的介紹，買了一本國中生使用的電工方面的教材，還真的學到了不少基本的家電背景知識，多少錢？台幣十五塊！

成捆的《時報週刊》、《美華報導》（仍是因為其中的照片？）、《國家地理雜誌》、泛黃的老月曆、皇冠的翻譯小說，有一次還曾經找到過後來易名為《跳出學園的圍牆》的七等生名著《削廋的靈魂》（沒有錯，是「廋」不是「瘦」），這是由「遠行出版社」所出版的，版權頁上除了當時內政部長張豐緒核發的著作權執照之外，還註明著他們的門市部：成都路上的「中國書城」。

再說個炫一點的經驗吧。在某一個百無聊賴的暑假午後，我又是一個人在光華商場裡閒逛，先是看了數百種稀奇古怪的ＰＣgames，然後好不容易千挑細選地買了片CD，再晃啊晃的，結果還是不自主地走入那家專賣古典書籍的舊書攤。好像也沒什麼特別的，依舊是那些日據時代的舊史料，中國進口的中醫用書，正準備不玩了的時候，突然瞄到一套線裝的《水經注》，樣子還算

好。想了想，忍不住手癢拿起來翻翻瞧瞧。一打開內頁，眉批注語琳瑯滿目，其實也搞不太懂，心裡嘀咕著，原來的書主會不會是哪個曾聽過名號的沒落讀書人。揭開謎底似地翻到封面底頁，乖乖不得了，「胡適藏書」，都快嚇呆了，深恐身上的臭汗漬壞了書。不要問我買了沒有，當時我幾張提款卡的可用餘額，加起來還湊不到四位數字。想來想去，只得打個電話到中研院，託人問問能不能找到胡家後人。

這種碰到五十歲以上老書的經驗，當然是可遇而不可求的。在這個急於忘卻一切過往情事的城市裡，偶爾發生一兩次這類的奇遇，好像也祇能放在心裡，好好地珍藏。

▲ 魯迅的短篇小說集《彷徨》，1931年上海北新書局第七版。這本書至少經歷了兩任主人，他們都很用心地在書上寫滿了眉批。

關於處女座的星期三早場電影

the whole movie theater is yours

關於孤癖的處女座，文獻上可考的，大約有七千六百種以上的奇怪習性。他們慣常以特異的標準看待這個世界，周遭的好朋友也未必能夠一一瞭解。潔癖，不過就是一個總稱罷了。

以看電影這件事來說好了。粗略地說，一個處女座大概很難接受「到電影院與一大群吵鬧的陌生人一起欣賞藝術」這樣的情景。比較細緻一點來分析，一個處女座在台北的電影院裡，經常會出現反感的狀況大致如下：

電影院裡坐滿了人。在密閉的空間裡與一堆不相識的人擠在一起，不論鄰座的那個人是他或她，面貌姣好或者猥褻，嚼口香糖或是吃漢堡，坐的姿勢欠端莊或是口腔裡傳出的陣陣檳榔味香菸味，就是會讓處女座受不了。為什麼呢？不為什麼，因為「人多就是噁心」在處女座的生活哲學裡，一直是前三名的定律之一。

電影正片開始前，總是會附加的白癡政府宣傳短片。處女座通常不認為自己是白癡，但是習慣上經常將世界上其他人都看成白癡。不過話說回來，碰到這種貨真價實的白癡影片時，實在不能怪罪處女座。

隔了三排或五排的傢伙，手中的塑膠袋食品。邊吃邊看可能是種享受，但對於處女座來說，在影片正有氣氛時，這麼說好了，看候麥的《綠光》中的女主角正要等待綠光出現的片刻，突然傳來了一陣從塑膠袋裡取食的窸窸促促的聲音，如果不是怕那個傢伙的血沾污了自己的手，處女座可能會直接將那個人砍了。

白目的影片觀眾。真的很奇怪，就是有這種人，非得在影片進展的過程裡，和鄰座的朋友討論一下，「我看那個老女人應該就是真正的凶手」，或者「啊，貢多拉船，我也去過那邊哦……」。要不然就是在緊張的片刻，呼叫器（處女座痛恨別人把「呼叫器」說成「call機」）或者行動電話響了起來。心裡的應對之道如上。

是的，處女座就是有這麼多的詭異標準。但是有許多精采的大場面，還是得到黑漆漆的大盒子裡看，才能夠享受得淋漓盡致，所謂的大場面，以處女座的標準來看，當然不會包括《鐵達尼號》這種類型，而且還不能是這一兩年大為盛行的「大鍋炒型」的多廳戲院，原因很簡單，因為處女座不能接受在看描寫二○年代阿姆斯特丹的《角色》時，聽到隔壁傳來的美國九○年代搖滾樂。

所以，對於生活在台北的處女座來說，「星期三早上，獨自一人到國賓戲院看部電影」，絕對是一件難得的享受，那種電影院裡只有小貓兩三隻的空間感，用不著擔心被其他觀眾突如其來的干擾而分心的專注情緒，絕對不同於與三五同好或者男女朋友在周末假日人擠人搶座位的經驗。再挑剔一點的處女座，可能會指定第十四排最中間的座位，以便徹底享受聲光效果，就像在看《終極警探》時，真的聽到電話就在身後響起，差點還想回過頭去接電話呢。（誰說處女座就不會去看《終極警探》？）

簡直像開水龍頭一樣方便的第四台電影

how could life be boring
while movies keep flooding
out from your cable?

據說，在過去的二三十年之間，因為有了電視這種怪物，整個世界都變了個樣。

根據統計，在1992年時，整個地球上大概有超過十億台電視機（亞洲佔了22%，歐洲有35%，北美20%，拉美8%，中東有4%，剩下的1%在非洲），然後每年會以百分之五的速度繼續成長，裡面的冠軍，就是優秀的亞洲人，而亞洲的日本與台灣人，更可以稱得上是「電視冠軍」——看電視時數最長的冠軍。

觀眾與電視如何彼此看待對方，一直都是相當引人注目的課題。依照社會學家柯司特(Manuel Castells)的說法，「由於越來越多人都會不停地轉台（同時看許多的節目），因此，創造了觀眾自己的視覺馬賽克拼貼。雖然媒體已全球性地整合了，節目與訊息也在全球的網絡上流通，但我們卻不是住在一個地球村上，而是住在一個全球性生產、地區性分配、顧客取向的小屋裡。」

反正我也不是文化研究學者，犯不著花腦筋想清楚到底傳播媒體與大眾文化到底是啥米碗糕。不過我倒是有一個比較簡單的，也可能有點反動的論點可以聊聊：對於那些整日沈迷於WWW漫遊、BBS對談的網路新世代來說，第四台源源不絕的電影資源，可不可能構成一種救贖？

以傳播學界大老麥克魯漢的說法，媒體對於現代社會的人來說，就像是一種「天然資源」。用白話文來說，第四台電影，簡直就像是水龍頭流出的自來水一樣，一開就有：HBO、Sun Movie、Cinemax、TV Time、龍祥、緯來、東映、中都、學者……。坐在家裡看「第四台電影」，大概就像是開水龍頭，不太可能會有珍惜寶貴資源的念頭；數不盡的電影資源，一天二十四小時無盡地發送著，只要有一台電視機，一條不太坑人的cable，再加上一張舒適的沙發椅就可以享受。你甚至不需要依靠報紙上的節目表，反正轉台哪一台看得順眼就看，今天看了後半段，下星期也不愁看不到前半段，何必得每天都花個十來個鐘頭掛在網上呢？不過如果不小心又沈迷於在這種方便無比的「電視機電影」裡，接下來可能又得想想，能再用什麼東西來救贖這些傢伙了。

Taipei Hot / Cool Pub Stories

This is the hot spot ...the place to find pleasure, to make a scene, to
swing to the beat, and to catch the heat.

"pub"的正確中文意思，不知道應該翻成那一個詞彙才好。我們這座城市中被稱為"pub"的地方，其實混合了國外彼此之間其實分的非常清楚的club、bar、disco和真正的pub。此地的人們說到要去"pub"，可能是指去有live band表演的地方，也可能是個純粹喝點酒聽音樂的場所，有時候則是指去設有舞池的所在跳舞，或者在昏暗的光線下聽著如雷貫耳的音樂射飛鏢，以及去某些晚餐時間過後氣氛不錯的講究餐廳坐坐。

若根據身邊朋友使用pub的方式來界定，稱它是「小酒館」，不但讓人覺得舒服，而且算得上精準。不管pub怎麼被人們詮釋，去任何形式的pub總和酒精有關。一個不喜歡被酒精誘惑的人，怎麼可能體會pub的魅力？

但是很多時候去小酒館喝酒，絕對不是真的只是要去喝酒而已。更何況，要是真的想喝很多酒，pub是不適合去的，因為到pub為了灌酒而喝酒，對錢包太傷。這時候可能需要的是一個外表不起眼，但是滷味一流並且歡迎你把酒瓶堆在桌子底下滾來滾去的路邊攤；或者乾脆躲在自己的房間和幾個可以推心置腹的好友灌掉一整瓶威士忌。

所以去pub喝酒應該是一種情緒，是一種假喝酒之名轉換溝通形式的玩樂形態：是公司一群同事吃過晚飯還不想回家時最好的續攤場所，是和一堆朋友打屁聊天閒扯淡的好地方，是可以欣賞城市夜晚人物景緻的美麗所在，是想找點超乎預期想像好音樂的實況工廠。pub本質上有極大的成份是享樂的，是讓人一想到就會衍生熱血沸騰情緒的城市夜晚去處。

雖說我們是去pub消費酒精，但更有意思的是去消費它的想法。好的pub就是一個好的設計作品，從店的概念本身開始，就是一連串的設計。對喜歡夜生活的人而言，一座城市的迷人與否，與其叫他們去參觀博物館，不如去看看這座城市的pub。而我們這座城市pub的設計水平，精彩可期的程度，在相關設計領域的排名應該不差。

面對pub，絕對存在著「以貌取人」這檔子事。不過好看只是一時的，耐不耐看才是一家pub能不能長久經營下去的關鍵。長久以來，我們這座城市隨時都會蹦出不少非常非常「好看」的pub，但多半都不夠「耐看」。「好看」是容易堆砌出來的，「耐看」則是得內外兼修才做得來；耐看的pub不只是店家本身裝潢好看氣氛迷人，還得要有好看的軟體不時出現，例如好看的人好聽的音樂好喝的調酒，這樣的好看才會有本事變成耐看。

無論如何，pub永遠是迷人的。即使身在的這城市多麼糟糕透頂，幸好我們還有許多可去的pub廝混，當城市夜晚來臨的時候。

This is the cool corner...the place to meet lonely souls, to have alcohol
running in your vein, to be immersed in the night.

pub屬於城市。pub屬於夜晚。pub更屬於寂
寞。pub更屬於一個人。快樂的時候去pub
要是能夠使快樂加倍的話，痛苦的時候去
pub則會讓痛苦無限地放大。再也沒有比一
個人獨佔一張桌子或孤伶伶坐在吧台更讓人
覺得孤獨的畫面了。pub本身原本應該是中
性的，但它歡迎高興的人與悲傷的人同時前
往，因此pub的空氣是混濁的，不只有香菸
與各種深淺酒精液體的味道，還隨時充滿
「不知道從那邊飄來的苦痛」與「天外飛來
一筆笑聲」交錯的氣息。

溫暖中的寒冷往往比純粹的冰涼更讓人無法
承受，當隔壁桌情侶對望的深情把自己的嫉
妒通通引出來攤在桌上。距離成功越近的失
敗比一開始就註定的一無所有，更叫人難以
接受。才情讓人不忍逼視的小說家在處女長
篇裡寫道，黑暗並不能造成陰影，光亮才
能。

愛上一個人不一定會帶來痛苦，唯有愛上一
個沒有辦法繼續愛下去的人才是真正悲慘的
事。知道自己喜歡什麼卻無能為力擁有，不
如根本不知道這個世界存在如此迷人的事物
來得乾脆。表現好不代表有好成績，有好成
績才是真的表現好，當酒館酒單上的酒類已
經通通被點名至少一遍以上，問題依然無法
獲得解決。最讓人信心決堤的是，看著塞滿
菸灰缸的菸屁股，竟想不出下一秒鐘到底該
再喝一杯好還是點一支新的香菸再說。

這絕對是一座讓人沮喪的城市。這絕對是一
個人人渴望溫暖、卻同時人人吝於付出溫暖
的城市。當這樣的情緒產生，散落在城市各
個角落的pub，只會證明這樣的想法一點也
沒有錯。pub不會收容破損的靈魂，它只會
徹底將靈魂粉碎。

在台北去pub的人是不講究忠貞的。相較於
對所謂理想或者熱情的忠貞，到pub喝酒根
本無所謂忠誠度的問題。大多數人就算常去
同一家pub，理由絕對不是他太喜歡這家
pub，實在是不知道有什麼別的地方比較
好。所以更多的人是用遊牧民族的心情選擇
pub的，這次試試這家下次再換別家。固定
去同一家pub的忠貞，對他們而言是件奢侈
的情操。

越是疼痛，越能成就其不朽。pub的功能在
於幫助人們更疼更痛，形成無法挽回的傷
痛。最怕在pub聽到太好的音樂，過份的情
緒準確當然是設計上的傑作，只是當內心已
經苦不堪言，好歌竟然從揚聲器傳來，真讓
人不知還能如何痛苦下去。早已不期待遇上
什麼可以讓自己重頭開始的人事情或物，一
如在台北的酒館喝酒，不會改變的終究不會
改變，當你我都還必須留在這座城市之中。

一個人，已經在痛苦還想更痛苦的時候，就
走進pub吧，挑一個最容易看到漂亮風景的
視線點，讓酒精與寂寞作伴。

你所不知道的台北

still something you don't know about this city...

縣道106

縣道106。一條觀光客還不算太多的風景線。強烈建議處於交往瓶頸的青年男女前往共遊,但是切記,四個輪子的拉風跑車,效果絕對比不上一部野狼一二五。

舊大安分局往東

從過去大安分局所在的新生南路與仁愛路交叉路口往東走,分隔島上頭通往公車站牌的小路,景致相當迷人。至少有人如此認為。

某條一級方程式似的曲折跑道

人車稀少的某些時段,陽明山往北的某條道路,極像一級方程式摩洛哥站曲曲折折的跑道。你所需要的,不是別的,不過是一台被此地主流口味排擠的歐洲手排汽車。如此而已。

閃過基隆路,避開羅斯福路的捷徑

住在台北南區的人應該對上下班時間的基隆路、羅斯福路感到忿恨卻又無可奈何吧。別以為高架橋是德政,等到你上橋時驚覺所有的車子都原地不動時已經太晚了,這時除了和鄰車比較誰的保養比較好之外,大概就是聽聽收音機裡的時事評論了。

教你走一條可以避開這兩條地獄般交通動脈的小路:以南向為基點,從基隆路辛亥路口向辛亥隧道方向行駛,第一條路右轉,順著直走到空軍作戰指揮部後門再右轉,沿著台大實驗農場走下去,一直走就到公館啦。

穿過公館圓環,走一小段羅斯福路,到了師大分部右轉再左轉,然後一路順著河堤直走,到了環河快速道路匝道再左轉,直走到前方路口就是羅斯福路的最後一段了。

或許這條路看來不好找,但是保證走一次就記得住,而且起碼躲掉二十個紅綠燈和一千輛摩托車。

城市內的農夫

不是蓋的。在國小國中的時候,我真的有好幾個同學,他們父母親的身份證職業欄上填的的確是「自耕農」,而且絕對不是那種為了要變更地目的「大地主型的自耕農」。我所認識的這些城市內的農夫,工作地點大約是在堤防外的坡地上。在我個人的觀察裡,這些城市內的農夫,都維繫著一種「前現代」式的簡樸作息,也就是「日出而作,日入不見得就休息」的生活方式,他們的字典裡絕對找不到「休閒」、「打混」這些古怪的名辭;一如當年從南部上來台北的我的父母親,即使早已不再從事種植作物的工作,但骨子裡流動的血脈,仍遲遲不肯與現代城市的逸樂氣氛結合。類似的例子,我認識的還有中研院的一位院士級所長,還有一些在不同工作領域的前輩秀異份子。

傳統黑膠唱片

在音響店和舊書攤,經常可以看見整堆整堆的二手唱片(傳統黑膠唱片,LP),積滿了灰塵,待價而

106 台 北

五 坑

▶「鵝媽媽」趙麗蓮灌錄的國中英語教學唱片，六張一套，民國五十八年出版。1998年在和平東路的音響店購得，花了六十元。

沽。這些唱片通常是整批買進的，平均大概都有二三十年的歷史。一般而言，每張要價不會超過五十元，通常是十塊或二十塊一張。

老唱片的內容包羅萬象，最常見的有兩大類：早期西洋流行音樂的翻版唱片（總是套在透明塑膠袋裡，夾兩張印刷粗糙的薄紙權充封面），以及七○年代到八○年代初期的國台語流行音樂，以校園民歌為大宗。

早期的西洋音樂翻版唱片若是狀況良好、沒有嚴重的刮痕，動輒可以在國際市場賣到美金三十元以上；要是根本沒拆開過，就更不得了了。就算你對它們的潛在商機沒有興趣，這些唱片也都是珍貴的史料，十二吋見方大大一張封面，看起來比CD過癮多了。家裡沒唱機其實不要緊，畢竟這些唱片也多半刮痕累累、不能聽了。反正一張才十塊，就當作買張海報回家裱起來掛在牆上，也是物超所值。

騎樓下的燕窩

燕窩這種東西，除了在電視廣告與便利商店陳物架可以看到的以外，其實在城市裡的許多角落，也可以發現「真品」的存在。通常只要出了市中心的範圍，細心一些的你，便可以在騎樓下找到，難度不會高於在植物園裡碰到松鼠出遊。燕子們憑著在城市生活中訓練出來的特殊本領，總能在騎樓的一個不起眼的角落，一根草一枝枯木地築起它們的家。黃昏的時候，看著成群的燕子，伴著麻雀以及蝙蝠，一起佔據著天空的視角，是城市人難得可以享受的一種想像的大自然的溫馨。

中研院對面的小山

南港胡適公園旁的小山丘，是以前「菸酒生」時代中，少數比較明亮的記憶之一。那時候因為論文的進度，總是不時就得到中研院找老師。騎著機車橫跨整個台北市後，一方面要讓身體休息片刻，另一方面更因為必須再掰出「為什麼這個星期又寫不出東西」的理由，便自然而然地步向這座小丘。散散步，或者剛巧遇到某位也出來晃晃的老師，兩個人坐下來，抽根菸，我吐我的苦水，他也發他的牢騷，然後再互相打打氣，一同步入對面的研究院。現在回想起來，似乎就在這座不起眼的小山丘上，我完成了步入社會的準備儀式，徹底告別學生時代。

運將的美食品味

在汀州路和泉州街的交叉口有幾攤小吃攤，看起來很不起眼，但是一到下午就聚集了不少計程車司機，因為這邊除了好停車之外，還有兩種美味的傳統小吃——大腸麵線和香腸。倒也不見得有多好吃，但是能吸引眾多運將來此消費，可見味道一定不差。而且香腸限時供應，從下午兩點半到晚上七點半。

126

土味

真正的土味，

絕不限於最常被一般人提及的口腹之慾而已，

而是指台灣獨創、

特有的某種人事情物。

甩手N號公園

paradise for senior citizens

馬友友曾經與一位景觀設計師合作，試圖以巴哈無伴奏大提琴協奏曲為出發概念，創建一座「音樂花園」。真沒想到，以馬友友的知名度，在美國貴族大戶雲集的波士頓市，竟然還會募不到一百萬美金的目標，結果這個計畫搬到加拿大多倫多市去實現。蓋出來的

花園真的很漂亮，音樂也很好聽（我們好像也沒什麼程度說巴哈的無伴奏好不好聽），但那情景，似乎祇適合在電影中出現。

除了這種連老美都蓋不起的夢幻型公園之外，一般習慣在台北居住的城市人，心中所想的典型公園，常常都是如倫敦的海德公園，紐約的中央公園這類令人覺得浪氣十足

的例子，要他們想想家裡附近的公園時，八成會皺起眉來搖頭嘆氣。

台北難道真的沒有像樣的公園嗎？這個問題如果是丟給稍微上了年紀的阿公阿婆，答案應該是否定的。為什麼，因為對這些銀髮族來說，台北不但有公園，而且是用途更具有特色的「甩手公園」呢！

所謂的「甩手公園」，有的是大名鼎鼎的，例如還看不出什麼森林模樣的七號公園、台大校園與運動場、中正廟廣場、國父紀念館、大湖公園、青年公園等等，而更多的則是名不見經傳的社區型小公園，例如敦南遠企對面的鳳雛公園，瑞安街裡的龍陣公園，萬大路底的東園公園、士林忠誠路中山北路口的忠誠公園等等，這些社區公園雖然也都有名字，但在經常使用者的口中，可能就只是聽來更親切的「三角公園」或甚至就是「小公園」。

打從大清早四五點開始，便有一票又一票的早覺會、太極劍、韻律舞、土風舞、外丹功、香功等等不同的活動，因為種類實在太多，姑且統稱為「甩手運動」──意思就是說那種不論年紀多大都做得來的，雖然有益身心健康，但是二三十歲的年輕人或者有為的知識份子大多不習慣在朋友面前親身操作的體育活動。

但這些阿伯阿媽們，個個可都是極其認真地排練著屬於他們的戲碼，專注著觀察與分享彼此的演出，雖然其中也不免會有爭風吃醋的場面出現。對他們而言，這麼一座座離家步行不到半個小時，各色各樣或大或小的「甩手公園」，就是屬於他們的城市天堂。在這個不夠人性化的都市中，這群銀髮貴族也偃然盤據一方，用屬於自己的方式，打造出快樂與希望。

各色甩手運動之後，在公園裡的小亭子裡，聯誼的節目繼續進行。可別小看這種不起眼的小亭子，它可能就是一群朋友聚集的基地所在。有些人老當益壯，挪來了發電設備，在亭子裡架設喇叭、麥克風、音響、全套泡茶工具組、棋盤、甚至還可能見到放伴唱帶用的電視機。幾個朋友靠攏在一起，有的彈琴，默契的同輩便唱起了三五十年前的日本歌謠，魅力絕不下於當紅的金門王。想想看，如果你和你的朋友們也可以在三十年之後，聚在一起合唱著Every Breath You Take或者羅大佑的〈超級市民〉或者江蕙的〈酒後的心聲〉，那將是多麼賺人熱淚的畫面啊。

公園絕對是一件非常值得深入思考的城市學課題，不論是它的設計或者使用族群的操作方式，都可以是都市社會學家筆下發人深省的討論題材，或是小說家眼中的上乘故事。下次經過你家附近的「甩手N號公園」時，不妨多駐足片刻，或者乾脆進去，放開身體的束縛，甩甩手吧。

量產婚紗的新娘工廠
get married along the production line

活在這座城市，一生中有幾件「仔細想起來根本不需要，但是我們幾乎都一定會經歷」的事：例如考汽車駕照前要去駕訓班惡補，不然就算是已經有辦法上路開車的人也過不了路考；參加托福考試就得去補習班，甚至有住在美國的華人專門回台報名上課；還有就是結婚之前要拍婚紗，穿上一些一輩子想都不會想到的衣服拍一大堆照片。這樣的事，在我們這裡行之有年，久而久之也就覺得理所當然；但是如果我們跳出來看，想想上述事情的本質以及衍生的相關產業蓬勃發展的程度，似乎又是一種不可思議的台灣奇蹟。

因為我們喜歡套公式。所有的事情第一個想到的就是套公式。考汽車駕照要套公式，考托福也有公式，全世界再也沒有一個民族如此善於應付考試，並且從各種考試衍生出龐大的補習行業。如果你看過第四台某些股市名嘴的演說，不難發現他們運用的語言邏輯跟聲音表情，跟升學補習班名師的技巧如出一轍。在我們居住的這座島上，補習班式的教學方式，所有領域幾乎無一倖免。

習慣套公式和缺乏想像力是個雞生蛋蛋生雞的問題。到底是因為太沒有想像力所以人們習慣套公式，還是整個環境壓抑了想像的空間？婚紗攝影就是最明顯的例子。從來沒有人規定只能這麼拍，但是大家都這麼照做不誤。拍婚紗不是此地特有的產業，全世界各國每天都有人結婚都有人拍婚紗照，但是能夠發揚光大到工業規模，令人無話可說。

也許，缺乏想像力其實是專業能力不足的具體呈現。不管是去愛國東路那一排婚紗店，還是中山北路上成群的店，就結果來說，並沒有太大的差別，認真一點比較，其實根本就是同一個模子複製出來的。真正專業的婚紗店應該要能夠提供不同的選擇才對，但是這麼起碼的標準放在現實卻顯得如此遙不可及。活在台灣，要不ㄙㄨㄥˊ，很難。

親像夢一攤
也是無較詛

昔日的不如意
勉強來拆分開

合：為何受命運來創治

合：為何受命運來創治

合：今夜又是
女：何～不知你置叨位

無愛嘛快活
今夜伴阮是孤單

主事何必攔再提起
今著目屎歡喜醉歸暝

合：今夜又是
女：啊～不知你置叨位

女：雖然咱已經來分開
對你也是會來關心

作陣來去KTV

219,000,000 ways to reinvent a pop song

KTV這個娛樂類型出現至今，受到台灣人民歡迎的程度始終居高不墜，一掃台灣人「內向害羞不敢面對麥克風」的形象。因為一到KTV包廂，即使是歌聲再不能見人的朋友，都會搖身一變成為拿著麥克風不放的一夜歌星。

KTV的概念應該不是島嶼原創，但是在此地人們全心全意地投入之下，它成為不分階層人們都樂此不疲的娛樂。KTV的偉大在於它開創了一個新的玩樂形態，這個偉大絕對和當年發明牛仔褲一樣會在歷史上留名。要是它真的有什麼不好的話，絕不是指一般人去唱KTV這個行為，該檢討反省的，應該是因為KTV太受到人們歡迎所導致的「流行音樂白癡化」現象。

KTV影響流行歌壇是非常明顯的事實，其中的道理就如同偉大的小室哲哉信守的「童歌原理」：越像童歌般簡單容易、朗朗上口的旋律越容易流行。所以主打歌一定要很容易唱，音樂形式一定要很簡單，因為很多人聽流行音樂的目的是為了下次去KTV可以點這首歌來唱。這樣的事對流行音樂的製作有極大的影響，不但得做首可以讓歌手唱了會紅的歌而已，還得讓歌迷也能唱。

姑且不論現在的流行音樂是不是真的很白癡，放眼全世界，再也沒有一個地方如我們居住所在有那麼多KTV店可供選擇，當然，如果換片的速度可以更快、聲光效果再加強些、臨時插播的服務更有效率、防火設備更齊全，而且還得要有讓人不知跟歌曲本身有啥關聯的在國外渡假聖地走來走去的美女畫面、以及早年某些實在有夠搞笑的閩南語歌曲伴唱畫面（這應該由國家影像資料館列入收藏），那我們就更喜歡作陣來去KTV了。

正港台灣製PUB

pub m. i. t.

追根究底，pub是個外來的東西。在我們這座城市中存在的pub，某種程度上都是複製了國外某些類型的店，再加上一些自己的想法加工處理後呈現在我們眼前。不管怎麼講，它就是一個非本土的東西。

跟島嶼上pub有著類似處境的是台灣的搖滾音樂。在台灣搞搖滾樂，這檔事光是聽起來，就像是件悲壯慘烈的行業。「台灣搖滾樂」究竟是什麼？難道只要一首歌裡有在飆電吉他就算嗎？雖然許多有電吉他在飆的台灣歌都不錯聽：難不成用閩南語或客家話以及山地話唱歌，就是「台灣搖滾樂」？雖然用閩南語搭搖滾樂怎麼聽都比用台灣北京國語順暢。不過，至少作者這麼認為，就拿伍佰的音樂來說吧，它絕對是道道地地的台灣搖滾樂，把明明是別人的音樂形式，用自己的語言節奏與態度來詮釋發揮，表現出自己的味道。

這樣的事，不只在流行音樂發生。近幾年在我們這座城市開了好多家分店的台式改良pub「魯蛋」，也是很有意思的代表。把「魯蛋」界定為pub其實不能形容它的特色，就它自己的定位來講，它其實是「茶酒館」。它在建國南路仁愛路口的巷子裡頭和師大附近的潮州街上，找到「原本不知道還能怎麼再利用的老平房」，將荒廢的傳統建築改造成時髦的酒館，和一般pub很大的不同在於，它內部的空間氣氛鋪陳神似茶藝館，徹徹底底地把pub這個外來的形式跟本土的素材結合，而且一點也讓人不覺得奇怪。

去魯蛋，一如它的「茶酒館」定位，可以喝酒可以喝茶可以喝咖啡，也提供好吃的滷味與下酒菜。它的menu更獨具創意，把各種調酒的名稱辦成一大本修辭詭異的情緒飲料名冊，有很多人一直想找機會趁別人不注意把它幹走，menu做到這麼叫好的程度，不如公開零售算了。而魯蛋播放的音樂，幾乎都是放台灣本地的流行歌，尤其是某位陳姓中年發福歌手的專輯，他們似乎百放不厭。

正港台灣製的意思，也許不該只是文建會古蹟保存的那一套思想，也不能限制在科學園區代工生產的科技零組件才對。廣義的台灣製，至少就文化產品創造的層面，魯蛋應該算是個好例子。

算命是我們的心理治療

more reliable than shrinks : fortunetelling therapy

據說，在台灣，有三分之一的人，靠著算命先生、算命小姐的指示，安排著一生的流程，以及每天的吃飯作息、床舖方位與做愛的姿勢。

據說，歐美電影裡經常可以看到的「心理醫生」，在台灣的醫療制度裡，根本就不存在。本地所能找到的，不是習慣開安眠藥給病人吃的「精神科醫師」，就是地位始終曖昧不清的「心理治療師」，或者中小學教職員等級的「輔導人員」。

這是一個極度沒有安全感的城市，所以一般人得不時到廟裡拜拜順便求個籤；初見面認識的朋友，劈頭第一句話，就是盤問對方血型星座；大型連鎖書店或者傳統小書店裡的命理書籍架子前，總是無時無刻不擠著一群懷抱研究精神的讀者，專注無比地閱讀著「生命的學問」；連到泡沫紅茶店歇個腳休息，桌上也會擺上個可愛的復古造型投幣式星座籤筒，誘惑你餵它吃個十塊錢的銅板，然後所得的籤詩告訴你千篇一律的幸運數字與下一周可能的艷遇場所。

於是，一個又一個宋×力、妙×，就像是第四台裡的股市名嘴一樣，隨便說句什麼話，都具有懾人的挑逗效果，使得聽眾個個魂縈夢繫。儘管這個行業的從業人員，可能不時有人運氣不夠或者紅得太快撈得太多讓人看了眼紅，而得暫時得進去土城蹲個一年半載的，但是候補的生力軍仍然隨時準備加入這個陣營，為什麼呢？因為這行飯實在太好賺

了，簡直可說是穩賺不賠的無本生意，而且絕不用擔心沒有顧客上門。

不知道是不是因為真的太沒有安全感，或是因為「反正閒著也是閒著」，而且街坊鄰居親朋好友報章雜誌廣播電視，總是不停地談論著有關算命的話題，所以算命真的成為島內幾乎是唯一不分階級不問省籍男女老少共同參與的全民運動：

年輕人可以玩玩電腦裡的星座程式，或者流行紫微斗數時，天天畫命盤，流行塔羅牌時，口袋裡隨著帶著一副牌走到哪裡算到哪裡；比較怕麻煩的家庭主婦，可以在自家巷尾的「××宮」問個神、買張乩童寫的扶鸞籤詩號碼牌；時髦一點或者喜歡喝喝義式咖啡法國花草茶的，可能是到天母或東區某家裝潢別緻的小餐廳，預約個同樣穿著光鮮亮麗的「老師」，交些鐘點費，好好「懇談」一番；至於真正有錢人的玩法，則是三五個有錢人一起供養個穿著西藏印度傳統服飾的「上人」、「無上師」、「法王」，或者也可能是個「小活佛」，讓這些「生命的領航員」像是自家專屬的家庭醫師一樣，沒事就到家裡來替自己檢查看看有沒有新的毛病。

如果你真的排斥算命，堅持要拿健保卡去找有牌的「心理醫生」諮詢，可還有得等呢。與其如此，還不如找個看得順眼的酒保，三杯黃湯下肚，什麼女友跑了工作沒了的問題，一概可以盡情傾吐，而且絕不額外收費！

經典路邊攤

best cuisine is on the street

吃路邊攤是一種習慣，吃路邊攤是一件隨時會發生的事，吃路邊攤是不分階級貧富都熱衷參與的飲食方式。路邊攤雖然在路邊，它的學問跟它的美味絕對是一輩子享受不完的。好吃的路邊攤往往歷史悠久遠近馳名，騎機車來吃的人和開賓士車的人同坐一桌更是司空見慣。也許，這是真正讓人著迷的一種土味。

常常被人掛在嘴邊談論的「台灣味」，最沒有爭議的象徵應該就是散落城市四處的路邊攤。離開福爾摩沙的台灣人，最懷念台灣的，就是路邊那些永遠看起來不夠乾淨、但始終吃客眾多的飲食攤販。看到沸騰瀰漫的水蒸氣，就有一種幸福的感覺：吃到此地獨有的肉燥香味，才算真的回家。

若是菸酒不忌，吃正港台灣小吃，請搭配台灣土製長壽香菸，白色軟包與黃色硬盒都好，它那獨特的菸草香味與台式菜色的協調性，舉世無其他知名香菸可比。而台灣釀製的啤酒更是不能錯過。600cc的傳統咖啡色長型瓶裝台啤（也有黑啤和綠色瓶裝生啤）、355cc的易開罐或500cc的加長型易開罐，行家喝起來絕對不一樣。喝台啤，最差的地點是五星級大飯店，最好的地方是路邊攤，切盤鯊魚煙沾醬油膏和日本芥茉一起吃，或者包捆著豬肝那層薄肉的肝連，不僅美味絕頂，而且氣氛十足。

吃路邊攤的滋味是無可取代的。同樣的菜色換個地方感覺就會不對，就是要找個在離馬路只有幾公尺的騎樓吃路邊攤，就是要和一群平常根本不會遇上的人坐在同一個桌面共食，就是要用它用了幾十年不換的餐具，就是要把車子停在路邊攤的正前方不管會擋到誰，就是要坐在看起來不怎麼穩固的椅子、靠著隨路面傾斜的桌子夾小菜。路邊攤太有意思了，我們真的不能沒有它。

香港美食家蔡瀾先生，在一篇名為〈台灣老饕〉的文章中寫了一段讓人印象無比深刻的文字：「一次去台灣，為了談生意，被人家請到來來飯店的滬菜廳。主人客氣地問道：太太呢，怎麼不一齊來？我黑口黑面地說：『她去吃路邊攤，她比我幸福。』」

土產食物，土產吃法
local foods, local manners

你也曾經是一個看來很有教養的可愛小學生，我知道。你說，不要以為小孩子就不用面對生命裡不可承受的強烈煎熬與掙扎。因為慈祥和藹的媽媽，每天出門前一定會三令五申，「敢在外頭偷吃零食，回家就讓你死得很難看」。零食都不能吃了，更何況是那種根本就不是以正常方式注入滾開水且苦苦等候三分鐘的，百分之百台灣土產的王子麵。

然而現實總是殘酷的，總有一兩個在別人媽媽眼中十惡不赦的壞同學，會在下課鐘響老師都還沒步出教室大門時，就在眾人面前現寶似的秀出那包不到三塊錢的黃塑膠紙包裝的神聖無比的禁忌物，然後以一種非常賤格的表演家的方式，在一雙雙期待的眼光聚焦之處，緩慢地輕揉著麵袋，那種誘人的聲音，一步步瓦解著你的心防。

在這種時候，你會發現，媽媽的有效管轄範圍怎麼可能到得了學校呢！尤其此刻佐料已經加入了展開的麵袋。你終於還是忍不住，一副可憐小乞丐似地伸了手出去，為了分食幾口鮮美無比的碎麵，以及成為同儕團體一員的真正資格——一起搶食著袋底最後雜滿了辛辣佐料的兩口殘渣。

你已經不再是媽媽所疼愛的小可愛了，你是這個團體中的一員，你知道，在十幾二十幾年之後，你還會記得，這群中元時節爭食祭物似的惡鬼們的猙獰嘴臉，有多麼可愛……。

有特色的土產食物，如果抽離開土產吃法的脈絡，哪裡還能真正享受到個中三昧。王子麵必須在揉碎加入佐料包之後，與同學朋友一手一口地搶食著吃，正是「不配上土產吃法，焉能享受土產食物」的最佳說明，這個道理，就像是南亞民族習慣與家人訪客一起用手抓取荷葉包泡湯的食物，美味的氣氛才能有效地彰顯，雖然這種行為，在無聊的第一世界觀光客眼中，大概會招致「哎噁～～髒死人了」式的驚嘆聲，或者在更無聊的人類學家的筆下，生產出一篇又一篇難看無比的「生食與熟食」式的偉大學位論文。如果有機會當面問問在地人士，得到的答案可能會是，「菜都涼了，快抓一口來吃吧。什麼，你這個神經病，飯菜不用手來抓，難不成還得用腳夾嗎？」

所以，如果你下次剛好在某處路邊攤上碰到一個你以為他「不可能了解土產食物神髓」的老外，看著他吃完了一碗甜不辣，然後手一抹嘴，舉起了碗，以自信的口吻大聲吆喝著，「老闆，再加碗湯」，這時恐怕就得立正合十膜拜一番，因為此人早已將台灣人的習性十足地內化於「阿凸仔」的軀殼之下，他的功力，絕對不下於口味早已被小學對面巷子內那家老店綁死，號稱也是老台北人的你了。

136

建築是石頭的文件

buildings are documents made of stone

假如一個都市的形貌沒有辦法讓人留下深刻印象的話，這個都市就只是座水泥森林，稱不上是個有個性的都市。紐約就是個性都市的典型，那裡有穿著筆挺西裝，腳下卻蹬著球鞋的曼哈頓上班族，有崇尚極端自由的蘇活藝術家，有各種風格的摩天大樓。東京有整齊的街道景觀，有充滿奇裝異服的原宿。香港有極為現代的中環，也有像鴿子籠般的平價住宅。巴黎有古老的文化景觀，同時也能夠包容龐畢度中心這樣的後現代風格。這些都市都有自己的個性，但卻保有不同的性格。至於台北，這塊再熟悉不過、卻又輪廓模糊的地方，它號稱是國際性的都會，卻缺乏讓人印象深刻的景觀。

而建築是留下城市印象最直接的方法。希特勒說：「建築是石頭的文件，代表國家整體與權力的表現。」這是一句頗值得玩味的話。建築如果只是滿足基本的遮風避雨的功能，那麼可以肯定的是這樣的建築必將和人的互動減到最低，住民只是機械式的使用它，並不會對這個具有歸屬及保護作用的機構予以應有的愛護和重視，同樣的，它也不可能負擔起昇華感官知覺的責任。因為建築不像繪畫、音樂及其他藝術形式，必須進入美術館、音樂廳等特定場所才能欣賞，建築

就矗立在最初座落的位置數十年，你不可能視而不見。

建築同時也是權力的象徵。建築佔地越廣、造型越宏偉，就越能顯現其權力的穩固，同時也表達了菁英的統治與支配。如同早期的政府機關建築，其座落位置四周必然沒有足以撼動其氣勢的建築，如此才能充分的展現治權的力量。近年來由於財團勢力壯大，不斷的在黃金地段建造超高大樓，宣示公司營運的績效，作為實力的象徵，但是由於所在位置多處於商業區，最多只能和周圍的大樓爭奇鬥艷，缺乏令人畏懼的力量。但是相對於絕大多數的老舊建築來說，超高大樓的出現凸顯了在勢力的消長之間，這些老房子已淪為殘破、骯髒文件的事實。

建築是有裝飾的庇護所

在一個都市中，「人」應該是當然的主角，建築如果僅注重其機能性而忽略「人」的特質，這樣的都市就像一間工廠，所有的行為只不過是生產過程中的一項流程而已。回到前言所述，建築如果只是冷冰冰的四方形，該開門的地方開門，該挖冷氣孔的地方打個洞，那麼正落入了只講求純粹功能的錯誤。

建築大師范裘利說「建築是有裝飾的庇護所」，意味基本功用被滿足了之後，接下來應該講究的是如何美化，以傳達建築的精神意涵。有人偏好後現代風格，把房子弄的顛三倒四；有人遵循古典主義，在精神上融入復古的色彩。

對於承接了中國數千年文化遺產的台北，將中國建築的特色融入現代建築似乎是必然的走向，但是我們也同時看到了像圓山飯店、台北火車站這種仿宮殿式建築，樓層拙劣的像積木般一層一層向上疊起，彷彿抽掉任何一層或多加一層都不影響整體，讓人感覺不倫不類。以美術的觀點來看，國父紀念館就不失為一個成功的例子，它將飛簷斗拱幾何化，取消繁複的裝飾，仍保有新式建築的特色，而非一昧的復古。

我們在現代和古典間掙扎的同時，更應該思考：一個國家的建築是否硬是要保留傳統文化的形式？在融合概念未臻成熟之前，我們大可以放手讓環境影響建築藝術，讓它自然形成。經得起時代沖刷的傳統，必將自然的存在於客觀環境中，反之，它就只是化石文

化，我們又何必抱殘守缺。不論如何，對於建築樣式的多元化我們當然該鼓勵，但是追求古典卻僅是將象徵風格的圖騰粗糙的拼貼在建築外觀上；或者追求所謂後現代卻將空間胡亂切割而顯得奇形怪狀，悖離了住民的共通美感經驗，甚至造成使用上的不便，那將是一項可笑的錯誤。不幸的，在台北市我們卻隨處可見這樣的悲劇發生。

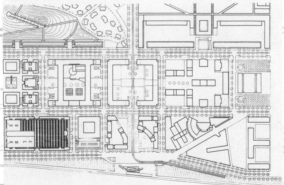

都市的血管——河

台北盆地除了這些鋼筋水泥的人為景觀之外，還有一項被棄置的自然景觀——河流。城市的形成和河流有分不開的關係，河流供應水源，讓棲息在此地的生物得以生存並且發展。淡水河及其支流貫穿台北市區，早年它滋養活動於此地的人們，讓這個聚落得以發展成都市，雖然現在它的主要功能已被上游的水庫間接取代，但是它仍有休憩和調節的功用，可惜種種的錯誤使它變成一條黑蛇，現在更被鬼氣森森的堤防所阻隔。

正因為大台北地區被河流所貫穿，所以橋樑便理所當然的承接了聯繫兩岸的工作，除了河面上的橋之外，台北市區裡近年也冒出了幾座高架橋。環肥燕瘦兼而有之，可惜除了

已成為台北代表性地標的關渡大橋，其他的皆乏善可陳。想像如果橋樑是有顏色的，那會像是河面上的一道彩虹，台北將不再灰濛一片。或者能像日據時代的中山橋這樣的斯文，台北會更感人──當年的中山橋稱為明治橋，欄杆是由花崗石打磨而成，連路燈都是由青銅鑄造。這個時候我們就不得不忌妒塞納河的橋，每一座橋都有自己的格調，沿著河岸走下來，隨著一座座橋而轉換著情緒，這才能夠造就《新橋戀人》這樣美麗的作品。誰說橋只是一個連結的工具呢？

換個角度來看，道路是河，斑馬線是橋，安全道便是小島和沙洲。綠色是土地的靈魂，一座充滿綠蔭的安全島除了分隔車流方向，也劃開純粹都是柏油的枯燥。在中山北路、仁愛路、敦化南北路都樹立了良好的典範，走在其間連心跳呼吸都緩了下來。同為交通大動脈的忠孝東路就是因為沒有漂亮的安全島，加上商業區的素亂而顯得粗俗了許多。天母忠誠路也是如此，如果那一千六百棵台灣欒樹能夠更茂密的話，將是台北最漂亮的一條河。

牆面上的落款──招牌

台北市容另一項為人詬病的就是凌亂的招牌。擁擠的商家為了凸顯自己，招牌的形式無不竭盡所能的別出心裁，其範圍盡力向外延伸，不但切割了已經越來越小的天空，更破壞了建築師設計外觀的苦心。雖然說商業區的建築本身就是就是招牌的競技場，但是如果能巧妙的結合建築外觀豈不是兩全其美？例如誠品商場的招牌，簡單的幾個字懸掛在牆面上，彷彿是「牆面上的落款」，比起大張旗鼓的做法有格調的多了。最起碼也應該以不破壞建築外觀為原則，像班尼頓的招牌，內容形式世界統一，增強產品特性的同時也使其成為區域地標。

都會景觀的形成最主要的因素便是「人」和「建築」。有人說：建築是行為的具體化。建築師貢獻才華智慧構築了他們認為一個城市、一個特定機能所需要的建築形式，他們必須克服氣候因素、人體工學、材料科學及各種法令規章的限制。然而最困難的應當是找出「何謂城市需要的建築，特定機能的要求又是什麼？」這樣的抽象概念。換到台北來說，這樣令人幾乎絕望的地方我們又應該怎麼找出「需要」的建築，這樣的建築又應該影響台北走向什麼方向？

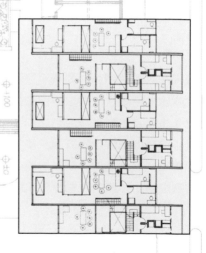

舒馬克無法征服的台北跑道
even the toppermost f-1 driver will surrender to our taxis

這個兩屆世界一級方程式賽車冠軍，換檔只需0.125秒，經常以時速300公里巡航的「世界最快的男人」，駕著他那台超過700匹馬力的法拉利賽車來到台北街頭，遇到起步猛烈、勇往直前的計程車司機會是怎樣的情景？

我想強如舒馬克也只有望塵興歎的份。

尋找草山溫泉的滋味

hot spring : a japanese heritage

（註）本圖由國語實小一年級新生韓芃繪製。

相較於這個地球上許多地方，擁有溫泉的地區無疑是上天獨厚的一種恩賜；溫泉當然是被人們拿來洗的，不過對居住在這座城市的我們而言，對於溫泉的某種滋味，似乎始終顯得有點陌生。

洗溫泉，表示一種情趣。借用《伊豆的舞孃》作者川端康成的話來講，溫泉就像是女人的皮膚一樣，不同的溫泉會帶給人不同的觸感。就像癮君子看到不同品牌的香菸會想抽看看味道到底如何，真正喜歡洗溫泉的人總熱衷嘗試體會各種溫泉的味道。川端康成是日本文學的大家，年輕時期曾有一段時間長住在以溫泉聞名於世的伊豆半島，以溫泉為主題創作了不少作品。從古至今，日本人一直具有品味溫泉的傳統，看過「電視冠軍」溫泉通的朋友就知道，這個世界上竟然會有人一聞到溫泉的味道、一摸到溫泉的質地，就能夠分辨出是來自哪裡的溫泉，洗溫泉對日本人來說，絕對是件人生大事。

在日本人統治台灣、陽明山還叫做「草山」的遙遠年代，日本人就發現了北投與草山地區的溫泉，設立不少溫泉澡堂和公共浴場。時至今日，

在城市北邊靠近山區地帶與半山上，每天都有許多人付費或不付費來此洗溫泉。

不過要是「常看日本電視節目同時也在我們這座城市洗過溫泉」的朋友應該都有這樣的體會，「在我們這裡洗溫泉」跟「看日本人在他們家那裡洗溫泉」好像是兩個世界的事。在台北洗溫泉，洗的只有溫泉本身；在日本洗溫泉，洗的不只是溫泉，而且還有溫泉以外的味道。

如果翻過日本圖文並茂的溫泉指南的話，或者羨慕過日本連續劇中「從投宿溫泉旅舍到更衣、入池浸泡同時欣賞自然或人造美景、出浴之後享用溫泉大餐」的種種，即使你沒有親身去日本洗過溫泉的經驗應該也有辦法體會，所謂「溫泉以外的味道」指的是什麼。而這些其實跟溫泉本身的品質沒有太大的關係。就算真的要就溫泉論溫泉，我們溫泉的品質連日本人都不敢瞧不起。

當然洗溫泉不必搞得那麼複雜，至少那些數十年如一日造訪草山溫泉和北投溫泉的人，始終樂在其中。只不過，溫泉的滋味應該可以更多一點。

用和母語相同的頻率說話

speak loudly with your mother tongue!

我是外省人，是不會說台語的那一種，甚至連聽都有些吃力，但是我喜歡學台語，尤其是某種不知緣起的腔調。雖然我認為我的聲帶結構是被設定來講所謂「標準國語」的，對於台語複雜的音調永遠發不準確，但是我仍然喜歡學台語，即使只是聽也過癮，這種偏好甚至延伸至所謂的「台灣國語」。

可能是因為在南部當兵的關係，在部隊裡總少不了要「繞」個幾句，有樣學樣的說了兩年，雖然仍然瘸腳，總是也練了半吊子「高雄腔」的台語，讓我覺得有種莫名的趣味，好像和這些同袍們更容易溝通，或者說更能親近我以往不曾真正想要了解的價值觀。

最近有兩個國語字不正腔不圓，甚至說他們口齒清晰都有點勉強，但是卻常在媒體上發聲的人，一個是拍很多廣告、又主持節目的吳念真；一個是替千萬歌迷吶喊、永遠不笑的吳俊霖。這兩位仁兄打破了演藝圈長久以來的慣例，以另類風格行走於主流當中，吳導演以一口濃厚的台灣國語道出了台灣最純樸的人文風情；伍佰則用暴烈的電吉他結合粗獷的語調唱出青年人的心聲。

我不常看吳導演的節目，也不是真的很喜歡伍佰的歌，甚至連他們的背景也不太清楚，但是聽到他們的談話或者演出時，心裡而那種莫名的欣喜又冒了出來，我再度嘗試捕捉那輪廓模糊的認同。雖然他們的聲音不夠厚實，咬字也不甚清晰，但每一串句子離開嘴唇時都帶著肯定而自然的態度，然而放眼望去，除了打著本土旗號的節目外，又有誰能夠如此欣然且驕傲的表現那口帶著濃厚方言腔的國語？

語言不應該被分等，更不能夠被利用作為身分高低的判別，畢竟不論所謂「國語」、「閩南語」及其他方言，向來都是受到政治力運作的影響，何來優劣之分？但是對於大多數來自於使用方言的環境的人來說，為求城市性格的認同，無可避免的想要擺脫緊密相連的鄉土。這樣的扭曲態度卻被兩位吳先生徹底的打破，我不知道真正的原因是什麼，簡單的猜想大概是自信吧。他們仍然使用和小時候相同的頻率來說話。對他們來說，這可能才是和人溝通最自在、最舒服的方式。

嬉味

對於某種奇特的城市人類品種而言，

「嬉」 "hip"絕對是一種不得不然的一種生活態度。

他們習慣以異於單純講究「實用就好」的美學標準，

隨時隨地注意身上的裝扮與周遭環境的顏色與氣味。

「嬉味」，某種程度上也可算是一種品味，

其中既包括好品味也涉及壞品味。

對這些擁有第一世界體驗、

卻落難祖國的城市人來說，

不合品味的事物或場景，

絕對比核子試爆更加罪惡。

藝文獵人──文藝青年生財有道

prize hunter : arm yourself with a pen and a good nose!

「賞金獵人」這個職業自古有之。獵人路經通緝告示，記住了壞蛋長相，四處追捕。一旦遇到告示上的臉孔，砰砰砰拔槍斃匪，然後提著人頭到官府領賞，就能過一陣吃香喝辣的好日子。想當「賞金獵人」，有兩大基本要求：槍法要好，才能殲敵；消息要靈通，才知道該上哪裡領賞。

在這座城市，只要稍微用點心，也不難找到懸賞的告示──你的武器是雕刻刀和畫筆？請看：前身是「台北美展」的「台北獎」，三十萬。亞洲文化協會台灣獎助計畫，四十萬外加免費歐美遊學半年的食宿機票。巴黎文教基金會的「巴黎大獎」，提供免費巴黎來回機票，以及三十萬零用錢……。

喔，你不會畫畫，只會寫文章？那麼恭喜你，你有機會贏到一大筆生活費：時報文學獎，十八萬。皇冠大眾小說獎，整整一百萬。聯合文學獎，三十萬。聯合文學小說新人獎，二十萬。台北文學獎，十萬。梁實秋散文獎，十五萬。中央日報文學獎，二十萬。長榮寰宇文學獎，十五萬。華航旅行文學獎，一萬美元，還加兩張任選航線的頭等艙機票……。

或者你成天在做電影夢？除了兵家必爭的中時晚報非商業影展（它的前身是「金穗獎」），你一定不會錯過新聞局的「優良電影劇本徵選」。這個獎每年錄取十名，一律發給獎金三十萬。曾經有一位才子連續得了三四年的獎，逼得新聞局修改規則，要求連續獲獎兩年的作者必須休息一年才能再投稿。此外，要是申請到了「國片輔導金」，你將有一千萬台幣的資本可以開拍自己的電影，先別管票房慘澹與否，至少，你不必賣房子籌錢啦。

想拿這些獎，你對自己的「槍法」一定要有信心才行。對於無法適應上班生活的「廢業青年」來說，舞文弄墨、拍片畫畫往往是最後的法寶，為了自己的生計，這些懸賞告示簡直是命脈之所繫。除了「獎金」這個立即可見的好處，「得獎」也經常是晉身「藝文圈」的通行證。在這座城市，「藝文圈」就那麼一丁點兒大，要是能認識五六位「有力人士」，以後要出書、要放洋、要辦展覽，都好商量了。

所以千萬不要再說自己「懷才不遇」。記住：在這座小小的島嶼，有才華的人沒有被埋沒的權利。只消看看那些歷屆得獎作品，你就會發現，論才氣，你未必不如他們，敗就敗在你沒有起而行，或者壓根兒不知道有這個獎可以報名。之所以「懷才不遇」，或許只是因為你「太懶惰」──不要再猶豫了，磨亮武器，準備領賞吧！

附庸風雅最前線

grab a ticket while the rest of taiwan watch and drool...

生活在首都的好處之一，就是湊什麼熱鬧都
很方便。國外的藝文界大ㄎㄚ巡迴演出時，
若是願意在香港和日本兩站之間，彎到台灣短
暫停留，當然都選擇台北。畢竟這是個「人文
薈萃」的都市，愛湊熱鬧的人也最多。從
Michael Jackson演唱會到Phillip Glass的極限音
樂到Pina Bausch的舞蹈劇場到日本漫畫家臼井
儀人簽名會，在這片蕞爾小島，台北永遠是舶來
藝文活動的輸入港，也是「附庸風雅的最前線」
——這是生活在這座城市所能享受的特權之一。

當然，你付出的票價經常比倫敦West End、紐約百老
匯或巴黎歌劇院的入場費還貴。但是往好處想：萬一你
住在羅東或者苑裡，想看一場三大男高音世紀對唱或者前
衛爵士怪傑John Zorn在某間酒吧的演出，豈不還要多付一
張來回火車票的錢？至少在台北，當凱子也當得理直氣壯一
些。對每個月必須到兩廳院看一齣戲兩場音樂會的「藝文愛好
者」來說，這座城市是不可須臾或離的。畢竟不是每個人都有辦
法年年出國朝聖充電，坐幾站公車就能享有世界一流的藝文大
餐，已經足以構成生存在台北的理由之一了。

Baroque Duel   Blue Interlude   Cili Movement   On the Twentieth Century

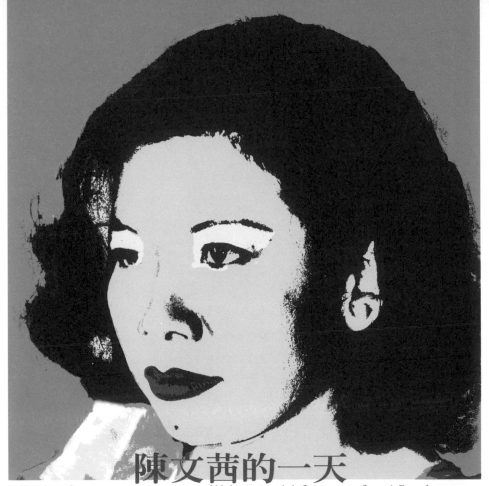

陳文茜的一天

in the future, everyone will be world famous for 15 minutes

普普藝術大將安迪渥荷（Andy Warhol）說過，在媒體時代每個人都會成名十五分鐘。有趣的是，對一般人來說十五分鐘非常夠用，但是對必須靠媒體生存的人，時間卻永遠不夠。只好想盡一切辦法，讓這十五分鐘用起來跟十五年一樣長。

花一成的時間累積實力，花九成的心力搞市場。這是媒體時代存活的教戰守則。僅管「並不是任何意見可以在三分鐘之內說清楚，也不是所有解釋可以在一分鐘回答完整」，但是上了媒體，再博學多聞的人和小學生一樣，每個人分到的時間絕對平等。

因此「媒體動物」因應而生：必須懂得用再簡單不過的語言，操作大多數人一聽就懂的邏輯，訴說大眾最希望聽到的內容。邏輯只要有個樣子就成了，談話主題能不能感染觀眾才是重點。當然還要具備瞬間選邊的基本能力，這比是否站在事實真理那邊更為重要。

關於這方面的描述，村上春樹在他的長篇小說《發條鳥年代記‧第一部鵲賊篇》第102到105頁，都有寫。例如這段「他可以用簡短的語言，在短時間把對方有效地打倒。他擁有瞬間能夠判斷風向的動物性直覺……他分別在不同的場合製造有效的邏輯，因此動員了所有一切的修辭學、雄辯術……我不知道他到底是在什麼地方學到這套技術的，不過他確實學到了直接煽動大眾情感的訣竅。他真的非常曉得大多數人是如何轉動邏輯的，那並不一定需要正確的邏輯，只要看起來像邏輯就行了。更重要的是，那能不能喚起大眾的情感。」

不管是賣唱片推銷電影主持節目寫書出寫真集開店搞運動修憲統統都要靠媒體。上媒體，不斷上媒體，曝光，不斷地重複曝光，直到底片壞死，直到主角陣亡。

在地城市的異國美食索引
live locally, eat globally

身在第三世界城市，再也沒有什麼比享受異國美食，更叫人為之神往、更讓人熱衷迷戀的事了。特別要說明的是，要是有人對於使用「第三世界城市」的定義來描述台北市感到不舒服，或者認為選擇這個辭彙來形容這座難以精確定位的亞熱帶島嶼首都，缺乏對國際政經局勢的基本了解。對於這樣的懷疑與指責，論辯顯得多餘且無濟於事。因為不管在客觀條件上它如何被認定「不是一座第三世界城市」，對在地資深的城市住民而言，它永遠感覺起來像是一座第三世界城市，即使它在其中名列前茅，但終究還是第三世界城市。

倘若要在台北這個第三世界島國首都，尋找異國美食的線索，收穫將是出人意外的驚喜。這絕對不是一座普通的第三世界城市而已，它豢養著一群人數眾多的講究食客，在日常的飲食生活中，習慣性地遠離在地口味，享受來自異國的美食。

在祖國享受異國美食，最大的挫折在於原味盡失。不過有誰會用在巴黎東京紐約體會過的嚴苛標準來評斷自己家裡廚子的用心之作呢？

日本

到中山北路二段巷內的「箱根」，可以吃到老闆親自從日本採購回來的「野山薯」做成的甜不辣，和用日本近海海苔做成的海草沙拉；店面不大的「喜多村」，每張餐桌的中間都有一個從日本進口的銅板烤鍋，專門吸收肉片放到鍋板時產生的油煙；講到高檔的日式烹魚手法，舊稱「七都里」現名「新都里」的「香酥比目魚」可作示範；以北海道爐邊燒聞名的「狸御殿」，菜色料理和空間配置一樣講究東洋美學；新生南路二段上的「小政料理亭」，外捲海苔的鮭魚生魚片堪稱一絕；天津街裡頭「肥前屋」的饅魚飯不分早晚永遠有人在排隊，要是嫌等太久，買便當外帶到車上吃就快得多；靠近伊通公園的「日吉」，則以手藝繁複著稱，老闆將鮭魚沙西米搭配切絲的生洋蔥沾芥茉，獨見創意；仁愛醫院後面的「春日」，始終便宜大碗並吵雜；伊通街的「樂山娘北海道風味拉麵」，配上一盤日式煎餃恰到好處；美國學校後面的「江戶銀壽

司」，主廚先生是不折不扣的日本師傅，壽司的華麗與紮實盡在其中；標榜日本燒烤料理的「秋吉」，讓人嘖嘖稱奇它的生意似乎永遠不會不好。

義大利

去專賣高級北義大利菜的「嘉倫路」餐廳走一趟，吃得到現做的義大利麵；至於南義大利菜，就去忠孝東路四段舊鐵道旁的「卡邦」，但也有人認為其實它是美式義大利菜；淡大城區部對面麗水街巷口的「紅利」，空間雖不大卻提供精緻無比的道地義大利大餐；敦化南路忠孝東路口的"Protofino"，觸目所及包括廚師在內部是義大利原裝進口；安和路上的"It's Pub"，別因為它取名pub而忽略它的美食，醃過黑胡椒的鴨胸、不帶多餘肥肉的羊排、沾薄荷醬的烤牛排……還有義大利的招牌甜點「提拉米蘇」。

日耳曼

林森北路七條通巷口旁邊地下室的「香宜」，是歐陸德瑞名菜的大本營，從正統德國豬腳到各式瑞士火鍋都有，甚至連進口的道地生啤酒也一應俱全；和平東路溫州街口的「銅鍋阿爾卑斯料理」，則將阿爾卑斯山脈分佈所及歐洲中部地區的鄉村菜一網打盡；老字號的「瑞華」，永遠提供台北年輕人最標準的巧克力火鍋入門，它那數十年不變的用餐空間與氣氛毫無疑問勢將列名城市飲食史；由旅德多年嫁作德國婦的老闆娘在溫州街經營的德式美食屋「黑森林」，菜色德國正統不說，利用舊式住家公寓改造而成的餐廳，十足歐洲家庭小店氣息。

法蘭西

道地的法國菜，忠誠路誠品後面的「法樂琪」有，還提供法國美食精品原料專賣；若想添加一些浪漫的氣氛，中山北路上富都大飯店十四樓的旋轉餐廳，七十五分鐘一轉，讓人用餐之餘還有這座城市的風景佐料；亞都飯店一樓的「巴賽餐廳」，則是去除繁文縟節之後的法式鄉情風味；正式的法國餐不妨到老爺飯店的名人法國廳一試；民權東路三段靠近龍江路口的"Maxim's"，店裡的設計風格與巴黎本店如出一轍，店裡還有必須提前三十分鐘預訂才有得吃的法式甜點Soufflè；躲在中山北路六段巷仔裡的「席加」，是家庭式法國餐廳的代表，二樓的吸菸室宛如歐洲知識份子聚會閒談的沙龍；整間餐廳建築活像歐洲庭園的「天母盛鑫」，盛名多年維持不墜。

美利堅

中山北路六段的潛艇堡"Subway"，食物本身不說，牆上貼著經營者特別從國外訂製進口的紐約地鐵海報就讓人眼睛一亮；用台北市舊公車做裝潢的「吃吃喝喝」，可以吃到「美」味十足的圈圈餅與棒子餅；過去「美國在台退伍軍人協會」所在地，現在是「德生餐廳」，整間店完全是純粹美式餐館的作風；師大路九十三巷的「中西美食」，最早在台大後門的辛亥路發跡，幾經搬遷至現址，是間用餐老外和在地人口等量齊觀的餐館；西華飯店旁邊巷裡的"LU LU"，販賣血統來自各國的多元加州菜；美國南方菜，長春路接近建國北路的"Star Canyon"專賣，衡陽路上的「開心大

150

師」，則以紐奧良口味自居；敦化南路一段台安醫院對面的"Fresco"，正對大馬路的落地玻璃搭配上鮮豔的窗簾布，讓加州氣味與菜餚同時呈現。

其他

想吃墨西哥菜，士東路上的「佶喱」，整間店裝飾地跟墨西哥當地的餐廳沒什麼兩樣；台大操場對面的「老墨的日出」，份量足夠並且價格實在；潮州街上的「聖塔菲」，它的長餅、烙餅、肉絲薄餅都是每天現做的餅，即使連沾醬也是；說到沾醬，梅花戲院對角的「聖加南洋巴利餐廳」，用來沾印度摔餅的砂糖甜醬與辣加哩醬不能不提；敦化北路宏國大樓後面的「北非心情」，是全台灣唯一的摩洛哥餐廳。

龍泉街上的馬來西亞咖哩飯，經由在台僑生的檢驗與他們的祖國口味相差無幾；產自喜馬拉雅山下稀有的印度黃金豆，林森北路上的「新得里」竟然有辦法引進；過了佳佳保齡球館的松江路，台北最有歷史的印度餐廳「塔佶」就在那裡；要體會印度菜中不一樣的咖哩，合江街的「坦都」一定讓你難忘。南洋獨特的咖哩飯，金華街巷中的某棟老式四層公寓一樓可以找到；印度式咖哩菜，空軍總部對面的「寧愛」有。

在台北有好幾家分店的「瓦城」，是一般人想到泰國菜最容易連想到的；延吉街上的「湄河」，所有菜色完全忠於泰國原味；老招牌的「翠林」，自始至終就是賣越南菜，著名的「牛肉七味」完全再現當地口味；還有賣越南菜的「印度支那」，就在大安路八十三巷上頭；以及SOGO對面名人巷中、開了很久很久的「利來」，也是越南館。至於以辛辣著稱的韓國料理，頂好後面的「德利韓式餐廳」不得不提，西寧南路上頭也有幾家。

在居住的城市享受異國的美食樂趣，是此地許多人們樂此不疲的生活樂趣。享受美食的一大關鍵在於「味覺」，一提到「味覺」就得和知識份子最常掛在嘴邊的「品味」二字放在一起細究一番。品味這個字的原意從英文字taste考據起來，是藉由觸摸測試採樣來檢驗，要是追溯到拉丁文的原意則是敏銳的觸摸。不過，「有品味」這個近來常被我們拿來稱讚別人的詞彙，很大一部分是在尊敬他／她味覺的純粹與專業。這是一座無比講究飲食品味的第三世界城市，謹以這篇在地城市的異國美食索引，獻給喜歡異國美食卻身在祖國的所有城市住民。

九〇年代洋租界
foreign "concessions" in the 90's

在我們這座城市的某些局部，也許是一家餐廳，也許是一份報紙，也許是一個電視頻道，也許是一份食物或飲品，會讓身在城市中的自己宛若置身島嶼之外，這樣的事，一直叫人非常迷戀。

通常這種經驗，都發生在出國旅行的過程。而迷戀這種「跟故鄉一點關係也沒有」的氣氛，應該是全地球這個世代的年輕人都會有的症狀：我們處在一個生活方式完全「去國籍化」的年代，任何對上一代是外來事物的東西，對新生代其實已經沒有太大的區別。

具體來形容的話，這種獨立存在城市之中的「非在地事物」，感覺就好像以前在歷史課本讀到的專有名詞：「租界」，租界內有自己的法律與邏輯，跟租界外的世界完全無涉。

現在講的租界，當然跟民國初年使用的租界概念不盡相同。如果九〇年代的台北還有租界的存在，它不一定是一塊具體的區域，而是一種狀態，構成這狀態的可以是國際連鎖性質的餐廳例如Tony Romas、T.G.I. Friday's、Dan Ryan……等等，或者ESPN、CNN之類的國際電視頻道，也可以是在世界各大城市都買得到的Herald Tribune和U.S.A. Today，甚至它就是一客Häagen-Däzs冰淇淋。當我們與它為伍，一失神常讓人不知身在何處，到底是在東京紐約還是倫敦台北。因為就算在不同的城市消費這些事物，效果跟感覺都很像。

要是在居住的城市常常與租界為伍，不免發現這是一個「外地人比在地人吃香，洋文比母語管用」的地方。到租界餐廳吃飯，外國人搞不好比自己人還多，用外文點菜反而讓服務生尊敬。仔細觀察台北的租界，或者其他城市的租界，美國所代表的那種生活型態佔了最大部分，這就像不太會有「不唱英文歌曲的搖滾巨星」一樣，是件大家都很習慣的事。

毫無疑問，外來者是台北洋租界最重要的主顧客；除此之外，對迷戀非在地事物者來說，洋租界的意義更是無可取代。可以相信的是，這座城市中洋租界的種類與範圍，絕對會越來越多。

中產階級過剩，布爾喬亞發聲
——「台北愛樂」與「台北之音」的城市性格

tell it in a bourgeois way : radio stations custom-made for middle class

這是一座「中產階級過剩」的城市。「中產階段」向來是個最最曖昧不明的字眼，雖說在社會經濟學科裡對它有客觀理性的界定與描述，但是在實際生活裡，尤其在台北這座城市，每一個人都自認自己屬於中產階級。這種「階級意識」的形成，其實顯示著人們對於成為非主流的恐懼。

近來商業廣告作品一支又一支、被譽為「台灣中年歐吉桑」代言人的吳念真，1994年開拍他個人第一部導演的「多桑」時，有過這樣一段談話：「自己出來當導演，我最想補的是中間的東西，就是中產階級需要的那種不痛不癢、又有點溫情、易懂的電影，用生活細節堆起來，而不光講複雜的故事。這種電影最少人拍，我感覺自己應該可以做這種事。」

中產階級是構成社會組成的絕大多數，但是中產階級品味真正開始在這座城市當道，應該是這幾年才開始的事。談到「中產階級品味」在這座城市當道，是一個和文化工業密切相關的命題。台灣的文化工業真正開始發展，始於解嚴後的九○年代初，時至今日稍具規模。在成熟的資本主義文化消費市場，針對中產階級作訴求的商品絕對是主流中的主流，這是市場鐵則，與道德理想完全無關。如果中產階級代表的是市場主流，在主

流與地下之間，其實應該還有「次主流」、「小眾」和「另類」的存在。不過，如此一個比較複雜多樣的市場樣貌，可以接納更多新意思文化產品的多元市場機制，在此地顯得是一種過份烏托邦的奢求。

於是人人都自稱是中產階級，但是人人皆咒罵中產階級文化。那麼「中產階級文化」到底是什麼呢？拿國外的例子來比對，讓人感覺舒服的中產階級文化，可能是樂風多樣、屹立流行樂壇十數年不墜的Sting，可能是1998年獲得奧斯卡最佳女主角Helen Hunt主演的電視影集Mad About You，可能是Woody Allen歷年拍攝的電影，也可能是Discovery頻道的節目。雖說這是一座「中產階級過剩」的城市，然而我們卻生產不出可以滿足所謂「中產階級好品味」的文化消費產品。

和「中產階段文化」息息相關的是「城市性格」，「中產階段文化」裡頭很大的部份是圍繞著城市主題而生。中產階段基本上是戀城市的，他們熱愛同時憎恨自個兒所居住城市的種種，用精神分裂的態度一邊關心地球臭氧層一邊在街頭塞車，同時咒罵城市的種種不是，也同時盡情享受城市的歡愉。此地近幾年竄起的兩家民營廣播電台——「台北愛樂電台」與「台北之音」，堪稱是運用中產階

級城市性格，從電台定位到行銷操作以及節目內容設計，操作最成功的範例。

台灣電子媒體的開放不到十年，互相競爭激烈的程度，即使不能用你死我活來形容，絕對稱得上是你爭我奪。以廣播來說，如雨後春筍般林立的新電台數量驚人，但是有本事獲得聽眾與廣告主的認同在市場存活下來，其實沒有幾個。記得以「台灣最沒有壓力的聲音」為定位的「台北愛樂電台」剛開始營運時，許多人都懷疑這麼一個標榜專門播放純古典音樂、夾雜部分爵士樂和世界音樂的電台（反正都不是台灣人口中所謂的流行音樂啦），怎麼可能有機會在這個「被低俗品味宰制時間比國民黨主政時間只會更長不會更短」的地方活下來？但是它不是活得好好的，而且搞得有聲有色嗎？

仔細觀察「台北愛樂電台」的經營手法，它能夠活下來的原因，絕不是「古典音樂忽然很受大家歡迎」所能解釋。事實上，恐怕真的很懂古典音樂的人，反而很少去聽它的節目，就有人批評它「從不完完整整地把一首樂曲從頭到尾播完」。但是，要這麼聽古典音樂的人早就去買CD聽了，更何況，它可不是政府出資不計盈虧的公共電台啊！

「台北愛樂電台」有意思的地方在於，它提供城市中產階段一個播放「純音樂」的電台，但它和中廣音樂網不盡相同，它的節目品質好得太多，而且充滿創意。愛樂電台的廣告是它創意發展地最淋漓盡致的部份，我們可以聽到許多配合電台風格特別自製的廣告，而廣告收益的好壞其實是電台的命脈所在。就這點來說，愛樂電台證明了一件事：擁抱市場的姿勢一定要正確，不然市場明明就在那裡，卻怎麼也接近不了。大多數指責市場機制運作不良、對大眾口味滿腹牢騷的人，最缺乏的能力就是把自己的創意和群眾找到一個有效的聯結。台灣當然缺乏有創意的人，但更缺乏的或許是有創意、同時也知道市場在哪裡的文化工業作業員。

台北這座城市極可能是這座島嶼上唯一養得起「台北愛樂電台」的地方。因為我們有最龐大的中產階級聚集在此，它也知道如何投其所好。「台北之音」的情形則有所不同，它鎖定城市的流行時髦訊息作為主題，訴求大多數的城市住民。它的節目名稱幾乎全部都以「台北」兩個字開頭，與其說它的內容以台北為主，說它以城市生活為主軸更為精確。從吃喝玩樂到時事議題無所不包。它所挑選的主持群可說是一時之選，絕對是具有媒體高知名度。在沒有「台北之音」以前，我們常常羨慕人家的城市有屬於當地住民的電台，專門作一些只有當地人才覺得有趣才聽得懂的節目，「台北之音」有一天也許很有機會做到。

事情就是這個樣子，沒有什麼好再去爭辯。當中產階級不斷過剩，布爾喬亞就會持續發聲。不必責怪中產階級，如果你自己就是中產階級；不要怨恨，因為中產階級就是中產階級。

（註）瑞典語，「對，真漂亮！」

從建築公司如何替自己蓋的房子命名，就能看出台北人是多麼努力在抗拒自己身在台北此一事實。他們用大量的「白金漢」、「凡爾賽」、「香榭」、「好萊塢」之類金碧輝煌的名詞招徠顧客，彷彿住進了這樣的樓房，就會搖身一變、成為歐洲上流社會的仕紳名媛似的。

擴而廣之，跑到天母的異國餐廳對著滿是蟹行文字的菜單點餐、堅持到民生東路中山北路專賣進口雜貨的店家採購麵條和巧克力、每星期去誠品搜刮一次歐陸進口的雜誌、衣褲背包配飾無不堅持幾款東京或米蘭的品牌……這些行為，全都存在著類似的「抗拒」意味。是以每有國外顯赫品牌來台設店，無論賣的是漢堡還是珠寶，都不難創造一波波的人潮。

IKEA這個洋溢著異國風情的傢具賣場，便正好迎合了台北人的心情。很多人連這家店的名字該怎麼念都不清楚：哀克依？伊奇雅？（正確答案是伊奇雅）它是德國人、挪威人還是瑞典人開的？（正確答案是瑞典）

走進IKEA，真正吸引你的，永遠是裡面一格格的迷你「樣品屋」。它們依不同的功能佈置成起居間、書房、臥室、飯廳、廚房……，全都乾淨、明亮、溫暖、愜意。在這些樣品屋裡瀏覽，你會有種感覺：在這樣的廚房做菜，就永遠不必洗碗；在這樣的臥室蓋上被子，就再也不必起床。它們的主人，必然餘暇充足、收入豐厚，他們的配偶忠誠、兒女乖巧、寵物聰明，永遠不必掃地倒垃圾、永遠不必擔心塞車、更不知貸款為何物。

它們是這麼地鄭重其事，卻又跟一牆之隔的真實世界顯得如此遙遠，簡直有幾分狄斯奈樂園的味道。於是你看見成雙結對的男女來到IKEA，手勾著手，東張西望——新婚夫妻在沙發窗簾和床墊之間指指點點，彷彿美好的未來都寄託在這些進口織品上；年輕的情侶們則一下在椅子上試坐、一下又跑去把每個衣櫥的門都打開看看，家庭、婚姻云云都還遙不可及，到IKEA不免有點「意淫」的成份。每個廣告人都知道那句名言：「不要賣牛排，要賣煎牛排的滋滋聲」，IKEA奉行的則是「不要賣傢俱，要賣傢俱周圍的幸福氣氛」。

只要拿得出鈔票，這裡觸目所及的每一件物事都可以搬回家，不過那種悠閒舒適的北歐空氣，該怎麼打包呢？許多人一而再地回到IKEA梭巡、守望，其實都是在追求著那種無法企及的幸福氣氛，來自我們都沒見過的瑞典工廠，來自地球背面，遙遠的挪威森林。

漫畫是一門深奧的學問

manga and comic books : read carefully
between the panels

◀法國漫畫的典型代表，筆調輕鬆有趣。

千萬別以為「漫畫」這種出版品，仍舊祇是停留在十年多前你讀中小學時代所認知的：班上那群不會看志文新潮文庫的傢伙才會去租書店借來看的，眼睛與臉部面積不成比例的少女愛情格式，也不要以為台北可以找到的漫畫，還是清一色由扶桑國出產的作品。

那個時代早已不知不覺地離去了。現在的漫畫，已經成為這個城市裡的新顯學，同時也構成了某些傳統文化人的焦慮所在，盡管有些不甘心，但卻又是鐵一般的事實。這種焦慮當然還不致於讓那些年過三十以上的老靈魂們，學著teenagers一個星期就去報到一次，買份最新的什麼少年快報。但是基於「文化研究」做為一種正當性的壓力來源，好像也不能完全不知道，這個偌大的新世界裡，到底存在著什麼東東。

這一切要怪就怪保守觀念作祟，小時候漫畫被界定為「好學生不屑為伍」、「對於智育發展及人生遠大目標毫無幫助」的三流讀物。這種觀念直接導致漫畫的正面意義被打壓，更影響本土漫畫家的成長，尤其是翻印猖獗的年代，多少有志於漫畫創作的本土青年只能遷就粗糙的印刷，以土法煉鋼的方式一筆一筆的臨摹（另一種臨帖？）來成就其漫畫家美夢。

你看漫畫嗎？你看得懂漫畫嗎？如何閱讀漫畫？假如你不幸已被劃入老文化人的圈子也不必焦慮，新人類有他們的喜好，老傢伙也應該有自己的認知角度。這麼說吧，漫畫既已成為顯學，自然有它不可動搖的架構，換句話說，抱持著純休閒的態度來看漫畫是屬於年輕人的角度，對於文化人，漫畫的多元化早已將這個領域向四方延伸。

以形式看來，漫畫或可簡單的可分為單格、四格、單行本和長篇，比較常見的單格漫畫大概是報紙上的政治漫畫了，雖然只有一格，但是要精準地傳達主題概念可不是簡單的事，因此創作難度決不低於長篇漫畫。四格漫畫從好久以前的《白朗黛》、《小亨利》開始，一直扮演報紙嚴肅文字外的緩衝角色，近年在報紙上的篇幅有擴增的現象，但「質」卻未見同步提升。至於單行本或成套的長篇漫畫就如電視劇分單元劇和連續劇，有的精彩好看，有的拖泥帶水，不過都是厚厚的一堆，打發時間倒是很好用。

從區域來分類，美國漫畫線條剛硬，色塊明顯而鮮豔，男性人物不脫「超人式」的造型，厚實的下巴及強壯的肌肉；女性則柳腰豐胸、金髮碧眼，整體的感覺十分粗獷霸氣，有牛仔風格。故事進行也大多為單線式，大多是懲奸除惡、濟弱扶傾這一類，和當年美國以世界警察的身分自居有極為緊密的關連性。代表作品自然是早期的《超人》系列了。但是冷戰結束以後，老美的保守心態開始改變，其漫畫風格更為多元，許多超現實作品開始大量出現，人物造型也不全然雄壯，小人物成為主角的機會也增多了，甚至連天下無敵的超人也被殺死，去除掉這個象徵「過去」的圖騰，未來的美國漫畫應該會有更多的驚喜可以期待。

比起老美，西歐漫畫就細膩的多了，畢竟人家浸淫於優良的美術環境數百年，所精煉出來的作品自然多了幾分人文色彩，看歐洲漫畫著重氣氛，以及簡單但傳神的素描功力，好像讀小品文章，反覆玩味而餘香猶存。尤其以法國的單格漫畫最是耐人尋味，對白極少，儘管文化背景差異很大，但是仍然能夠感受到作者的巧思。看法國漫畫很少捧腹大笑的經驗，最多是會心一笑，甚至帶著幾許憂傷的苦笑。

東歐的作品則有些陰鬱，不知道是不是因為在極權的統治下被壓抑太久，內容上較多深度思考，所呈現的議題也帶點超現實意味。至於遙遠而陌生的南美，要不是拜作家三毛之賜，先知先覺的翻譯了《娃娃看天下》，恐怕至今我們才有緣見到季諾先生的大作。季諾的筆法頗有歐式風格，人物造型極為簡單，無特殊的個性，其實也就是暗示了筆下的人物就是沒頭沒臉的云云眾生，代表讀者的喜怒哀樂。他的單格小品有強烈的社會意識，假如對南美的情況一無所知的讀者恐怕難以體會季諾的弦外之音，不過對照同為第三世界的台灣，有許多情境是心照不宣的。

至於日本漫畫，不論是繪畫風格抑或故事鋪陳都可以用「變態」兩個字來形容。在完善的出版制度的鼓勵之下，漫畫家能發揮的空間極大，從歷史故事到虛構的未來世界、從四格漫畫到數十本的長篇，日本人大概把能畫的都畫了，其分工之細大概可以比擬一組MTV拍攝作業人員，編劇負責故事架構的建設，漫畫家只需要掌管故事的描繪，其他如網點黏貼、背景氣氛都有專人處理，加上電腦的介入，在效果上更是精進。

東洋人行事謹慎仔細，這一點也反應在漫畫

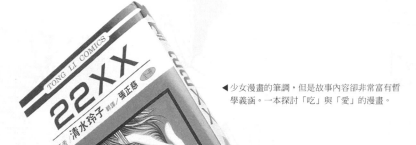

◀少女漫畫的筆調，但是故事內容卻非常富有哲學義涵。一本探討「吃」與「愛」的漫畫。

上面，比較長篇的日本漫畫通常有鮮明的人物造型、明暗變化以及寫實的場景，最能顯現這些特質的就是頭髮的處理，髮絲的飄動和色澤的變化都一絲不苟的刻畫出來。另一點是背景的考究，一般讀者可能以為背景不很重要，只要象徵性的有就好了，事實上並非全然如此，以日本寫實的畫風若沒有謹慎的處理背景，很可能會使得整體感被削弱，而選擇與生活所在地相同的背景則可以增加讀者的認同感，這一點日本人做的天衣無縫。

近些年日本的漫畫興起了另類風格，故事的走向不在限於科幻或打鬥類，眼光也從純休閒讀物擴張到具有更強烈的主題意識，有的像《掰掰話劇社》、《亂馬1/2》這種超級無厘頭漫畫，也有的如《聖堂教父》、《政治最前線》等極端社會寫實或《櫻桃小丸子》這種老少咸宜的童趣漫畫，最奇怪的發展還是像「吉田戰車」簡單的筆調營造啼笑皆非的怪異氣氛，《蠟筆小新》以兒童漫畫的手法來畫成人漫畫，讓讀者在分類選擇上傷了不少腦筋。

華人地區的漫畫似乎就單薄了些，與其說沒有人才，倒不如說因為起步晚，制度的建立與人才的培養還未臻完備，因此作品的質與量都顯得不足。戰後華人創作漫畫首推《四郎與真平》這一系列，後來有牛哥的反共漫畫、劉興欽的作品，再來是香港王澤的《老夫子》、敖幼祥的《烏龍院》、香港黃玉郎的《如來神掌》與許許多多已經改行或消失的漫畫家，這些前輩漫畫家不管現在仍否持續創作，但是起碼他們讓華人數十年來在漫畫這項科目上沒有交白卷，這個歷史地位是絕不可抹煞的。

當代漫畫家較富實力的大概是鄭問的水墨創作、蔡志忠的經典系列、香港馬榮成的武俠漫畫、麥仁杰的美式風格、歐陽應霽的歐洲風格等等。雖然近幾年的漫畫出版品看起來花樣繁多，但是創作水準參差不齊，因此一直無法發揮應有的力量，以華人地區未來的文化發展來看，在這其中必將有屬於漫畫的一片領土，至於什麼時候？就得靠讀者、出版商和漫畫家的互動來形成了。

事實上在目前這段無厘頭劇情充斥、老將新秀青黃不接的時期，極度誇張的劇情、過分絢麗的繪畫風格讓許多讀者感到痲痹或吃不

消，在這個時候有不少人開始懷念以前那種畫面簡單、內容易懂的「老派漫畫」，像前一陣子再度出版的《老夫子》就是一例，這種「反璞歸真」的風潮勢必帶領新一輩的漫畫家重新觀看前輩的足跡，對於目前處於主流的東洋風格應當有重新洗牌的效果。

你當然大可不必依照特別的目的選擇漫畫，反正看得順眼就好，但是你可能不知道，有些「龜毛人」要看得順眼還真不容易。這當然跟他們的專業技能有關，例如學視覺藝術的人可能對繪畫技巧就要求的很嚴格，像池上遼一扎實的素描技巧就可能比較容易獲得青睞；但是對於寫劇本的人來說故事情節的完整性可是不能妥協的；以拍片為業的人應該會特別注意分鏡的結構，香港馬榮成的《風雲》漫畫就保有獨到的「港式戲劇張力」；理論派的傢伙會想到故事情節的內涵為何，其背後呈現的意義又是什麼，順道做一點「漫畫社會學」的研究。這些「學有專精」的讀者往往需要花更多的時間一格一格的咀嚼其中的美妙之處，除了消遣娛樂之外還多了點「圖像閱讀」的味道。

以目前的趨勢來看，漫畫的地位已獲得某種程度的提升，以往只出現在文具行或小型書店的情況已有了改變，這批圖像軍團也開始進駐如金石堂、誠品等「文字霸權」型書店，雖然種類和取樣並不完全，但是這種現象的產生總是令人欣喜的。而大眾傳播媒體在這方面也感受到了風氣的轉變，報紙、廣播甚至電視節目也都不時的探討漫畫所呈現的現象或意涵，例如前一陣子《課長島耕作》和《政治最前線》引起了對上班族和政治圈的討論即為一例。

其實老文化人大可輕鬆點，找個周休二日的假期，在你家的附近，找一家這類「不打烊的另類圖書館」，用「休息一夜」的心情，開個房間，租一大疊什麼都好的漫畫，享受一下台北城裡年輕人的新玩法。至於正當性、焦慮等等無聊的字眼，管它的！

◀「行內人」的漫畫，假如你和作者讀過同一個學校，或者從事相關的行業，保證你可以讀到更多的趣味。

看電影有很多種管道。可以在電影院看，也可以在「電影資料館」、在漢口街的「台影試片室」，在三○一條款以前的「太陽系」、「影廬」看。時序更往前推移的話，或許還有人記得中華路的「洪建全文教基金會」、南京東路的「聲寶文教基金會」；也有人是在三○一之後仍存活下來的MTV裡看的，當然，更有的人是在家裡泡壺茶翹起二郎腿躺在沙發裡看的。

不過，電影院還是有種特別的優勢，有種難以抗拒的魅力，似乎不在電影院裡看的電影，就是少了什麼東西似的，大概這就是電影院難以被其他觀影管道取代之處。但是仔細分析，所謂的「電影院電影」，可還是有不一樣的類型學呢。

「電影院電影」
不可抗拒的魅力
go to a movie everyday
as your homework

「首輪院線片」上映時的周休二日，三五好友結伴，與另外一大群也不知道放假應去哪裡好的同胞們一起慢慢排隊，高聲喧嘩，向售票口旁的阿婆買包口香糖，或者在西門町吃個口味奇特的巧克力味烤香腸，遲了些時分還可以買「黃牛票」。同樣是享受身在群眾中的認同感，在戲院裡與其他觀眾同時發出尖叫或爆笑，比起在街頭遊行時舉手喊口號唱抗議歌輕鬆許多，不是嗎？

「二輪片」比較便宜是沒錯，可是會讓人在辦公室或教室裡產生「被隔絕」的心理作用。

怎麼說呢？當其他人都在興高采烈地討論著《鐵達尼號》的某「經典」片段時，習慣看二輪片的人，就只能低著頭摸摸鼻子。雖然看二輪片還有一個好處，因為許多便宜的二輪戲院常常是在市區之外，所以可以暫時離開西門町或者各個大小影城，遊走到一些比較不熟悉的城市角落。

要不然就是「金馬電影祭」，一年一次大拜拜，一群又一群可以揮霍無盡青春的大學生漏夜排隊買票（雖然此情此景已成追憶），還有許多搞不好一年看不到兩次電影的各類文化圈人士，全部自動來報到，盡情評比一堆聽都沒聽過的國際名導演的催眠功力。

最近幾年，國內的片商終於想出了以「小型影展」來行銷的手法，於是乎台北市民又多了一種不一樣的「電影院電影」可看了。同樣是「電影院電影」，尤其如果有「聯票」這種設計的話，就等於有了七折八扣的優惠，對於艱困的荷包預算不無小補。於是又有一批影癡級的觀影者，從「聲色影展」到「絕色影展」到「心情影展」到「女性影展」到「同性戀影展」到「××影展」，像是「看電影系」的用功學生一樣，隔了一陣子就得每個星期去各個電影院上課，辛苦而幸福地奔波於台北大街小巷的電影院，覺得自己生活的城市，好像也勉強追上了人家老外，一年到頭都可以有好電影看。

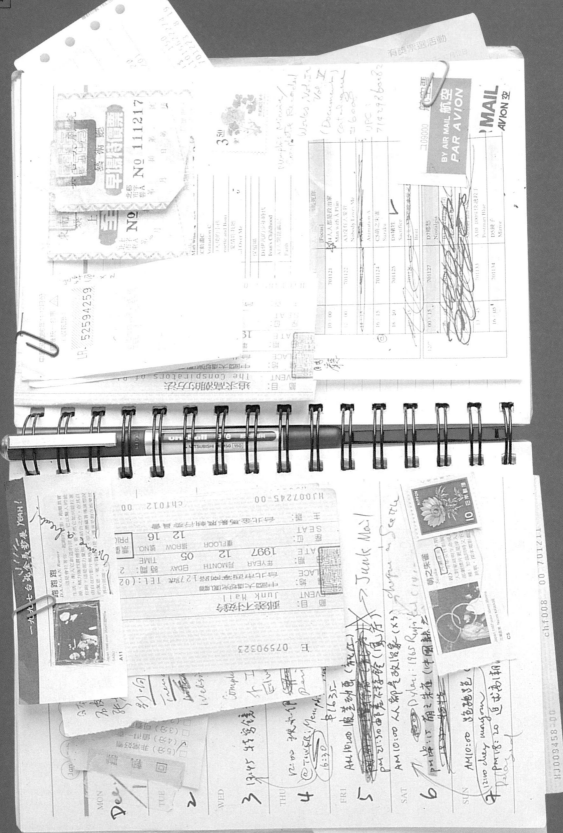

163

金馬電影祭
——文藝青年大拜拜

annual carnival for film addicts and
wanna-bes

「你今年看幾部？」每到十一月，這句話就取代「你是什麼星座？」，成為某些人之間打屁最常用的開場白。

「金馬國際影展」是台北文化圈的年度大事，許多人每到十一月就陷入莫名的亢奮狀態。台北當然不像紐約，沒有那種一年到頭都在播放藝術電影、實驗電影、經典老片的小戲院。一年一度的金馬影展便成了文藝青年們「冬令進補」的大好良機。影展期間每天趕三四場電影並不稀奇，一天下來，難免把幾部電影的情節人物都混成一團，但至少記得了某個南斯拉夫導演難唸得要命的名字，以後在聚會場合聽見這個名字，你便可以於心無愧地頷首，露出一個意味深長的微笑，並且準確地複誦一次。

從「觀影手冊」和「影展特刊」開始販售的那天起，一種異樣的氣氛就在四處延燒。手冊上大部分的片名和人名都完全沒聽過，你祇能靠字數有限的「故事大綱」來判斷是否該投資這部電影。人人都掏出紅藍綠筆在電影放映表上又勾又畫、沙盤推演觀影進度和買票戰略，務求每個環節都不能失手。假如要攜伴共赴影展，整整一星期，我們都會在咖啡廳或泡沫紅茶店看到你倆煩惱的身影，桌子上攤滿了影展特刊、節目單、場次表、筆記本，祇為排出一個兩人都能接受的觀影時程表。

1997年之前，購票都必須現場排隊，社團同學總是分組輪班到售票點前面漏夜佔位置，排頭的單位也會依照「傳統」，擔負起糾察的責任，逐一記錄隊伍成員的順序，以免各單位換班途中相互混淆，或者被人趁隙插隊。十一月的寒冬，凌晨兩點，在信義路功學社前面守著鐵門深鎖的店家，手上端著剛從7-11買來的熱咖啡，「來，學妹，喝一罐吧。妳今年看幾部？」啊啊，多少青春戀情就在這個場景暗暗迸放！

既然票是一整批買的，電影院也就成了懇親大會的會場。「啊！嗨！你也來啦！你今年看幾部？有沒有看那場？好好看呦！……」幾句寒暄，各自坐定，螢幕上開始一部兩小時四十七分的黑白紀錄片，波蘭語發音、英文字幕，你終於不支睡去。悠悠醒來，想問一下隔壁的同學剛剛漏掉了什麼情節，轉頭一看，他也在安詳地打鼾。

祇有在影展期間才會看到這樣的奇景：每個人進場之後，都忙著跟前後左右的人打招呼，努力做出驚喜的表情。人們三三兩兩聚在走道聊天、隔著兩排座位握手，或者交換剛剛在附近買的CD。你也會看見聲名卓著的

影評人，有的身材驚人、有的髮型驚人，伊們總是坐在正中央那排貴賓席，遠遠便能一眼認出。一旦「貴賓」沒來，便會有一群資深影迷搶攻那排可以伸腳、又不會被前排大頭擋住的座位。以往影展固定在整修前的長春戲院舉辦，大家都知道「十三排一號」是有錢也買不到的寶座。

1997年開始，金馬影展改用電話語音系統售票，從此再也沒有漏夜排隊這回事了。在家裡敲敲電話鍵，兩分鐘搞定，儘管方便迅速，許多影迷卻覺得悵然若失，好像缺少了熬夜排隊的儀式，電影也變得不那麼好看了。此外，台北的戲院也開始舉辦許多規模比較小的影展，使金馬影展不再是藝術電影的唯一選擇。不過這場一年一度的盛會，依舊是這座城市規模最大、人氣最旺的「電影大拜拜」，絲毫沒有衰退的跡象。看來直到二十一世紀，十一月的台北都還是會固定發一陣「電影燒」吧。

對了，「你今年看幾部」？

經典名片DIY

set up a pantheon of cinema
in your bedroom

在城市生活還不是那麼盛行的「前工業時代」，"DIY"絕對是一個非常荒謬的詞，因為在那樣的時空環境之下，對於絕大部分的人來說，生活中的各種物事當然都是自己來的，蓋個簡單的房子、種種田、織布縫衣什麼的，理所當然是自己動手做的。

但是在二十一世紀都已經走到腳邊的現在，城市人簡直無法具體地想像如此這般的生活情境。所以，各種以"DIY"為號召的產業紛紛出現，以填補城市人心靈上的空缺。不要以為"DIY"就只是那些家電小工具組而已，其實連一些生機食品、愛心媽媽抗拒麥當勞而生產的家庭式米飯堡等，也都可以視為"DIY"大軍的一份子。

"DIY"產業提供了一種想像：好像「勞動」可以不再是一種商品，好像人們可以生活在一種不屬於被馬克思先生歸類為「異化」的世界裡，好像人們真的可以自己過自己想要的生活。祇不過，這一切僅僅是一種「好像」而已。換個角度想，所謂的「幸福生活」，不就是需要一些這種可愛的白癡似的「好像」嗎？而且，做為一個二十四小時不休息的革命者是一件再辛苦不過的難事，世界再怎麼難以令人接受，在其中生活的人們還是得如Beatles所唱的一樣：life goes on……。

所以，如果要從"DIY"的角度來看「看電影」這件事，而且考慮到一些可能被許多人認為是「惡劣」的條件，例如老早就控制了電影工業好萊塢或者什麼八大公司，隨時有可能在影片的高潮時插播廣告的第四台業者……，想要享受"DIY"的快感，最簡單的應對方式之一，就是到重慶南路，台大新生南路口，唐山，誠品，乃至一些百貨公司、大型超市等，花個兩三百元，就可以擁有《八又二分之一》、《四百擊》、《事物的狀態》、《早春》，或者《風櫃來的人》等世界級的經典名片，甚至還可以在電腦賣場以不到五百元的價位，取得薄薄三片的《紅》、《藍》、《白》。然後回到家裡，關閉光源，扭開電視，就可以用一種也是所謂"DIY"的方式，享受到電影史上最重要的一頁（要翻到哪一頁都是你家的事）。高興的話，也可以與親密愛人相擁著慢慢欣賞，或者營造出一個如同《新天堂樂園》裡功成名就的男主角包下整座戲院般的一人空間。

尋找一杯讓你落淚的ESPRESSO

one more cup of coffee on the road...

從六〇年代的「明星咖啡屋」、七
〇年代「香聞世界的上島咖啡」，到八〇年代玻璃
黑黑、內有桌型「小精靈」電動玩具的「蜜蜂咖啡」，乃至
於九〇年代的卅五元連鎖店和個性義大利咖啡館，這一小杯熱騰騰
的黑水，濃縮著好幾個世代的集體記憶，也見證著台灣的歷史。當然，台
北不是巴黎，沒有什麼革命家、小說巨擘和存在主義大師經常出沒的「古蹟級」
咖啡館。可是在這座城市，誰會對革命家、小說巨擘跟存在主義大師感興趣呢？
平心而論，對於嗜咖啡如命的人來說，台北算得上是一座相當友善的城市。它不只提
供品級秀異的咖啡，更有不少氣氛宜人的咖啡館，無論你的舌頭多麼刁鑽、出沒時間多
麼古怪、對空間的要求多麼嚴苛，應該都能找到至少一家適合你的咖啡館。從這一點來
看，台北倒不無培養出革命家跟大師的潛能。
若是喜歡看人與被看，不妨到「老樹」一坐，此地經常出現戴墨鏡的「大哥」狀人物，傳
說這裡真的就是某某幫的堂口。「蜂大」與「南美咖啡」的口味固然未必能滿足你挑剔的
舌頭，但光看那些歐巴桑歐吉桑在三十年不變的店面裡喝咖啡聊天，就值回票價了。假
如你的興趣是後現代酷派裝潢，氣氛低調的「2.31」和「翼式咖啡」都可以滿足你的
品味，不過它們共同的特色是菸味濃厚，小心嗆到。要是對你來說，室外風景比室
內裝潢還重要，那就絕不能錯過富錦街的「菩提」，門外的濃蔭樹影真的會讓你
有置身歐洲的錯覺，只是注意講話不可大聲，否則老闆會來制止。怕菸味的
人則可以到辛亥路巷內的「帝維納」，或者長安西路上的兄弟店「波希
米亞人」——這兩家店都能享受高檔音響傳來繞樑不絕的歌劇演
唱，正好跟「2.31」的工業噪音形成強烈對比。「歐蕾」
擁有全台北最好喝的熱巧克力，不曉得跟巴
黎的「花神」比起來如何？

金山南路愛國東路口加油站旁的
「阿諾瑪」正對著雪白的教堂和翠綠的花園，
悅目的風景使任何客人都不想起身，桌墊下層層疊疊
歷年客人留下的小詩短札更讓你流連忘返。提到殺時間，名
滿天下的「普羅」除了好咖啡，還有五種報紙和二十四種雜誌，
使你不知不覺一再續杯。喔，你是搖滾迷？你要求抒情女聲之外的優
質爵士樂？在公館的「挪威森林」，你不只能夠分享老闆超卓的爵士品
味，更有機會一口氣聽完整盒五張Velvet Underground的全集，這樣不曉
得及不及格？
當然，一旦舌頭養得刁了，你會不甘於咖啡館所能提供的貨色。就像發燒友
的終極境界是自己買真空管跟揚聲器單體、親手組裝音響一樣，終極的咖啡
玩家一定會走上自烘自煮之路，追求僅僅存在於想像中的完美口感。跟一
瓶動輒要價上萬台幣的紅酒不同，「玩」咖啡需要的經濟基礎門檻較低，
加上義式咖啡引進台灣的時間還不到十年，鑽研咖啡經的好像多半是
年輕人。不過，有些人講究咖啡跟富商巨賈講究紅酒一樣，姿態不
免裝模作樣，儀式性的意義遠大於取悅味蕾，賣弄專有名詞
比品嚐咖啡更重要，令人不能不懷疑：這些傢伙是不是
在生活的其他面向遭遇難以忍受的挫折，必須
用這種畸形的方式發洩自卑感？

幸好這種人並不是全部。只要
連上網路，到BBS的連線「咖啡版」逛
一逛，你會遇到一大堆「電視冠軍」等級的咖啡
瘋子。他們會為了某一種豆要用什麼機器磨幾秒、某
一款咖啡機填壓之後應不應該加濾紙之類的問題掀起長篇
論戰，旁徵博引有機化學、電工、大氣科學、材料工程等等知
識來支持自己的論點，讓旁人看得目瞪口呆。他們甚至會教你
怎樣種咖啡樹，假如你真的瘋狂到這種境界，願意花一整年工夫
養樹，僅僅為了培育一磅生豆……。
也許一百年之後，「南方安逸」的老闆會把張大春坐過的桌椅
圍起來、釘一塊解說牌，甚至替他塑一尊丟飛鏢的蠟像──到
那個時候，研究庶民生活史的學者將會如何形容二十世紀
末的台北咖啡館？先別抱怨這座城市總是缺乏歷史
感，往好處想吧：現在你我手上這杯引進台灣不
到十年的capuccino，未必不會在下一
個世紀成為經典傳說呢。

台北也有BLUE NOTE
really, there is a bluenote in taipei

Blue Note在台北，大致可以有三種指涉的對象：一是與Fantasy、Verve勢均力敵的著名爵士樂唱片品牌，對於許多剛入門不久的樂迷來說，一份Best Albums by Blue Note的清單，可能就是如獲至寶的一年份採購指南；而對一些常跑美利堅，進出紐約街頭如自家廚房的朋友，Blue Note則是位於西三街一百三十一號的超重量級爵士樂表演場地。

曾經在一本介紹紐約的台灣雜誌上，看到一張圖說，它是這麼寫的，「到紐約，別忘了去jazz bar搖滾一下哦！」，這話讀來真是有點令人傷心。傷心的原因有二，一來至今也沒去過紐約，更不知道什麼時候才有機會到紐約去聽聽現場的表演；另一個傷心的理由，是因為台灣這裡對於jazz的認知，還是停留在「搖滾一下」的程度。

或許這可以說明，為什麼金山南路上的「黑糖（Brown Sugar）」，在周休二日的星期五晚上，門裡門外總是擠滿著一群又一群打扮光鮮亮麗，參加舞會也似的年輕人。並不是說這裡頭就聽不到像樣的爵士樂，只不過，真的是有些怪怪的，如果你只是想到一個場子，好好坐下來，聽聽現場演奏的爵士樂。

還好，在台北，Blue Note還有一個非常重要的意義，那就是位於羅斯福路、師大路口的「藍調」。這家爵士樂pub的名片背面，標示著"Finest Jazz in Taipei"，口氣不小，但應該是實情。

進入這家從1974年便開張的台北Blue Note，首先大概會看到店老闆「蔡爸」，他總是笑盈盈的，為遲來的客人努力再挪出兩個座位。場子上表演的樂手，極可能是原先坐在台下的樂迷，因為看到其他人上陣，忍不住技癢，便努力回家操練，下次來的時候，便順道帶來了自己的傢伙，擠進了小小的場子，一齊共襄盛舉。所以你可能會遇上一個白天在大醫院看病的醫生，夜裡搖身一變，成了台上的低音薩克斯風手，而在一旁吹奏伸縮號的中年男子，搞不好就是某家建築公司的工程師。

不過可千萬別因為他們好像不是職業樂手，就輕忽了人家的實力。這些人即使表面上的職業與爵士樂毫無干係，但表演起來，可真的是會讓人享受到什麼叫"high"的滋味。而且，還是有許多具備專業背景的人士，或是一些在台北地區各大小場子走唱經驗驚人的職業樂手，也會經常出現在此，即使他們在此地表演是沒有酬勞的。你碰到的某位白髮美國先生，說不定白天就是在台大音樂學研究所講課的教授，他可能先是在旁邊和其他樂迷聊了半天，最後還是忍不住坐上了鋼琴前，玩了幾首曲子。一旁的鼓手與貝斯手，或許就是留學過美國，現在還在樂器行授徒的專業教師。也許你還有機會遇上來自菲律賓的阿伯，不管其他樂手聲音與表情如何高亢，他老先生總是不疾不徐地悠悠上場，接一段黑管solo，而他的太太總是靜靜地坐在一旁，與眾人一起享受著樂曲，祇是不知道她會不會在回家之後，抓出老先生今天在場上不小心走掉的兩個音符。

當然，就像是台北可以看到的任何一個場子，裡頭總有一兩桌高中生大學生，擠在一起大吵大鬧地玩著撲克牌遊戲，我想「蔡爸」也無可奈何吧，不過誰在乎？精采的爵士樂正熱著呢！

▲可以當成入門樂迷採購指南的 the best of blue note 清單。

十年後，你要坐哪一桌？
when will the table start to turn?

> 坐隔壁那桌的不就是那個誰嗎？

> 是喔？看起來也不過醬子而已嘛！

> 有差哦，人家也是一ㄅㄚ說！

> 對啊，沒青莫講，有青才敢大聲！

某年冬夜，和三個朋友約在信義路巷內那家燈光昏暗、音樂詭異、菸味濃重的「2.31」談事情，「正式名目」是討論當時我們以「自由工作者」身份共同包下來的某個任務，其實大半時間都在閒扯打屁。我們幾個是從學生時代就玩在一起的死黨，因為太熟，對彼此的語言、觀點都有共識，所以聊起天來很省力。況且出社會之後，能坐在一起聊天的朋友愈來愈少，這樣的場合更值得珍惜。

那次的任務，是為某個媒體設計一套企劃案。巧的是，當時我們幾個都沒在上班，每天在家裡窩著，各自背負著家人、愛人、同儕的異樣眼光，彷彿「不上班」就是「社會米蟲」的同義詞。正因如此，我們心裡多少

帶著點「不甘願」的情緒，想要證明「不上班也一樣能做出轟轟烈烈的大事」。儘管看起來一副散漫頹廢模樣，我們幾個心裡卻都偷偷想搶進「文化霸權」的行列，愈快愈好。當時是這樣相信的：要在台北的「文化圈」裡打滾，三十歲以前一定要出頭，卡到某個「發言位置」，否則長江後浪推前浪，以後就很難混了。

不過隨著年歲漸長，眼看自己一事無成，儘管嘴裡不承認，焦慮卻無時不在心中蔓延。我們都明白：要是幾個月之後狀況依舊沒有起色，就只好認輸了。前途茫茫，可以選擇的道路不多：不外乎一封乏善可陳的履歷表、一件白襯衫、一條西裝褲、一只指著清晨七點半的鬧鐘。

走進2.31，剛剛坐定，四處張望，發現前後幾桌的顧客都有不小的來頭：門邊那個長髮女子在國內最有影響力的副刊當資深編輯，正在用小錄音機採訪聲譽卓著的胖子影評人；後面歪著頭聊天的傢伙是出了好幾本書的樂評人兼棒球評論家，坐在他對面的是某時尚雜誌的女主編；至於另一桌，知名的深夜廣播主持人一面吃水餃、一面跟滿臉鬍髭、綁著馬尾、菸抽個不停的暢銷唱片製作人發牢騷。左面那桌更是烜赫照人：得獎無數的廣告公司創意總監、文筆犀利的精神科醫師兼文化評論者、還有電視主持人兼專欄作家兼小說家兼在野黨幹部，正在交換他們剛買到的各色書本，一副要開讀書會的陣仗。我不禁胡思亂想：假如這間酒吧忽然沈到地底，以他們錯綜複雜的人際網絡，大概足以讓三大報連登一個月的悼念文章、外加五六個紀念專題吧。

其實在這家酒吧，「冠蓋雲集」的場面幾乎是常態。記得上次來的時候，電視主持人兼小說家的位子上是一位會寫詩的副刊主編，知名影評人則換成了某大報專跑藝術新聞、手上永遠有免費戲票的記者。滿臉鬍渣的唱片製作人那天沒來，取而代之的是得過好幾座國際影展大獎、作品卻總是放映一週便草草下片的導演……簡單地說，這些「成功人士」儘管從事的行業各有不同，卻都能劃歸到那個模模糊糊的「台北文化圈」裡去：他們大都不必被朝九晚五的工時綁死，與媒體有良好聯繫，年齡屬於「三少四壯」一輩，彼此熟識，交叉形成堅固緊密的人際網絡。這種人總是從頭到腳自然散發出「我是藝文菁英」的訊號，即使在十公尺外，也能輕易從服飾配件、眼鏡款式、交叉著雙腿的坐姿和端茶杯的神情，分辨出他們跟「一般人」的不同。

偷偷觀察過四鄰顯赫的人物之後，一位朋友回過神來，幽幽嘆道：「我們照這樣下去，十年以後混得再好，充其量也只不過是從現在這桌換到隔壁那桌罷了。」這句一針見血的評論，讓哥兒們為之語塞。本來正在商量的「轟轟烈烈的大事」，一下子變得有點好笑起來。是啊，再怎麼轟轟烈烈，還不就是坐在這裡，吃一樣的韭菜蝦仁水餃配皇家奶茶？原來我們腦中勾畫的那個美好未來，已經在眼前預先排練著了啊。

所以呢，要是你自認懷才不遇，請抱著你的小說手稿（或者歌曲試聽帶／電影劇本／攝影作品／素描簿……），到2.31坐在同一個座位耐心等上一星期，篤定能「堵到」你需要的有力人士。當然，台北市類似的地點不只一個──和平東路科技大樓對面的「後現代墳場」，也是這些「前文藝青年」聚集的場所。不過「台北藝文圈」聽起來唬人，其實就那麼一丁點兒大，這兩家店的客人換來換去都是同一批熟面孔。「墳場」的老闆曾經講過一個笑話：每次2.31整修換裝潢（這種事每兩三個月就會來一次），全台北的文藝青年頓時無家可歸，就通通自動聚到他那裡去了，一網打盡，絕無遺漏。

至於最後的結局？就像前面說過的一樣，或許你會在十年後揚名立萬，和當時一起唏噓、一起羨慕隔壁桌那些「大ㄎㄚ」的朋友們再度在2.31相會。長得像科學怪人的老闆那時或許添了幾莖白髮，鄰桌或許會多出幾個偷偷對你打量、眼神又嫉又羨的少年郎。然而當你坐定，心裡唯一的念頭或許只會是：但願韭菜蝦仁水餃配皇家奶茶的味道還跟十年前一樣，畢竟，你已經快要忘記當時那種急著想成名、想出頭的心情，是怎麼回事了……。

逃逸

我們多少都幻想著自己身在他方。

當生活漸漸窒悶，

當一切瀕臨崩潰，你需要一個角落來躲藏。

我們都需要不時背轉身去，深深吸一口氣，

才能重新獲得撐下去的勇氣。

為此我們紛紛從城市逃逸，向不同的地點流動，

尋覓一張舒適的座椅，

獲得一個新身分，加入一個陌生的陣營……

你未必能逃得多遠，

卻至少能暫時忘卻自己的狼狽。

新店溪的堤防
dam side stories

每個會騎腳踏車的人，好像都曾經經歷過類似的學習過程：　朋友或家人在後面推著你，慢慢地，一點一點地前行。然後跌倒，被大家嘲笑，或者有一兩個善良些的傢伙會鼓勵你再爬起來。然後他們向你保證，無論如何一定會扶穩車子，你只

管騎著。然後你回頭一看，怎麼人都已經落在遙遠的五公尺之後。心裡一陣暗喜，我是不是會騎車了？但嘴上卻一定得裝出「因朋友出賣而氣憤不已」的表情。這就是我對於堤防最原初的印象。在將近二十年前新店溪畔的堤防上，還是小

朋友的我，和幾個也是小朋友的朋友，以及一輛高不過半公尺的小腳踏車，我們從只有兩個人會騎，到四五個人一起搶著那輛專屬小朋友玩的小車。那時候我們追逐著夕陽，沒有人知道那顆火球下山之後，世界會變成什麼顏色。因為它一定會再昇起，熱度也不會絲毫降低。

後來進入了開始與小女孩約會的時期。所謂小學的意思就是，班上的同學可能都住在同一條巷弄中。你不可能不知道其他人的父母或某家特有的叫喊聲。我住在巷口，和我約會的那個小女孩住在巷尾，我們以到同學家寫功課的名義逃出各自的家門，為了避開街頭巷尾的議論之聲（你當然可以在小學五六年級就明瞭什麼叫做社會壓力），我們約會在堤防邊。約會好像就是散步。也沒什麼概念，散步究竟得做些什麼事。小手拉著小手，享受著偷偷摸摸的快感，反正總有些可以作為模仿對象的年輕伴侶們，身子依偎在一起。捕捉年輕與青春的味道，想像大人世界的長相，以及完全模糊的性（最激烈的性就是兩個人面對面緊緊地擁抱）。沒有創造力的我們，也選定了一處樹影遮蔽的地方，坐了下來，看著月亮，想像著再十歲之後，我們的臉孔會有什麼改變。完全在想像世界以外的真實景象是，十來年之後，這裡的堤防早已成為高速道路的一部分，可以躲藏身體的暗處不知去向，就像我們那段不知如何開始，過程為何，消失於車陣廢氣中的小朋友戀情。

像是所有正常的中學生一樣，我們總是籠罩在聯考的陰影下，生活中出現的儘是惱人的灰色與下不停的細雨。他們將我們關在一棟不見天日的建築物中，留下了幾扇無法跳出的窗口，好像我們看得到外面還有一點色彩，讓我們的軀體與心靈更加不安。唯一想做的，就是爬到頂樓，用全部的力氣罵出對此醜惡世界的不屑，然後縱身躍下。還好，還好還有一兩個相伴的朋友。彼此間的偶爾的繫聯，就是最放鬆的解脫。在新店溪畔，我們肩併著肩，想吐出的話語怎麼也訴不不盡。有時候是和彼此契合的同性友伴，或是異性的體溫，撫觸著正在蠢動的心靈與肉身。騎著未有駕照的摩托車，看看能不能發現速度可能觸發的快感。如果沒有這一兩個朋友，還有新店溪畔的濘塊雜草地，就只能一逕以為自己是世上獨一無二的痛苦者。我們指著溪畔的草地，文藝腔地背誦著一些拗口的詩句。坐在河邊堤防岸上，看著底下怪異的農夫，城市的這個角落竟然還存在著為我們所不可能瞭解的農夫，以及對岸愈來愈高聳而醜陋的房舍。點一根菸，輪流地狠狠吸上幾口，嗆口的不只是當時還很少見的洋菸，還有新潮文庫裡千奇百怪的辭語，配著沁涼的啤酒，還有數不盡的蚊子。

已經有好些年沒有再進入跑馬場的那片堤防地。偶然再度回到這一塊狂飆歲月時曾經徘徊的地方，卻發現記憶被現實摧殘得體無完膚，混凝土堤防依然轟立在原地，只是依附在上面的青苔越來越厚，整個堤防也變得厚重可怖起來。年少時曾經夢想著堤防是彩色的，畫有蒙德里安的黃金分割或安迪沃荷的普普藝術，也曾經衝動的想把家裡的茶几搬到河的左岸，附庸一下塞納河畔的風雅。河是城市的血管，輸送和排除城市的養分和污穢，但是我們卻讓它成為一片死水，兩岸的醜陋高樓切割了天空，讓年少時的太陽提早下山，讓黑暗提早降臨。拿起相機，好不容易抓了些鏡頭，只有黑與白的對比，幾叢看似柳樹的枝葉，從不曾變化的河水的氣味與顏色，像是七等生的《重回沙河》，我的沙河，我們的《沙河悲歌》。

讓你放鬆呼吸的藏身所在——北美館

never mind the exhibition, there are lots to get around

我知道你也和我一樣，在這座城市裡，很難找到一處讓自己的軀體得以安然休憩的所在。

在這個永遠烏煙瘴氣，喧鬧不已的城市裡，想要找尋一座可以讓身體真正放鬆的建築物，的確不是一件簡單的事。隨便躲到一處建築空間裡，根本就無法評判這個場子到底內部或外表何者較醜，鄰座的傢伙不是白痴般的青少年就是令你作嘔的偽善神色的上班族，以一種世界祇有他存在一般的音量高聲交換著彼此新獵取的八卦。我知道，在這種情況下，你真的會很想放他個五百公斤黃色炸藥，讓全部的人都立刻靜下來。

其實，你想要的，也不過就是一個舒適的空間：樣子不要太醜，不要太過侷促，裡頭不要過於吵嘈，你自己，或者你和你的另一半，可以靜靜地享受一會兒午後的陽光。中山北路上的地標：台北市立美術館，或者可以符合你的需要。

在那一長段簡直就可以說是杳無人煙的中山北路三段東側，你可以很輕鬆地找到那座「有些故意與別人長得不太一樣」的建築物。用不著急忙買票進去，因為裡頭的展覽大可以不是你到此地的目的，頂多在剛好看得順眼時，算是附加的bonus。

你不用學別人一樣，非得到旁邊的藝術家小屋去買咖啡喝。我知道你會覺得有些尷尬，畢竟在人家以前的客廳臥房裡坐著，還是會讓你不甚自在，而且一旁總也有人和你一起在相鄰不到一米的範圍裡肩併肩地擠著。

北美館後側的那塊空間，應該比較容易吸引你。一片白牆，加上另一側值得花些時間仔細閱讀的樹枝，或者你剛好也帶著一本文字乾淨的小書，坐在蔭下，字的意象不再重要，因為你的身體已悠游在這片人跡稀少的城市後花園裡了，不是嗎？我感覺到一陣沁涼的微風吹到你的身上了。

或者你真的買了票進來，享受一大塊視野寬廣的落地窗。其實，北美館的落地窗就是一件帶著點超現實意味的作品。想想看，除了北美館，哪裡還看得到層層交疊、實中帶虛的超大玻璃呢？多看幾眼彷彿就可以領悟到杜象的創作巧思。不要急著進入殿堂般嚴肅的展覽廳，先坐在lobby的長椅上，等著夕陽的光線把你的影子拉長到大廳的一半，再考慮從那一個地方逛起。

如果在二樓面朝基隆河的方向，有個安靜的小咖啡吧，那就更完美了。我知道你的習慣，在這種時候，不需要黏膩的capuccino，一杯普通的巴西就好。低頭啜一口咖啡，然後靠在柔軟的椅背上，彷彿全身感官所及之處，都不自主地染上了一層慵懶的色彩，我知道，你的呼吸真的舒緩了下來……你會發現，其實這個城市裡，還是可以有一處讓你放鬆呼吸的藏身所在。

植物園，眞正的「森林公園」

a park, a shady shelter, a labyrinth

植物園的魅力，在於它的古老。這片車陣環伺的公園隱藏著許多時光隧道一般的暗角，神秘、幽靜，像一座綠樹構築的迷宮。

少年時代某個傍晚，你放學之後不想回家，便一路摸索，獨自深入植物園曲折的小徑。天色漸漸暗去，遠方傳來風吹竹葉的颯颯聲，你沿著夾道連綿的灌木叢，摸索到小徑末端，一塊綠樹圍繞的小小空地。空地中央擺著石桌石凳，石桌上是一盤棋局，昏暗的樹影掩映之下，四五名老者緩緩抬頭望向你，面目模糊，只有眼睛閃閃發光。你憬悟自己誤闖不屬於你的次元，默默告退。回想起來，不禁懷疑他們是樹精幻化而成，只在黃昏時候現身，下一局或許已經持續了大半個世紀的棋……。

單就面積來看，八公頃的植物園不算多麼龐大，是蜿蜒複雜、縱橫交錯的小徑，使它顯得深邃無比。不管你去過多少次，都還是有可能彎到一個完全陌生的角落，那裡的景色彷彿在童年的夢境出現過，卻怎麼也想不起來是哪個夢。推開斑駁掉漆、吱嘎作響的旋轉門，僅僅一牆之隔，喧騰擾攘的台北忽然不存在了。你到自動販賣機買一杯熱咖啡，挑一把堪用的椅子坐下，呵著手，抬頭望向樹叢，默默告訴自己：第一隻松鼠悄悄出現之前，你不打算起身。

這裡是台北的後花園，也替世世代代的市民貯存了集體的夢境與記憶。它像一口井，靜臥在鬧市中央。你一次次到這兒來觀望自己的倒影，卻永遠也參不透它的深度。

電影造鎮，重建九份
declining towns resurrected by movie scenes

（註）照片提供：中影劇照組。

小畢決定投考軍校，畢伯伯知悉大怒，堅持要他參加高中聯考。

小畢講給畢伯伯聽，第一，他是考不上高中的；第二，不必花學費；第三，預校唸完直升官校，跟一般大學是一樣的。

小畢有一點沒說，他是決心要跟他從前的世界了斷了，他還年輕，天涯地角，他要一個全新的開始。

再見到小畢是國中同學會，在西餐廳聚餐。有人拍我肩膀，回頭一看，「小畢！」大家都這麼喊他，多少多少年來這是我第一次叫他。他就是小畢，中華民國空軍中尉軍官畢楚嘉。

—— 摘自朱天文原著小說《小畢的故事》

對新世代的我們而言，對於位在城市邊緣的淡水與九份，幾乎都是透過台灣新電影的幾部重要作品才認識的。要是你現在才二十出頭，很抱歉，那也許可以叫做「美好的年代」已經逝去，而且永遠不會再回來。

如果你去過淡水，不知道可曾注意到那一面「大船入港」的招牌？斑駁的白鐵皮透露了昔日台灣北部對外交通樞紐的輝煌與繁華。淡水的美，存在於台灣新電影的畫面之中。那是《小畢的故事》，一部雖然沒有到國外的影展得一堆獎、但讓人看了無比感動的台灣電影。叛逆的眷村子弟、荒誕的青春期和甜美的初戀，劇中的每一幕都不曾因為時間的消逝而從記憶淡出，尤其是那個靠淡水河邊的眷村場景，竟然選得如此的「美」，在這麼美的地方發生的事，不管喜怒哀樂，也一定美。光這一點，就不得不向執導該片的陳坤厚導演致敬。

同樣是沒落的宿命，一個是港口淡水，一個是山城九份。最早是侯孝賢的《戀戀風塵》，還有王童的《無言的山丘》，以及吳念真的《多桑》。九份

煙雨朦朧的調調，像是國畫裡的山水，大片潑墨傾瀉，老厝、行人都是點景。吳念真的故鄉就在九份，《戀戀風塵》的劇本出自他手，是他個人年少戀情的親身經歷。《多桑》拍的則是他父親一生的故事，與其說這部電影是多麼的賺人熱淚，不如說這部電影透過人文色彩濃厚的鏡頭，呈現出九份詩意盎然的感動。

也許正因為位於都市邊陲，雖然商業的腳步已經到達，淡水九份仍保有大台北都會區少有的特殊氣息。有趣的是，是不是因為有太多電影在這拍攝，現在整個城鎮就像是朝電影劇情看齊，奇形怪狀的茶藝館滿山都是，這究竟好是不好，沒有人知道。

現在還有多少人迷戀到淡水吃鐵蛋、到九份泡茶館的滋味呢？也許真正讓城市人消飢止渴的、讓人們肺部可以盡情呼吸的，唯有那一口高含氧的空氣。這篇文章，要向台灣新電影（現在似乎該說是舊電影）工作者拍拍手致意，他們精彩的藝術作品，讓我們的視覺恢復色彩，讓我們的記憶再度顯影。

台北所在，外國氣氛
picture yourself in another land

在台北這個城市活著，最需要的是生活上的想像力。

面對相同的一座城市，如果目的不同感覺不同，加上使用方式與在意事物的不同，就會用不同的語言形容出完全不同的城市面貌。身在第三世界城市，還會有什麼比讓人暫時忘記身在其中更叫人為之渴望的事？在這個城市裡，擠了一大堆腦中裝滿國外生活記憶的人，常常在剛從國外旅遊歸來的時候染上「巴黎症候群」、「東京幻想病」……久久無法平復，想盡一切辦法到城市北邊專賣進口貨物雜貨的店，搞一堆法國原產的紅酒和白酒，把自己搞得好像還住在拉丁區的平價旅社，或者每天一大早起床就把NHK打開，讓根本聽沒有的日語在台北的房間流竄，一副滯留池袋銀座新宿的模樣……這樣的事，相信不是只有一小撮人才會去做的事，而是很多人都非常熱衷在做的事。

最近幾年，城市中越來越多的店，提供素材讓人們有本事去再現國外旅行與居住異國的模樣與氣氛。外面不如想想看，所謂的「外國氣氛」究竟是什麼？氣氛這種東西，光是去想就是一件麻煩的事，有可能具體說明嗎？這是一個多麼簡單同時又極為困難的問題，想要說明任何言語卻幫不上任何的忙。要向未曾體會某種氣氛的人描述究竟是哪種感覺，就好比對一個從未離家多年的人講述思鄉之苦一樣艱難，甚至更難。

它可能是在整間咖啡館室內空間上方盤旋的人們談話，可能是一杯打得像南歐路邊咖啡店會賣的卡布奇諾，可能是美國西岸咖啡店特製的menu，可能是比在西班牙當地還要好吃的海鮮飯，可能是整間販賣原裝進口原料的花草茶店，可能是一塊加熱過後的鹹麵包與藍莓派，一個看起來完全沒有所在城市氣味的視覺構圖。

香港作家西西交代當年創作《我城》的心情是這樣的：「我決定寫個活潑的小說，就寫年輕的一代，寫他們的生活和他們的城，用他們的感覺去感覺，用他們的語言去說話。」對年輕如我輩，「台北所在的外國氣氛」絕對是賴在這座城市不走的重要理由。

世紀末，反叛者遁走大街

rebels on the street: miscellaneous fragments

「那天傍晚，跟好幾萬人一起擠在凱達格蘭大道，雷射光把一隻大腳丫射到總統府上。宣傳車聲嘶力竭，遠遠吼了一句什麼，四周歡聲雷動，在那個時候，我真的相信他們會怕，那些躲在總統府裡面的人，那些坐黑頭車的人。」

「那些被惡性關廠的女工，有的還懷著孩子，就這樣在勞委會前面被鎮暴警察拿著棍子毆打。鎮暴警察往前衝的時候，靜坐的女工正在吃晚飯，一下子便當飛得滿天都是。往地上看，白花花的飯粒跟濺出來的鮮血混在一起。」

「我只是不想窩在家裡。我想動一動。那天整趟走下來，我流了至少一公升的汗，除了做愛，我已經好久好久沒有這樣流汗了。」

「在『大中至正』的門柱上面，到處都是噴漆。有的噴漆位置非常高，我跟朋友都在猜他們是怎麼噴的，架梯子？還是疊羅漢？」

「記得那時候在報上讀到一位作品曾經收到課本的『愛國女作家』，描寫她參加在野黨市長候選人造勢大會的經驗。文章裡一直誇讚攜老扶幼參加遊行的群眾如何和平理性、如何不留下一片紙屑等等。當時的感覺是，以前連寫到『民進黨』都要加引號的愛國女作家居然也會有上街示威的一天，居然還對國家元首表示激烈反感，時代變化真快。」

「後來我用力丟了一個便當到警察頭上，當場被抓去局裡問了半天口供。那個老警官一直罵我，說我是毛澤東派來破壞國家的匪諜。我說毛澤東早就死了，他可一點都不覺得這有什麼好笑。」

「後來連廣場上的旗桿都被鋸斷了，不過那天下雨，桿子上沒有國旗。」

「在台北車站，我就站在學生用繩子圍起來的圈圈旁邊。一個負責指揮的小傢伙對我（還有旁邊圍觀的人）說，『對不起喔，民眾，可不可以往後退一點？還有別的學校的同學要來這裡會合。』我想，哇，原來不做學生之後，就只能做『民眾』了。」

「我們跑到國民黨中央黨部去抗議，舉著牌子、拿著發不出去的傳單。我們只有不到二十個人，維持秩序的警察也只有二三十個，場面其實滿冷清的。」

「反體制的改良主義，第一步就要粉碎所有的教條主義，把抽象化的神聖教條拋入具體的實踐考驗，經由行動烈火的鍛鍊，任何感性夢囈都將退出運動的吶喊，個人的頑固執念，也將在運動的淬取中消滅！」

「在大太陽底下靜坐，汗從額頭流到下巴，再滴到柏油路上，留下一個圓印子，幾秒鐘就蒸發了。後來把綁在頭上的黃絲帶拆下，發現上面結了一層鹽巴。」

「其實要衝進黨部大門，拐個彎就可以繞過去，偏偏大家都往警察構成的人牆中間擠，擠給記者看。兩邊都滿合作的，衝得不是很用力，擋得也不是很盡責，記者拼命拍照，

大家好像都在演一齣排練過的戲。」

「我還會唱那首歌，那是我唯一全程參加的示威遊行，怎麼不記得？你聽：『工農學／大家團結起來／向前行／打倒資本家！』記得他們說這本來是共產黨的歌，原版的歌詞是『工農兵』，沒學生的份。對呀，我跟我男朋友邊走邊唱，邊笑。好難聽的抗議歌曲啊。」

「我記得羅斯福路校門口搭起了棚架，大家輪流踏上肥皂箱慷慨陳詞。一個女學生一上台就說：失禮，我福佬話講不輪轉，真歹勢。」

「就算當成郊遊健行又有什麼不好？住在這裡已經夠鬱悶了，能上街走一走、吼一吼，發洩一下，好處絕對比壞處多啊。」

「我記得他抓著麥克風聲嘶力竭唱〈國際歌〉的表情，好像全世界只有他知道公理正義是什麼意思似的。當時我想，拜託，我學唱〈國際歌〉的時候，在公共場所亂唱可是會被抓去關的哩！你這個小鬼懂個屁！」

「偷偷跟你說：罷課罷得正是時候。那天本來要考總體經濟學，好險好險！」

「我偷偷跟旁邊的朋友說：我不會講台語，所以更不敢發言。他只笑笑，沒說什麼。」

「在那個時候，你只能忘掉自己，忘掉那些口號聽起來有多笨，忘掉指揮車上的人是怎麼跟同志鉤心鬥角，忘掉傳單上粗糙的推論和糟透了的文筆。在那個時候，你只能做螺絲釘，一根非常甘願的螺絲釘。」

「對反體制的改良主義者來說，社會實踐的原始動機，並不是源自無法體驗的神聖目標，而是植根於生活世界中具體束縛的逐步超越。」

「我看著指揮車上的那個人，幻想他被扶正、掌權之後的模樣，忽然就很想回家了。」

「我看到女工驚惶失措的表情，她們沒想到警察居然真的會打手無寸鐵的女人。我也看到退回去擺出陣勢的鎮暴警察，他們努力想讓自己面無表情，但是眼神洩漏出強烈的疲憊，一點殺氣也沒有。我想到托洛斯基說的，『不要哭，不要笑，要理解』……。」

「個人參與實踐的原始動力，是體認到個體必然是社會整體的一部份，為求自我解放而邁入社會解放的過程。我們不能再陷入傳統迷思的吶喊，我們要躍入歷史、融入民間，這不僅是持續知識分子生活實踐的唯一方式，也是台灣民主運動的唯一希望！」

「後來？後來連佐丹奴都拿〈國際歌〉當電視廣告配樂了……。」

夢想

這是一座沒有夢想的城市。

不管是狂想還是理想，願意去夢想、

有本事去夢想進而實踐夢想，都是令人感動的事。

不管環境多麼令人沮喪，

我們永遠有做夢的權利，

而且愈是嘈雜穢亂的所在，

愈能成就晶瑩剔透的夢想。

每個人心中都有一張私密的城市藍圖，

而正因這座城市的不完滿，

使我們能夠擁有比別人更多的夢想、更多的期盼。

沒有地鐵的第三世界首都

a bit too late but yes, we've got subway too...

台北不是東京，不是倫敦，不是紐約，不是巴黎，這是大家都知道的事實；但台北也不是胡志明市，不是巴拿馬市，不是馬尼拉，至少我們從不認為自己這座城市和他們是同一掛。▶

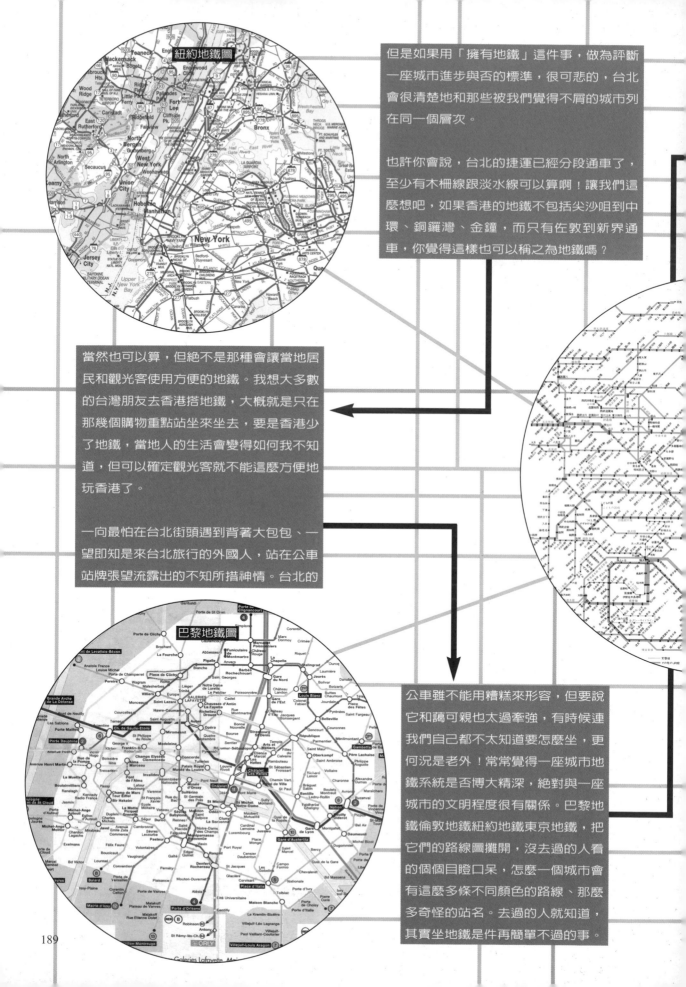

紐約地鐵圖

但是如果用「擁有地鐵」這件事，做為評斷一座城市進步與否的標準，很可悲的，台北會很清楚地和那些被我們覺得不屑的城市列在同一個層次。

也許你會說，台北的捷運已經分段通車了，至少有木柵線跟淡水線可以算啊！讓我們這麼想吧，如果香港的地鐵不包括尖沙咀到中環、銅鑼灣、金鐘，而只有佐敦到新界通車，你覺得這樣也可以稱之為地鐵嗎？

當然也可以算，但絕不是那種會讓當地居民和觀光客使用方便的地鐵。我想大多數的台灣朋友去香港搭地鐵，大概就是只在那幾個購物重點站坐來坐去，要是香港少了地鐵，當地人的生活會變得如何我不知道，但可以確定觀光客就不能這麼方便地玩香港了。

一向最怕在台北街頭遇到背著大包包、一望即知是來台北旅行的外國人，站在公車站牌張望流露出的不知所措神情。台北的

巴黎地鐵圖

公車雖不能用糟糕來形容，但要說它和藹可親也太過牽強，有時候連我們自己都不太知道要怎麼坐，更何況是老外！常常覺得一座城市地鐵系統是否博大精深，絕對與一座城市的文明程度很有關係。巴黎地鐵倫敦地鐵紐約地鐵東京地鐵，把它們的路線圖攤開，沒去過的人看的個個目瞪口呆，怎麼一個城市會有這麼多條不同顏色的路線、那麼多奇怪的站名。去過的人就知道，其實坐地鐵是件再簡單不過的事。

有一個關於台北市蓋地鐵的講法，雖然無憑無據，但實在讓人覺得很像是真的。過去幾年台灣之所以被捷運問題搞的烏煙瘴氣，統治台灣數十年的蔣介石獨裁政權的偏安心態是最重要元凶。據說早在幾十年前就有人在面聖時，提出興建城市運輸系統的建議，皇上一句「把這裡建設那麼好幹嘛，隨時都要打回去呀」，整個計畫就胎死腹中。拿

巴黎的排水設施來說，早在十八世紀，一位城市設計師就著手進行都市下水道工程的建設，使得巴黎幾百年來沒淹過水。對於城市的規劃，主事者要有前瞻的眼光；若當政者不識基本建設之重要性，倒楣的就是可憐沒人疼的後代子孫。

真正的地鐵應該和城市脈搏息息相關，是城市的主要動脈。誰敢想像要是東京地鐵停擺一天會造成多大的經濟損失？台北的地鐵已經落後人家太多，現在再怎麼追趕，也只是一種彌補。我們期待未來會有那麼一天，台北的地鐵成為全體住民主要的交通運輸工具，此地住民的第一次地鐵經驗不再獻給國外的城市，讓台北成為擁有真正便捷地鐵的首都城市。

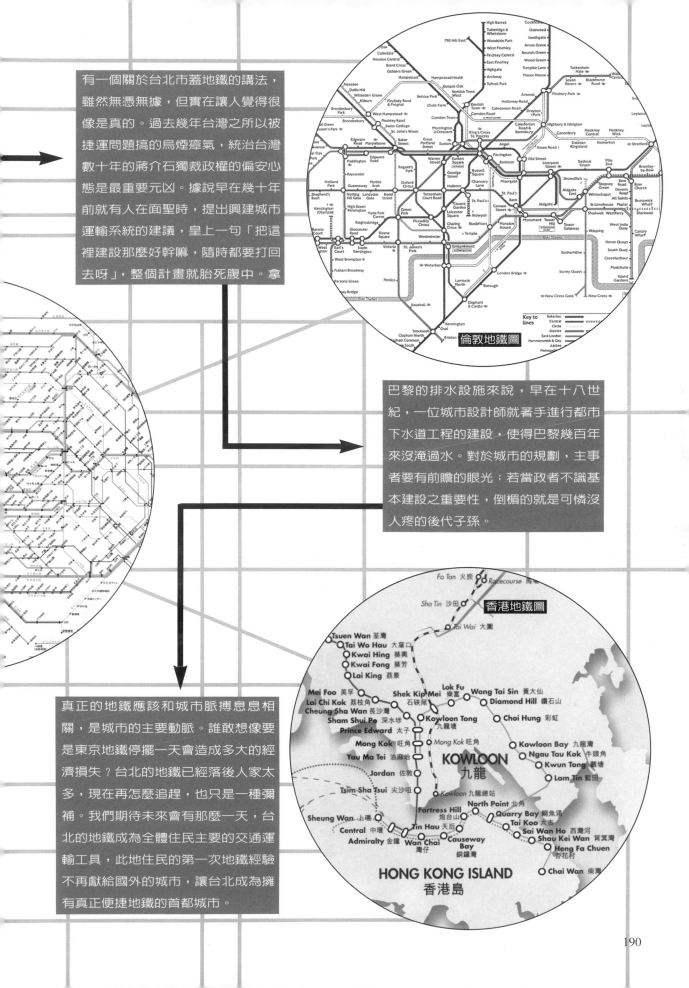

倫敦地鐵圖

香港地鐵圖

構成一條跑道
constitute a racing track

台北要被世人認識，最好的方法或許不是城市外交、可能也不是台北燈會。

站在一個市民也是賽車運動愛好者的立場，或許像摩納哥、或者像澳門，台北也應該找個週休二日的下午，把仁愛路、敦化南路、和平東路圍起來，從凱達格蘭大道出發，舉辦一場有六千名來自世界各地的記者、十三萬名觀眾參與，混合著攝氏800度高溫廢氣、超過一萬五千匹馬力的嘉年華會……。

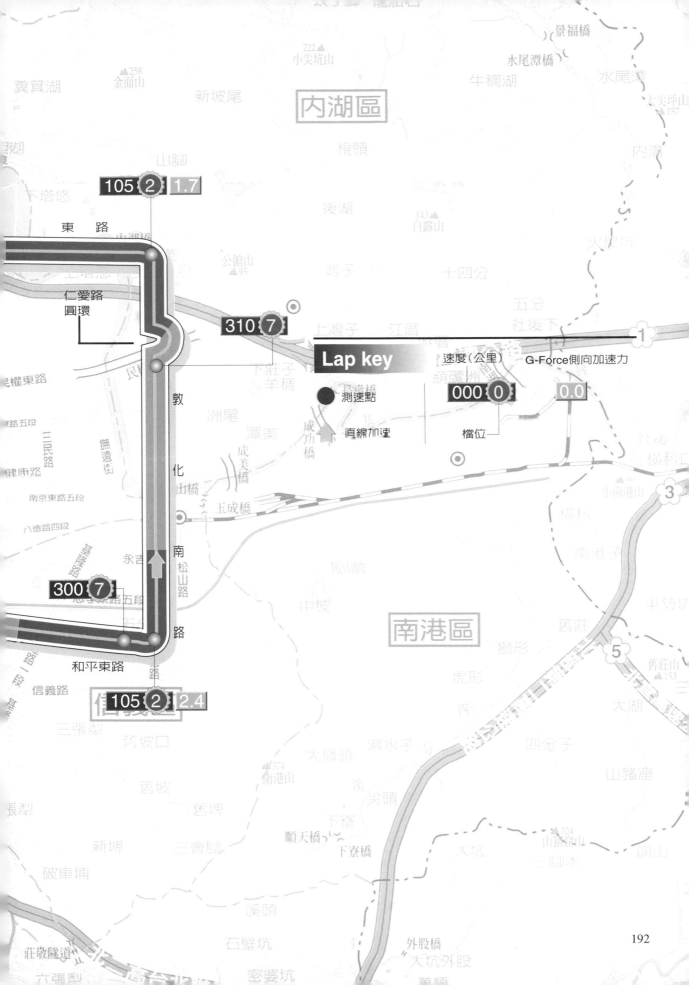

Lap key

● 測速點

⬆ 直線加速

速度（公里）

000 0

檔位

G-Force側向加速力

0.0

内湖區

南港區

105 2 1.7

310 7

300 7

105 2 2.4

192

你有機會成為伍迪艾倫

new yorkers have woody allen, now it's our turn...

全世界的任何一座城市裏，也許在紐約、也許在倫敦、也許在東京、也許在台北，都存在著一群知識份子背景出身、讀過一些文學作品和個人成長階段時所謂進步書籍、對外在社會現實環境不以為然、注重個人日常生活瑣碎細節的「中產階級」──小時候他們一致痛恨這個名詞，而伍迪艾倫電影裏呈現的情節種種，就是他們生活的反映。

伍迪艾倫是當今美國最重要的電影導演之一，然而他的作品甚少獲得美國電影文化中對於所謂「好電影」的肯定：無論是票房賣座或者奧斯卡獎。雖然他的電影不致讓片商賠錢，但頂多小賣；至於奧斯卡獎，只有1977年的「安妮霍爾」獲獎，甚至他還避不

出席頒獎典禮，躲在他常去鬼混的一家紐約小酒館吹黑管。

伍迪艾倫的電影幾乎完全以紐約為場景，但伍迪艾倫拍紐約跟別人不同，伍迪艾倫電影裏的紐約是「鉅細靡遺的紐約」：人物出入場所乃至談論話題都圍繞在紐約身上，從小地方表現紐約人獨有的品味。在他自導自演的電影《曼哈頓》中，他主演的男主角對著曼哈頓的夜景說：「這真是個偉大的城市，我不管別人怎麼說，它真是太棒了。」而他在別部電影中也出現過類似的對白：「如果離開紐約的話，我將無法做任何事。」大家一致認為這其實是導演的心聲。他在接受記者訪問時說：「這只有部分正確。我的意

思是，要看你所指的別的地方是什麼地方。如果是像巴黎、倫敦、斯德哥爾摩這樣真正的大城市，我想我可以在那裡過一陣子。但是如果可以選擇，我還是喜歡紐約。」

最佩服伍迪艾倫電影裡人物說話的能力，其中都有許多有意思的精彩對白，談話內容屬於某一類生活型態人們的common sense，這種對話的排他性極強，要是屬於不同掛的人，人家笑到翻桌，局外人也不知道他們到底在爽些什麼。

看過幾部他的電影之後，心中一直有個疑問，伍迪艾倫怎麼有能耐持續生產這麼多機智、詼諧、好笑兼具品味的對話素材。直到有一次自己跟幾個臭味相投的朋友扯屁，從搖滾樂、寫作、咖啡……文藝青年們會扯的那些東西無所不扯，從晚飯時間扯到半夜，忽然明白其實他根本不必刻意去創造編寫這些對白，因為如果平常他在紐約的那一掛朋友就是用這種方式講話的話：「晚上要去的餐廳絕對不要點主廚最拿手的前菜、本週紐約時報的書評簡直惡搞、如何在嚴重失戀不相信愛情的狀態開始追求下一段感情、如果沒有在下著雨的巴黎露天咖啡座被吻過那你就不算真正被吻過……」他不必去創造，只要摘錄就行了。說話的邏輯也不需要改變，頂多配合劇情需要作部份調整即可。

知識份子聚在一起不一定談的就是什麼偉大的不得了的話題，知識份子跟一般人一樣都非常喜歡打屁，只是知識份子會用他們自己的方式打屁。但是知識份子畢竟就是知識份子，他們就算用「龍兄虎弟」打屁的手法，卻可以談論嚴肅的文學問題；他們也很喜歡探人隱私，八卦起來絕對比菊八開雜誌的標題更毒更刻薄，但是你放心，他們打屁所呈現的語言風格絕對跟每天中午看「天天開心」的老百姓大不相同。

說到這裡，不免有點感慨。這幾年要不是台灣某片商老闆基於他個人對伍迪艾倫的愛好，否則我們幾乎看不到他的電影。就算如此，要是沒有在電影上檔的第一個星期去看，很有可能馬上就下片。至於導演早年的片子，現在連錄影帶或影碟都非常難找。

更讓人期待的是，將來有那麼一天，我們的城市也能誕生一位像伍迪艾倫這樣的導演。他拍完《曼哈頓》後表示：「我希望向大家傳達我對曼哈頓現代生活主觀浪漫的看法，希望一百年後有人看到這部電影的時候，會知道七〇年代紐約人的生活是什麼樣子。」

每次看台灣新電影時期的電影，最感動的常常不是導演鏡頭語言有多獨特，劇情主題如何反映台灣歷史悲情，而是鏡頭下已經逝去的城市面貌，例如《小畢的故事》襄陽路的街景，《海灘的一天》新生南路的冰店。如果真的有那麼一天，我們擁有了屬於台北土產的伍迪艾倫，不只可以把台北這座城市風景拍下來，還把台北這一代知識份子打屁的內容變成耐人尋味的電影對白。

正因如此，現在隨便一個人都可以說他／她有機會成為我們的伍迪艾倫。也許這就是許多朋友在台北生存的一個理由與不好意思說出口的夢想：成為第一個土產伍迪艾倫。

自閉者的便利商店奇想

comfort your ego in a convenient store

某天深夜，許久不見的 K 忽然打電話給我，說他就在我家附近，想見我一面。「其實也沒什麼事，只是太久沒有跟活人講話，感覺應該找人聊聊天。」他說。

K 是個有自閉傾向的傢伙，從我們在學校相識以來，他總是極力避免跟人群發展出任何關係──對他來說，「別人」就是「毒藥」的代名詞。K 擁有那種「對不喜歡的事物總是毫不保留地嫌惡」的特質，老實說，一直到現在，我都還是不懂他為什麼選上我做朋友。可能這個世界上能忍耐他的人本來就不多，而我們又剛好都喜歡七等生的小說吧。

彼此見到面之後，我提議吃點宵夜。無奈 K 這傢伙腸胃衰弱，打死不吃路邊攤，我們只好跑到便利商店，買了幾份微波零食和關東煮，配著冰啤酒，坐在公園的石凳上邊吃邊聊。我悄悄端詳著 K：他還是老樣子，一臉蒼白、漠無表情。不過我知道他並不是不高興，而是根本不懂得怎麼配合社交需要、「做」出合宜的表情來。

喝完一整罐啤酒，K 原本蒼白的臉整個泛起一片紅暈。他晃了晃腦袋，看著對面的街道，自言自語地說：

「去年我到日本旅行，一個人住

在大阪的商務旅館。旅館的房間非常小，住的通通是出差的上班族，只有我是觀光客。旅館的每層樓都有一個自動販賣機區，有香菸、飲料、零食和報紙雜誌。每天半夜，我都一定會到那裡去買一罐溫過的清酒，一邊喝，一邊看玻璃窗外無聲的夜景，那是一種既寂寞、又熱鬧的快感。」

「呃……我不是很懂。」

「沒關係。你知道嗎？我小時候就常常希望能把自己關在一個密閉的箱子裡，只留一個小洞通氣。你可以從洞裡看到外面的風景，但外面的人永遠不會發現你。箱子裡什麼都沒有，只有一台電話，我可以躲在箱子裡打電話跟外面的人講話，但是他們都不會反過來打擾我。」

「喔，原來你老早就是這樣！一方面害怕跟人接觸，一方面又不甘寂寞、不願意被埋沒，所以也過不慣真正與世隔絕的生活……。」

K 笑了笑，沒搭理我：「在旅館裡，我第一次感到小時候的幻想幾乎成真了。在那間擠滿了上班族的旅館，大家其實都只隔著薄薄的一片牆，這塊擺了好幾台販賣機的公共區域卻又顯得無比荒涼，它既是公領域，也是私領域。喝著清酒的時候，我心裡明白自己並不是一個人，我跟一兩

百個上班族在不同的時段分享著同樣的情緒。」

「可是你跟其他所有人的關係都還是斷裂的，不是嗎？」

「對，所以我說『幾乎』成真嘛。回台灣之後，我一直在幻想那樣的場景可以再做哪些補強，讓它更接近我的需要。你知道的，我白天盡量在家工作，又是一個人住，整天唯一會跟人發生『直接接觸』的機會，通常只有半夜到便利商店去買點民生必需品，這倒給了我一些靈感。

「你知道嗎？每次買完東西、工讀生找錢給我的時候，常常無意間碰到我的手。我最受不了被陌生人碰到手的感覺，一想到就渾身起雞皮疙瘩。所以我就開始幻想，未來的便利商店，一定是沒有人的。店裡不再有開架式的陳列櫃，只有一排排自動販賣機，大家各買各的，買完就走人。當然，它一定很乾淨，而且非常安靜——你只會聽到空調系統送風的聲音，沒有『歡迎光臨』，也沒有『這是您的發票謝謝』。

「這些自動販賣機圍成一座小小的城堡，你走到最裡面，就會看到一個吧台，賣機器現調的雞尾酒跟各種熱飲——味道只要不比三十五元咖啡差就行了，反正客人也不會太挑。每個座位都被擺在有隔間的小格子裡，彼此分開，座位前面是一塊觸控式螢幕，你可以刷卡選擇服務項目——這個部份就是我的重點。」

「我完全搞不懂。網際網路加提款機嗎？」

「不是，你聽我說。透過螢幕，你可以連線到便利商店的資訊中心，那裡就跟『生命線』一樣，二十四小時都有專業的心理諮商人員，準備跟你談話。你可以在這裡放鬆自己，把想講的話吐個痛快。」

「我沒聽錯吧。你真的想跟諮商人員聊天？」

「說真的，想。而且我相信以後這方面的需要會愈來愈多。我想以後很多醫院的工作，像健康檢查之類，都可以交給電腦來做、整合到便利商店去，可是心理諮商卻一定要受過訓練的『真人』才能處理，所以非要有個日夜輪班的資訊中心不可。」

「可是為什麼非要跑到便利商店去做呢？在家裡上網路直接連過去諮商，不就行了？」

「不行，就是不能一直待在家裡，我需要的是『具備私密感的公共空間』，讓我保留一點在人群中維持寂寞的權利。我一定要每天半夜三點上街買東西，趁著街上沒有人的時候呼吸一下外面的空氣，在不必直接發生任何接觸的前提下，找到願意聽我說話的人，就是這樣。」

「就為了這個，你在每間便利商店都要弄一個無人吧台，還大費周章搞一個中央資訊中心？」

「文明的進步，不就是利用更高的技術跟效率，去滿足那些相同的需要嗎？」

「大概吧。」我嘆了一口氣，抬頭望向灰濛濛的天空：「可是現在我覺得，便利商店還是應該優先發明『全自動熨衣機』比較實在。你看現在天都快亮了，我一大早還要去上班呢……。」

李居明永遠的遺憾
——台北何時有巨蛋？

the taipei dome : sport fan's aching dream

旅日棒球名將郭源治，1997年三月「正式」
從中日龍隊的投手丘退休。所謂「正式」是
有典故的，因為事實上1996年十月日本職棒
球季結束，郭源治就準備終止職棒生涯。
但是當時中日龍隊正在興建的主球場
「名古屋巨蛋」，恰巧要在下一個球
季開始啓用。於是球團特別安排
他在新球場的開幕賽先發主
投，表示對他的尊敬與重視。

本職棒幾
十年歷史裡，沒有
幾個人做得到。

告別賽最後的典禮，大郭在球
場上發表了一番無比感性的談話：
「打棒球十六年，讓我體認到唯有不斷
努力，夢想才會實現，我要感謝提供打球
環境給我的台灣，和讓我到日本從無到有的
中日龍隊。我想我是台灣和日本最幸福的
人。」

大郭的告別賽，先發一人次後退場。對
手不是別人，正是近幾年日本職棒紅的發燙
的年輕巨星鈴木一朗。大郭請捕手傳話給鈴
木一朗：「第一球不要打」，他不希望只投一
球就完成這個得來不易的「儀式」。一朗站上
打擊區，中日隊的捕手將大郭的意思轉告，
他也真的沒有揮棒打第一球，所謂「英雄惜
英雄」，應該就是這個意思。

話說完，大郭牽著一樣穿著三十三號球衣的
小女兒和一對雙胞胎兒子繞場一週，觀眾席
上不時傳出「源治．源治」的日語加油聲，
透過電視鏡頭可以看到，許許多多的日本球
迷擠到內外野看台最前面，等待大郭經過時
跟他揮手告別。而大郭的日籍妻子抱著最小
的孩子在看台上不停地拭淚，這是一個職棒
選手一生當中最榮耀的時刻，卻也是他身在
球場的最後時刻。

這一次的投打對決，大郭讓鈴木一朗揮出不
營養的飛球被接殺，這樣的結果讓大郭極有
面子，他解決這個打者之後旋即被換下場，
等待球賽結束後的「引退儀式」。

上了年紀的台灣棒球迷應該知道，大郭是第
一代金龍少棒隊成員，當年台灣第一批在威
廉波特拿下世界冠軍的少棒隊，他就在陣
中。他也是台灣那一代的棒球選手中最早到
日本打天下的先鋒，郭泰源、莊勝雄都算是
他的後生晚輩。大郭在日本職棒創下的「一
百勝一百救援」紀錄，相當難能可貴，在日

大郭繞完球場一週後，
所有中日龍
隊的監督教

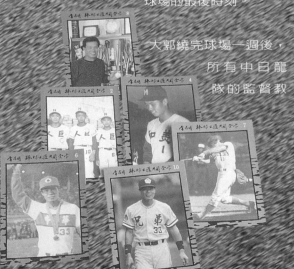

198

練以及球員在休息室前一字排開，歡送大郭的引退。大郭向長期賞識他支持他的星野監督擁抱、靠在他的肩膀上激動地流下英雄淚，大郭用球技征服了日本，中日龍隊也用最隆重的方式回報這位來自台灣的強投。

後來大郭舉家回台，投身台灣職棒，希望回饋所學給曾經孕育他成長的台灣棒壇。但是身為一個球迷，當第一次看到大郭穿著台灣球隊的球衣，站在台灣長年失修的棒球場時，整顆心都快碎了。我想沒有任何一個棒球迷忍心看大郭站在坑坑洞洞的投手丘，整個畫面太不堪了；那根本是我們對他揚威東瀛球技的一種侮辱。

帶領中華成棒隊在1984年洛杉磯奧運拿下棒球銅牌的總教練吳祥木，在當年九九體育節前發表過這樣的想法：「如果我將獲得的不是一塊獎章或獎金，而是提供中華成棒隊一個標準訓練場所的承諾，看到明天的陽光，我會有更踏實的感覺。我國棒球運動的技術，已具有世界一流的水準，但是為什麼在國內找不到一個一流的球場與一個標準的訓練場地呢？在美國和日本，任何大學的棒球場都有完善的設備，相形之下，我只能說，我們的球員太可憐了。」

沒有想到的是，台灣的棒球選手從1984年一直可憐到十四年後的現在。即使我們有了職棒，從職棒元年打到九年，台灣的棒球場還是維持老樣子。

我們現在要趕快把巨蛋蓋出來，最重要的並不是為了讓球迷們有個舒適的環境看球，也不是只為了要提供現在和將來的棒球選手有一個可以發揮球技的場地，要緊的應該是給大郭乃至李居明那一輩的棒球選手一個交代。他們從小代表台灣到世界各地征戰，帶給我們數不盡的回憶和感動，現在他們差不多都屆臨退休。許多球迷最盼望的，莫過在未來的台北巨蛋，盛大地為他們一個個舉辦退休儀式，那也許是虧欠棒球員太多的台灣唯一能夠對他們所作的補償吧！

活著樂隊
are live bands alive?

Live Band直接翻譯就是「活著樂隊」。在台北，搖滾樂隊該怎樣live下去？這實在是個尷尬的問題。依1998年夏天的狀況來看，這座城市固定讓搖滾樂團表演創作歌曲的pub，用一隻手就可以數完，或許還有找。

在這座城市，搖滾樂團的數量永遠跟不上麥當勞分店增加的速度。在這樣的環境下，搞團青年掙扎得格外辛苦、格外悲壯。不少聽過台北土產樂團表演的人喜歡拿歐美的範例做比較，然後嗟歎自己的樂團多麼需要努力，這樣的比較是荒謬的：我們所能聽到的歐美搖滾樂團，無一不是激烈競爭之後脫穎而出的秀異份子。據說光是舊金山一地，就有三萬個樂團在廝混，也就是說足足有十幾萬人在玩團，連街頭表演的藝人都必須具備高度專業水準纔混得下去。而真正能脫穎而出、取得一紙發片合約的樂團，只有寥寥數十個而已。拿這些精挑細選的「夢幻隊伍」，跟一邊唸書一邊偷偷時間練團，連表演場地都沒有的在地樂團相比，結果不言可喻。

況且，歐美的樂團一旦發了唱片，就有揚名立萬的機會，從此鹹魚翻身、名利雙收，以往的艱苦打拼都成為甜蜜的回憶了。在台北則不是如此：翻開台灣流行音樂史，從早年的薛岳、趙傳到現在的伍佰，都是歌手個人魅力遠遠壓過樂團整體的形象，純粹以樂團形式揚名立萬的前例，恐怕連一個也沒有。在台北，要靠玩團名利雙收，幾乎是做夢。

但也正因如此，台北的玩團青年反倒沒有什麼包袱，不必刻意妥協或者迎合什麼。若是考慮環境惡劣的程度，他們表現出來的生命力，更不能不令人驚嘆：這兩年，台北的樂團表演場地紛紛倒閉，只剩下愛國東路的Roxy Vibe、新生南路的「女巫店」和師大路的「地下社會」還在苦撐。樂團必須將就簡陋的器材和侷促的場地，時時面臨鄰居抗議、警察騷擾，才能累積臨場經驗。若沒有倔強的執念，這條充滿挫折感的路，不是每個人都走得下去的。在這麼糟糕的環境下，新生代依舊培養出好幾個具備大將之風的樂團，做出了連老外都服氣的優質搖滾樂：喜歡用重金屬表現長篇鉅作的「閃靈」；收放自如、酣暢淋漓，擁有全城最佳鼓手的女子樂團「瓢蟲」；玩迷幻緩飆得心應手的「甜梅號」；流氓味十足的傳奇組合「濁水溪公社」……這些樂團，正在用優雅的噪音，替九○年代的台北修史。

或許會有那麼一天，翻開「台北本週活動一覽表」，你會看到二十幾條搖滾樂團演出的資訊，還可以依照城市導覽手冊對各個場地風格傳統的描述，選擇一間最對味的pub看表演，消磨一整晚——沒錯，就跟我們在東京、倫敦、柏林會做的事情一樣。假如這樣的美景真的來臨，我們也絕不會忘記二十世紀末這些開疆闢土的先賢先烈，這些放肆粗礪的噪音，這些掙扎著生存下來的，「活著樂隊」。

個人

在最後一個理由之前的部分，

是這本書五位作者的個人理由。

在這座城市生活的每一個人，

都有屬於自己私人的存在理由，

勢必個人主觀，

可能浪漫抒情。

這裡，是作者個人的拋磚引玉。

聲音與憤怒
the sound and the fury

《舞·舞·舞》裡頭的「我」曾說過,「福克納的小說,在神經有某種倦怠感時讀起來,非常能夠理解」,這個被困在大雪中等飛機的「我」,所指的福克納的小說,正是《聲音與憤怒》。說老實話,我從來沒有讀過這本小說,也不知道為什麼福克納要拿莎士比亞《馬克白》的典故來當成書名,不過,這個書名倒是非常貼切地展現出我個人對於這個城市的某些感受。

說來有趣,我的耳朵並不是特別敏感的,至少在採買音響或者聆賞音樂等相關事務上,完全沒有能夠像指揮家小澤征爾校調音樂廳座位一般的特異功能。但是在日常生活的小細節上,這對不怎麼好看的傢伙,卻經常高度展現出處女座A型吹毛求疵的特性,讓痛恨上帝沒有設計好「聽覺關閉功能」的我,倍感痛苦。

構成我生活上痛苦的噪音,有許多種層次。最顯而易「聽」的,也就是那種連正常人應該都會咬牙切齒的「音波類環境公害」,例如故意拔掉消音器的無聊白痴機車騎士或者小流浪動物狂吠幹架求愛的喊叫,或者不分白晝黑夜在偌大的台北市除了博愛特區尚未被污染其他地帶一律必須被迫接受的燒酒螺甘蔗雞(為什麼在便利商店三步一家的城市

裡,還得在半夜聽到燒酒螺的廣播叫賣,著實令人費解,而且更奇怪的是,一聽到那個女人的特殊音頻,我便不自主地動起砍人的欲望),或者公車上惱人的卡帶或收音機放送的千奇百怪無奇不有的噁心歌曲或者言談,這種令人作噁的聲響,無關乎北京話閩南話客家話英格蘭話扶桑話哪一種腔調的發音(所謂「公共空間」仍應該是值得相關學者努力研究建構的課題:為什麼我們付了錢搭公車或者計程車卻必須在聽覺上被強暴?),或者在戲院裡的嚼食口香糖或者萬般搓揉塑膠袋以取食甚至呼叫器行動電話響個不停(這些人的通訊器材難道都沒有震動或者關閉的功能嗎?至於那些膽敢在戲院或密閉式的表演場地裡公然講起行動電話的傢伙,in my humblest opinion,乾脆立條法律讓被干擾的人將他們比照現行犯槍斃算了)。

除了這種具有普遍感染力的噪音之外,因為住家環境的緣故(在台北舊市區的老公寓,真能讓人體會到什麼叫做「雞犬之聲相聞」,也就是每個人都知道咒罵鄰居時需放低音量),我常常可以在「夜深人不靜」或者「中午一大早」剛起床的時候,藉由種種具有慣性作用定時發作的怪異聲音,打探到鄰居的生活作息、婚喪喜慶,乃至應該只出現

在個人日記本裡的喜怒哀樂，因而與他們建立了一種詭異的認識：

有一戶鄰居的勤勞媽媽，習慣在我即將就寢的三四點開始洗衣，每當她一扭動洗衣機的開關，倒數計時的碼錶聲伴隨注水聲與衣物攪拌的雜音，總能讓我又一次在棉被裡咒罵所有地球文明然後孤獨地飽嚐失眠的樂趣。

另一戶洗衣的時間雖然早在凌晨一兩點就結束，但是接下來的才是精彩的部分。他們家的人口結構大致如下：兩個三十歲左右的兄弟，都已經就業，未婚並且與父母同住。正對我房間的他們家晾衣物的小陽台，正是他們兄弟與母親每天親情交流的場子，從兩兄弟的辦公室八卦事，到月旦親朋好友政治人物，不時還會傳出陣陣表現出和樂融融的歡笑聲。

「陽台晾衣會議」家的隔壁樓下，有一對年約四十的夫妻，感情甚好，育有兩女一男，分佈於國中至高中階段；平常因為黃昏之後小孩紛紛下課回家，可能造成世代之間無謂的困擾，所以這對夫妻要做愛做的事，通常得挑孩子們不在家的時候比較方便。根據非正式統計，他們最常愛愛的時間，約在日正當中的十二點左右（我至今沒有機會當面訪問他們，所以請不要問我為什麼他們最喜歡中午時分的激情遊戲）。如果我又睡過了頭留在家裡吃午餐，除了當個孝順的乖小孩陪媽媽看「天天開心」之外，常常還有令人尷尬的嗯啊聲下飯。

住家環境品質產生一種人與人之間的怪異認識，而出了家門之外，則是因為個人的怪癖或者反社會的性格，我還享受到許多一般人可能不會被影響到或者不太在意的聲響。

在圖書館裡碰到那種非得以號稱「默唸」但實際上卻是"murmur"的方式吸取知識的莘莘學子，除了怪罪萬惡的升學主義之外，一時也沒有別的法子。不過除此之外，對於膽敢在圖書館裡睡到流口水並且發出香甜鼾聲的K書一族，或者把公共閱覽室當成自家KTV包廂而不顧眾人或妒忌或譴責的目光明目張膽製造接吻聲響的新新人類，有關當局實在不宜睜一隻眼閉一隻眼，而應儘快提出治本的方案以謝國人。

在彼此雖然不認識，但座位被迫距離不到十公分的餐廳裡，看著對面坐的不認識的同胞，以「上唇絕對不與下唇接觸」的方式大口咀嚼的慘烈畫面，以及相應出現的「身歷聲口腔配樂」，總會讓我覺得進食這檔子事，應該也像食物殘渣步出人體的方式一般，得在有隔間的空間裡私密地進行⋯⋯。

說實在的，在這座城市裡，還有三千八百種以上在我聽來絕對是不堪入耳卻又描寫不盡的聲音，而這些聲音，也確實造就了我滿肚子的憤怒。有時想想還真擔心，我的晚年是不是註定得像徐四金的《鴿子》裡的孤單老人一樣。不過坦白說，如果能在聲音管制嚴格得出名的日耳曼城市中度過晚年，好像也還不錯吧，反正「人生嘛，還不就是這麼回事兒」，就像莎先生在《馬克白》裡所說的一樣：Life is a tale, told by an idiot, full of sound and fury, signifying nothing.

時間是沒有堤岸的河流

time is a river without banks

假如可能,我想講講關於「懷舊」的事。不過這件事情很不好講,努力想了很久,還是想不出一套完整的台詞,只好想到哪裡講到哪裡。

朋友用「懷舊」這個字眼描述我的時候,腦海中總會浮現一個堅持穿唐衫戴懷錶用毛筆寫信的怪ㄎㄚ,或者時至世紀末還穿戴珠鍊喇叭褲和水染長袍、滿嘴「愛與和平」的假嬉皮。我並不清楚「懷舊」算不算得上是一種「指控」,但是這個字眼好像總有著若干反動氣味。

我當然不穿唐衫、更不穿喇叭褲。我也不喜歡「懷舊」這兩個字，但又找不出取代的字眼。對我來說，所謂的懷舊，其實是對過往情事的耽溺、對回憶與傳奇的執迷、關於城市歷史與個人生命史的拼疊，還有那些壯烈的、荒謬的、詭奇的夢想，是如何在這座城裡起起落落。「懷舊」，並不是毫無節制地耽溺，而是站在歷史的基礎上，讓現在的自己找到生存下去的力量。

城市總是疊著城市，悄悄生長。新城市在舊城市的表裡滋長茁壯，昨天的城市躲在今天的城市暗影裡，慢慢沉澱下去，滲透到每個角落，成為你我記憶的一部份。然而這也是一個不斷把基座拆毀重建的城，不斷拼貼補綴漫無章法的城。舉目四顧，彷彿只有醜陋的物事才能屹立不搖。「在這沒有肩膀的城市，你底書第三天便會被搗爛再去做紙」。記憶的累積是片斷零碎的，風吹即散，彷彿整座城市就是一個超級轉車站，每個人都在遷徙的半途落腳歇息，隨時可以打包離開。

然而，即使真的離開，之後該到哪裡去？好像沒有幾個人知道。我們的共同記憶就這樣零落散佚，城市的面目變得模糊，甚至可憎。大多數時候，這座城僅僅意味著從一個室內移動到另一個室內的過程，我們漠然觀看窗外的風景，對這座城市的穢亂與狼狽視若無睹，彷彿它從開天闢地以來就該是這副樣子。

所謂的懷舊，其實是在找尋集體的記憶、重建那座沉埋在暗處的舊城，那段屬於前一個世代的青春期，既年輕、又古老的紀錄。懷舊並不是復古，而是對過往情事的重新審視。

所以，你問我為什麼要懷舊？我會說，一旦失去歷史，我將不知道該拿什麼來應付未來。你問我為什麼對未來缺乏自信？我會說，夢想依舊是有意義的，但在戰場確認之前，不能盲動躁進。你問我為什麼不徹底拋開歷史包袱、大膽創造自己的前路？我會說，人們創造自己的歷史，但是他們並不是隨心所欲地創造，並不是在他們自己決定的條件下創造，而是在直接碰到的、既定的、從過去承繼下來的條件下創造（這不是我發明的，這是馬克思說的話）。

我遙望著錯開了一整個世代的舊事，透過泛黃的紙頁與網點粗礪的相片，揣想著彼時的人事物。我曾經相信，改變未來的契機，就埋藏在這些過往的紀錄中，在你我的父母猶然年輕的時刻。那些逝去的青春容顏，與年輕的我相互衝撞，讓歷史有了血肉，讓年輕的我輩懂得謙卑。

一直記得以前讀過的一段話，「假如你生命中值得回憶的事比值得寄望的事還多，那麼你就是真的老了」。仔細想想，生命中還有許許多多事情值得寄望，我畢竟還不老。所謂的懷舊，當然不是最終的目的。你逼視著一項項的歷史細節：一扇窗戶的造型、一首歌的間奏、一本書的裝幀、一段電影的燈光……，它們不僅僅在解釋這座城市的來處，也暗藏著這座城市的未來。

人因有夢想而偉大
因不自量力而愚蠢

your fantasy is my reality

所謂「台北不適應症」是成立的，你不需要常常出國比較、也不必細心檢視這個都市的毛病，它就這麼自然而然的形成了。你可以問一百個人，大概有九十個都能夠說出十個以上對這個都市的埋怨，另外十個比較樂觀的人大概也只能講出例如：因為我住在這裡、因為這裡的錢好賺、因為習慣了等等非常被動且好笑的理由。這種理由只能代表台北人強大的壓抑能力和已經成為慣性的鴕鳥心態，基本上並不具有一個值得生存的城市應有的住民態度。

在這個都市生存必須有三種以上的人格，隨時可以變換十種以上的表情以及四種以上的聯絡管道（很多人超過六種，包括電話、傳真、呼叫器、行動電話、email和傳統郵件）。擁有這麼多通訊管道並不代表這些人身居要津、日理萬機。因為這是流行，講穿了只不過是為了確認自己存在的方式而已。但是在這個扭曲的都市裡，有時候這也是認同的象徵，兩個上班族沒事在咖啡店裡比一比誰的行動電話收訊比較好，順便談談民營

電信公司的未來發展等等，有時候這就是話題的開頭，如果手上沒有一隻電話，那就等到適當的時機在插入話題吧，不過熱絡的程度就有差別了。

在這個都市你隨時有可能成為短暫的明星，或者新聞事件的主角。早上可能你受邀參加一個廣受歡迎的現場call in節目，談談你的專業、教育聽眾一些必需的大道理；下午你可能和計程車司機在路邊吵架或者和交通警察辯論規則的不合理。除非你位高權重，回家吃飯有警察開道，不然恐怕都免不了許多惱人的瑣事：咒罵刮傷愛車板金的笨蛋、冒著被拖吊的危險繳停車費、閃躲人行道上的摩托車、忍受沒有公德心的鄰居、包容上司奇怪的價值觀等。日復一日，年復一年，這個盆地就是台北市民的集體修練場，等到你練就了蟑螂般見縫就鑽、遇事就閃的工夫時，你就算是一個「得道」的台北市民了。

在這個都市裡，每一種價值觀都可以被扭曲，只要找出一種說法或理由。你可以解釋

不贊成並不代表反對、把每一種和性有關的辭句編成黃色笑話、斷章取義的解釋別人的話語。這一切都不會造成永久性的傷害，反正每天都要看超過六張的報紙、好幾節整點新聞、分別和十幾個人談好幾件事情再加上不得不關心的辦公室和演藝圈的八卦，每天都有新的資訊排隊等著擠掉腦中的過去。明天不會有人真正在乎今天發生的事情，這個都市只有新聞，沒有歷史。

或許不是每個人都如此可悲。總有一群人，或許說他們有夢想，值得同情；或許說他們不自量力，愚蠢不堪。其中的分別就在於事情的結果是成功還是失敗。我聽過二十個人（好像也包括我自己）說他們想拍電影、聽過二十個人說他們想開店、聽過二十個人說他明年要結婚。他們會告訴你這是水到渠成的事情，一切都符合環境或市場的需要，並且有足夠的證明顯示他的獨具慧眼。結果雖然同樣的壯烈，但是多了二十個不同的故事可以作為話題和笑柄。想拍片和開店的二十個人依然在同樣的工作環境裡安身立命，想

結婚的二十個人依然在想像明年的婚禮。只不過多了一些社會不公、環境不好的埋怨罷了。

事實上，在台北要實現夢想就像在搞一場轟轟烈烈的革命，你必須找到適當的人和足夠的經濟支援，花幾十張紙寫企劃案，耗費幾十個鐘頭說服他們同意你的想法，或者花幾個晚上說服自己讓他們強姦你的創意，然後在適當的時機投入絕對的心力，祈求足夠的運氣，事情才有成功的可能，而且只是可能。台北一直是這樣，每一個人都在玩這個細節不同，規格卻一樣的遊戲，而且樂此不疲。遊戲的可貴就在於人人都可以玩，但是結果卻未必相同。這個城市到處充滿了荊棘與陷阱，怕痛、怕受傷就停在原地，自己做享受安樂的大夢；真正的成就感是屬於滿身是傷疤，但是卻把它當作勳章的人。施明德說過：「以有限的資源發揮無限的可能，就是浪漫」。在台北圓夢雖然是一場革命，結果未必盡如人意，但是起碼可作的就是把它變成一場浪漫的革命。

相信大家在小時候一定都寫過「我的志願」吧！當然我也不例外，那時我的唯一志願是當「太空船船長」，像Star Trek影集中的畢凱艦長，在人類未知的領域中探險，既浪漫又充滿挑戰性；至於什麼是「藝術家」，我想也只有天知道了。

至於為什麼會走上「藝術家」這條路，到現在為止也還有點莫名其妙，就像許多人從來不曉得他該做些什麼，卻也搞得轟轟烈烈，這個世界充滿著太多的可能性與機會，有時機會來了，擋也擋不住；很幸運地，台北就是一個充滿了不確定性，到處是機會的奇異城市，她就像在廣闊銀河世界中，一個包容萬象的星體，她擁有的別處沒有，別處有的也大多能在此發掘。既然星艦船長做不成，藝術家這行則換一個方式去達成，由外在的大宇宙向內去探索深不可測的心靈宇宙，再將自我挖掘出的領域創作出來，展示這塊人類心靈地圖的小小疆界，一小塊一小塊地拼湊出屬於個人的小宇宙，是做為藝術家的一種幸福吧！

當然，所謂的幸福都是要付出代價的，藝術家要能自由自在地於個人宇宙中冒險，還是必須要考量現實的。就拿我個人來說，由於無法靠創作獲取收入，打工反而成了不固定收入的重要來源，舉凡投搞、接美工案子、拍產品、畫電影看板等，收入雖不穩，卻也能勉強過得去；也因為透過各式各樣不同的磨練，反而練就一些在學校學不到的實際經驗，對個人創作也有一定程度上的幫助。最主要的是透過這些打工的機會，認識了許多朋友，原本以為是孤單地在浩瀚天地間流竄的追尋，竟也有不少懷有同樣抱負的年輕人，在從事著這樣的冒險活動；首要的條件就是要「省吃儉用」，再來要能「忍受孤獨」，最重要的是「最低限慾望」，像什麼結婚、生子、房子、車子、銀子等世間的價值標準對我們這種「波希米亞人」來說，簡直就是一種奢侈，甚至就像豪放不羈、數十日不清潔的另類傳教士，在物質豐厚，五光十色的大台北都會中，用個人微薄的現實力量及充滿夢想的烏托邦自信，提供大眾通往另一個世界的窗口。

有時不禁會反問自己為何要當藝術家？就像我曾畫過的一幅作品「孤寂之外無它」——一名懷有高超技藝的吞劍小丑，為了展現他過人的勇氣並帶給觀眾快樂驚奇，將一支特長的劍沒入自己的喉嚨內，再由屁眼穿出，觀眾大聲叫好，但他卻無法將劍拔出，因為劍頭是倒勾的，一去不回頭的；於是吞劍人就只好撐在那裡，嘴巴說不出任何話來的雙眼望向遙遠的天空。我想，作為一個藝術家，多少也有一點悲壯和孤絕吧！

跑了世界許多大城市，最想念的還是台北，雖然客觀環境對藝術創作來說仍很惡劣，但這裡臥虎藏龍，看似危機四伏卻到處是機會，對我們這種搞前衛藝術的人來說，反而能激發更多更強有力的創作；我常常會以武俠小說中的「降龍十八掌」的最後一式——「戰龍在野」，來勉勵自己，真正具有戰鬥力的龍肯定來自草莽，他必須通過各種生存的考驗，那樣的作品才會真誠，才有生命力，而後感動人心。

我想，作為一名藝術工作者在台北生存的理由，而且是唯一的理由是——你只要相信你能成為什麼，你就能成為什麼。

不做革命先烈，寧做開國元勳

born to run on the thunder road

〔註〕本文標題一如往例，出現在某次冗長的會議之中，究竟誰是原創已無據可考。

這是一本關於夢想和理想的書。夢想究竟所指為何，這本書不過是眾多目標中的一個代表而已；至於理想的具體落實，就是製作這本書的過程。如果我們照著社會為我們畫好的路走，就不會有這樣的一本書誕生，而我認為總得有人作這麼一本書出來，這個市場也應該會歡迎這樣的書才對。

這幾年的日子，不管別人是用什麼角度來打量自己，說服自己持續創作這條「絕對吃不飽但很可能餓死」的路，不為別的，只是想要去證明，在所在的這座城市做自己想做的事，絕望並不是唯一的出路。

曾經不只一次告訴身邊的朋友，世上沒有絕對做不到的事，只看你想不想去做。可以成功的人並不是他最有能力，而是他最想成功並努力付諸行動。快樂的事，往往與痛苦相伴，為了出一本可以實現夢想帶給自己快樂的書，在創作時絕對非常痛苦，不過若不經歷痛苦，快樂永遠不會來臨。

為了這樣一本不被主流出版體系認同的「怪書」，我和一起為這本書賣命的戰友各自承受了旁人無法想像的壓力與期待，侯導《南國再見·南國》中一段對白適足以代表我們的心情：「算命的說我這個人無論做什麼都得過五關斬六將，靠！我開個餐廳也要過五關斬六將，你叫我拿什麼去跟阿櫻談將來？」

我們都很清楚，要是連「俗辣」也不好好做，很有可能連「俗辣」都沒得做。反映在

工作上的態度就是懂得妥協，隨時提醒自己面對妥協這件事。妥協這種東西，完全看當事者怎麼樣去解釋，對我來說，妥協與專業息息相關，專業的意思就是要懂得妥協。要妥協不是隨便說說而已，要進行妥協這件事，意味著妥協者有一個更高的理想或標準在心裏。在這個社會上最缺乏的，就是懂得如何去夢想但也知道如何去妥協的人。如果台灣會有希望的話，前提大概在於這個社會擁有一群「知道為什麼要妥協的人」。

建築大師Frank Lloyd Wright 說過一句話："If it sells, it's art"不管大師的原意如何，我想到的是，自己的作品能不能賣出去，絕對是此時此地的創作者不能去逃避的根本問題。所謂的賣，應該不侷限於通俗定義下的暢銷，一個作品能不能在市場上獲得共鳴，除了努力還得加上天命；但是能不能具備實現理想的執行力，同時把握機會使出全身的氣力奮力一搏，作出一些讓人刮目相看的東西，絕對是個人努力範圍之內可以拼命去促成的事。

當然也會有人批評這樣的態度："If it sells, it's art, but maybe it sucks a lot"這似乎是在這座城市從事創作相關行業永遠爭辯不休的話題。常常覺得創作者最可悲的地方，在於沒有辦法通過自己的作品與世界取得溝通和被瞭解。一位朋友打趣地對我說，在這個時代從事創作並且希望有起碼的尊嚴，絕不是跟隨前人的腳步依樣畫葫蘆，而是在不同的時代處境裡，找到「自己願意、同時自己也

可以接受的方式」去努力工作。

雖然從未寫過什麼暢銷不得了的偉大著作，在可以預見的將來也看不到有任何的可能，不過心底一直相信，暢銷並不等於主流，只不過通常主流的東西比較容易暢銷。可以暢銷的東西一定不會只有主流而已，主流與所謂的另類之間其實有著很大的空間地帶，可能是次主流、非主流乃至真正純粹的 underground。要在市場上獲得主流的銷售業績，如果操作得宜，後者並不完全絕望。也許成為主流需要很多運氣，但堅持不是主流只要一點脾氣就足夠。

現在最不能忍受人家說，有多少好點子在他的腦中，如果做出來的話保證天下無敵。這個世界要看的是你做出了什麼，而不是你想到什麼。說和想比做簡單太多，這是廢話，卻有很多人樂此不疲。這個社會不清醒的人本來就不少，萬萬沒想到身邊的人就是不清醒的那群人。台灣這一代年輕人最悲哀的地方，就是擁有很好的批評壞品味的能力，卻沒有起碼生產好品味的實力。看戲就看戲卻又好發議論，明明自己家裡有玻璃窗，偏偏又愛朝人家的房子丟石頭。越來越覺得這年頭想要革命者本身的問題，和革命所要面對的問題一樣巨大；真正的革命需要的是想到拆窗戶立刻就去拆的人，而不是在那邊想半天想一大堆、卻什麼也無能為力的人。

向來討厭跟大家喜歡一樣的東西，沒辦法，天生反骨，但是我卻和這座城市的許多人一起喜歡芝加哥公牛隊，不過我的理由可能和別人不同。公牛隊是個有學問有哲理有深度的籃球隊，多少次失意難過的午夜，陪伴我渡過的是菲爾傑克森教練的自傳，其中講的

就是公牛精神。傑克森教練在書中寫道：「理想是領導的源頭，萬事皆始於理想，一切都有可能。我提醒自己，理想可以崇高，但不能流於空想，因此我不僅要考慮自己究竟想達成什麼目標，還得衡量如何才能達成。」

人們總是只看到成功者輝煌的一面，像八年內六連霸的公牛王朝，我更感興趣的卻是他們之所以成就霸業的關鍵所在。傑克森教練書中提出的見解，給了我莫大啓示：「儘管比賽變化莫測，但我們的運作方式卻指出真正的核心……我們捨個人、運用『一體』的力量，超越球員各自為政，削弱球隊的自我力量。」這應該是想要在困厄環境殺出一條血路，非常值得參考的一種團隊運作方式。

當忠烈祠已經人滿為患，新一代的「文化工業參與者」何必爭先恐後對號入座，在光榮戰死與伺機突圍之間，前者的骨灰已經滿出來了。於是我和我的工作夥伴在這座城市賺吃之餘不免幻想，也許會有那麼一天，也許就在這一本書，讓我們的夢想兼理想「不做革命先烈，寧做開國元勳」得以實現。雖然當革命先烈太操，作開國元勳也很累，也許什麼都不要去想，會讓自己比較容易活得下去。但是對「俗辣」來說，餓死和累死其實是一樣的。

《在台北生存的一百個理由》
——關於這本書的誕生
the long and winding road : the making of this book

這是這本書的最後一個理由。我們很自私地把這本書列在台北生存的理由之一，因為對這本書的
每一位作者來說，它都構成了過去兩年生活的一個重要部份，也是一次畢生難忘的合作經驗……

緣起——關於「四神湯工作室」

如果要把這本書的作者們用「工作室」組合起來，光是討論工作室名稱就會耗盡無法計算的體力與精神。但如果勉強要提出一個代稱的話，「四神湯」一直是我們私下互稱的一個慣用詞。最初只有許、馬、陳、黃四個人，剛好一人一「神」。後來姚加入，我們就有了美味的湯頭。

至於這本書的源頭，則可以回溯到1996年。廣播人李文瑗找馬世芳協助製作「台北有點晚」節目，接著邀請許、黃、陳等人共同組成企製小組。「在台北生存的一百個理由」這個概念，就是由陳光達在李文瑗的節目中提出的，並曾與《中國時報》人間副刊合作徵稿。1997年春，把它製作成平面出版品的概念漸漸成熟，我們決定自己包辦所有文字與圖像的撰寫、拍攝、編輯，進行這樁高難度的出版計畫，希望能嘗試出一個沒有人做過的出版類型。

做freelancer並不是一個容易的夢想，「四神湯」的成員在這一年半裡在好幾個工作中進進出出，試煉著自己在大社會中的適應力，心中總是百味雜陳。如今書真的做出來了。就像一個成員個性互異的搖滾樂團，在無窮無盡的爭執和高低潮交替之間，依舊各自發揮所長、交出了一張值得紀念的專輯。至於好不好聽、該打幾分，或許還是只能交給聽眾來決定吧。

3.1
「四神湯工作室」開始每週在羅斯福路福樂餐廳聚會討論本書（因為該店不禁菸，咖啡又可無限續杯喝到吐）。為此還買了一張福樂會員卡。

青年藝術家姚瑞中加入本書工作，協助攝影。

4.1
黃威融的第一本書《旅行就是一種SHOPPING》上市。

5.30
陳光達完成碩士論文《想像的認知——中國古代對死亡的態度》，自台大歷史研究所畢業，正式成為廢業青年。

6.2-6.16
姚瑞中獲邀代表台灣赴義大利參加威尼斯雙年展。

6.10
「四神湯工作室」在西門町開會，從港式茶樓轉戰兩家咖啡廳一家西餐廳，最後終於在麥當勞列出第一版的百大理由清單。

6.13
討論全書格式，發現製作成本偏高。

11.8
開始每週固定在ROXY泰順店聚會，沒有固定目的。我們戲稱自己是「四神湯工作室」。

1.7
陳、黃、馬在一次火鍋聚餐結識大塊出版社總編輯廖立文。

1.20
第一次向大塊提出本書製作案。

1996　**1997**

11月	12月	1月	2月	3月	4月	5月	6月

11.8
一個人有東西是件好事，但是如果不知道怎麼把它推銷出去，就是笨。（許）

11.22
像我們這樣幾個人，每星期固定見一次面，即使沒做什麼事單純打屁也是很好的事。（馬）

▲1996年，為《中國時報》人間副刊徵稿活動集體構思的文案手稿。

5.18
夢想這麼多、籌碼這麼少，又總是被生命中沈墜墮落的力量不能抑止地往下拉扯……等著看五年十年以後我們又能在地球表面佔據怎麼樣的一塊角落吧。世界真大，令我恐懼。（馬）

6.20
再好的概念若沒有足夠的實踐力也是白搭，100個理由必須按照既定規劃實行。倒不是為了追趕潮流，而是若出版的時間太晚必定削弱競爭力。（許）

（註）所有發言摘錄，均取材自這段時間「四神湯」彼此溝通的email信件內容。

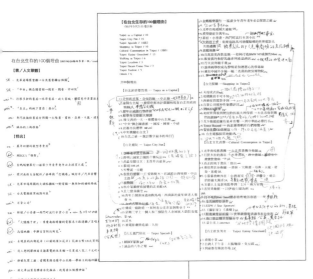

在台北生存的100個理由

【青／人文景觀】

▲這是最初的一百個理由列表，1997年六月「梅雨季第一版」，分為人文景觀／怪店／pub／地景／audio／自然風景／影像／政治／飲食／媒體／交通／其他等十二類。

▶馬世芳為了與美編溝通所畫的版面構想草圖。

◀1997年九月「一百個理由增訂版」，嘗試重新分類。其中包括許多沒有做成的理由：高檔地攤／外雙溪一日遊／從日據時代都市計畫看台北今昔／殖民地餘緒／雙城街與林森北路／停車位搜尋祕笈／日據時代老平房索隱／外省食物購買指南／大隱隱于市──錄影帶攤阿伯與唱片行店員／Street Fashion／從50cc小綿羊到賓士車，不同階級吃著同樣的路邊攤肉粽……等等。

6.23
替一百個理由重新分類，傷透腦筋。

6.30
赴大塊，確定本書製作的合作案。

7.18
第一次出機外拍：紀伊國屋書店／IKEA／仁愛路行道樹／金螞蟻／光華商場（含補帖攤販）／央圖／植物園。除金螞蟻外，所有照片均未使用。

7.25
第二次出機外拍。在青年公園遇見自彈自唱的老人樂團。

8.6
決定先選二十個理由試做，提交大塊審核。

8.8
第三次出機外拍。五個大男人擠在黃威融的寶獅106裡走完一趟縣道106。

8.15
第四次出機外拍。在外雙溪鄭成功廟山腳下與香腸小販對賭，慘輸兩百餘元。

8.16
赴大塊提交第一批試寫稿。在士林借許允斌朋友的攝影棚拍書中物品。

9.1
黃威融的第二本書《SHOPPING YOUNG》上市。

9.2-11.29
姚瑞中獲亞洲文化協會贊助，赴舊金山鬼混三個月。

9.22
繼續討論分類架構，推翻原議，想出Taipei as a Capital、Taipei Eating Graceland、Taipei Fashion等十類。

10.1
陳光達開始上班，擔任《新新聞》雜誌記者。

10.6
第一次編輯會議。從這次開始，「四神湯」的每週聚會轉移到大塊出版社地下室的會議桌。暫定出版時間為1998年二月。

10.9-10.12
許允斌赴日本名古屋觀賞F-1賽車決賽。

10.25
士林，第二次進棚拍照。

7月　8月　9月　10月　11月　12月

7.10
凌晨三點多還不睡，令人髮指。我四點半回信，更是喪心病狂。大家辛苦了。繼續趕稿中。熊貓眼。馬。

▲像這樣拍了卻沒用上的照片，在漫長的製作過程中實在不勝枚舉。

8.1
假設不懂得包裝就沒有出頭的一天是成立的。問題是你只是一個被包裝者，被包成怎樣恐怕無權過問。這他媽的才是物化。（許）

8.2
二流作者只好出二流書，讓三流美編稿再賣給四流讀者看，我們當然不玩那套。（馬）

8.6
世上沒有絕對做不到的事，只看你想不想去做。可以成功的人並不是他最有能力，而是他最想成功並努力付諸行動。（黃）

9.1
說真的要賺錢何必搞出版，想輕鬆工作何必來寫書？還要出跟別人不一樣的書，這根本是自我矛盾……出書絕對是麻煩的事。（黃）

沒辦法自己管理自己，SOHO生涯就完蛋定了。我好像不偏不倚就是一個反面教材。（馬）

10.19
今天忽然有不祥的預感，覺得這本書難以善了，我的意思不是書出不來，而是處理得不好的話，這會是我們幾個哥兒們此生最後的合作。這種感覺有點恐怖。（馬）

214

11.17

士林攝影棚無法續借，決定發揮克難精神，改至黃威融家頂樓進行棚內攝影。

11.18-11.28

陳光達赴義大利遊覽，帶回珍奇香菇與本書最前面的威尼斯照片。

▲無數張攝影進度清單之一。這本書的攝影工程難度遠超出當初的想像，過去一年來，我們總共出機外拍十四次，進棚拍攝十八次（其中十六次都在黃宅頂樓克難進行）。負責攝影的許允斌求好心切，一捲底片往往只能挑出兩三張，重拍重洗也是家常便飯。許多外景景點更前後跑了好幾趟，只為抓到更好的天候與角度。

12.8

經討論，放棄在1998年台北國際書展之前出版。

12.10-1.14

姚瑞中獲亞洲文化協會贊助，赴紐約遊學一個月。

12.15-12.20

許允斌接到教召令，重回部隊當了一星期的兵。

12.22

進度嚴重落後，勉強交出四分之一的文章。

◀儘管都習慣用電腦寫稿，每個作者的習性依舊能從面目各異的輸出初稿中看出端倪。

1.1

馬世芳開始在天下雜誌社上班，擔任叢書編輯。

1.7

第五次出機外拍，在美國學校遇到盡忠職守的校工伯伯，只准我們拍路上的校車。

1.23

出機外拍台北燈會夜景，特地爬上十二樓屋頂拍攝，不過最後用的都是地面上拍的照片。

1.24-2.12

黃威融赴義大利遊覽。

2.19

開始每週赴黃威融家頂樓密集攝影。外拍無法執行的概念盡量轉用棚內攝影克服。

2.26

出機外拍西門町／波麗露。第一批稿件與圖片送後製。

1997　　　　　　　　　　　　　**1998**

11月　　**12月**　　　　　　　　　**1月**　　**2月**　　**3月**

11.9

我們最大的歧異在於每個人想做的事都不一樣，才能經歷背景也大異其趣，但是卻能夠每個星期有一天晚上打屁順便在九八年二月作一本對得起大塊的書出來。這是多麼感人的事！（黃）

11.19

不知道真的去做之後，書的內容會和我們當初想的差距多少。但是就算它不完美，大不了幾年之後再做一本就好。一次就做到經典絕不可能，不然前輩早就去做了。（黃）

11.1

失業青年為了不成為社會包袱不得不打零工為生、接攝影case、代課、當掮客……接下來賣屁眼。真是大屁眼中心主義者。（許）

12.1

實拍的東西若題材過於平淡宜取奇怪的非正常視角以增加張力。參閱新聞攝影年鑑或部份《人間》。（許）

12.2

覺得政治正確的焦慮是一件滿低級的事情，我想大家都能暢所欲言、把心目中精彩的東西完整地寫出來比較要緊。正不正確就再說吧。（馬）

12.5

我覺得這是一本陳光達許允斌馬世芳黃威融每一個人的書，不可能創造出一個虛構的單位來代表我們。（黃）

12.15

（允斌教召）諸位先進，小人將於15日入伍，20日退伍，馬芳請準備。諸公莫因余之不在而懷憂喪志，100理由仍需照常進行，尤其攝影方面，不知陳公諱光達時差調整的如何？攝影清單何時可公佈以安民心。哎！（許）

12.29

如果情況依然如此，我會認輸放棄這本書；可能是我們的想像超越我們的能力，所以只能投降。（黃）

12.30

一個原始概念到成熟的變化實在很大，希望此書能夠讓大家對97年有個交待，想搞個像樣的東西真是不容易不是？加油吧！（許）

1.25

當局者迷，有時候我們太高估讀者，有時又太小看他們了。（許）

2.24

為求時效及底片使用效率，拍攝物品數量必須掌握足夠。外拍因天氣不穩定，宜保持機動性。（許）

▲如果每一張照片都上場的話，這本書搞不好會有六百五十頁以上的份量了。

215

▶1997年8月8日，在縣道106沿途拍的照片，「四神加湯」五員到齊。

3.2
出機外拍伊通公園。

3.5-3.12
馬世芳赴日本觀賞東京巨蛋U2演唱會。

3.6
出機外拍果菜市場。

3.18
出機外拍淡水、八里。

3.16
開始每週到大塊交稿，訂出最終衝刺計畫。

4.1
陳光達辭職離開記者工作。

4.1
推翻原先分類，提出全新分類概念，成為本書最終的分類基礎。

4.4
出機外拍行天宮義工婆婆。

4.10
赴大塊看何萍萍做的第一批完稿版面，士氣大振。

5.11
出機外拍美國學校／中山北路。

5.19
印出所有文字稿件，四名文字作者交叉看稿，密集修改。

5.21
確定八月出書。開始討論定價策略與各種出版形式的可能性，包括另出一本99元的平裝濃縮版計畫。接下來的一個月，陸續提出各種行銷方案。

5.25
許允斌開始製作中廣「非常成熟」節目。

5.28
最後一次進棚拍照，之後補拍物品均由許允斌在家裡執行。

6.17
討論版稅與製作成本問題。

6.30
最後一次出機外拍，赴中興橋拍攝夕陽下的堤防。

6-7月
全書陸續進後製。

7月中-8月初
陸續補齊文圖，分頭校對，與美編溝通版面概念。

8.17
與出版社簽約。

8.19
全書出清，送廠製版。

9月
《在台北生存的一百個理由》正式上市。

| 4月 | 5月 | 6月 | 7月 | 8月 | 9月 | 10月 | 11月 |

4.1
因為它的荒腔走板，反而讓我們逼近目標。這本書的分類本身就是一種創意。（黃）

5.2
現在我們就是把變數不斷減少，沒有其他更好辦法，傻傻地做一定會把它如期做完。（黃）

5.18
專業的意思應該是在擬定的策略下作到最好，而不是沒有效率，畢竟我們不是藝術家。（黃）

被別人稱讚並不稀奇，能被自己在乎的人在乎，才是最重要的。我希望這本書能通過大塊編輯們的嚴格考驗，也能通過我們自己的嚴格考驗。（馬）

6.17
理想很抽象，利益很複雜。如果能夠在抽象與複雜之間找到一個平衡點的話，大概就成功了。（陳）

6.26
該改的稿還是得改，該補的理由還是要交，希望我能從口袋裡掏出幾個用剩的笑臉，繼續撐下去。（馬）

▲ 黃威融在製作過程中進度抓得最嚴，每週都會列出一份最新的百大理由分類表。像這樣的表格，前後至少有十幾種不同的版本。

〔以撰文者分類〕	每一階段統計	黃威融	陳光達	馬世芳	許允斌
2/26 週四第一批	16 _14_	7	4 _4_	4 _3_	1 _1_
3/3 週二第二批	14 _17_	5 _6_	1 _1_	5 _8_	3 _3_
3/5 週四第三批	21 _17_	7 _7_	6 _6_	5 _1_	3 3
3/10 週二第四批	19 _15_	4 _4_	6 _6_	4 _0_	5 _5_
3/12 週四第五批	17 _14_	6 _6_	4 _4_	3 _0_	4 4
3/17 週二第六批	13 _90 057_			9	
最終通算	100	29 _29_	21 _21_	21	16

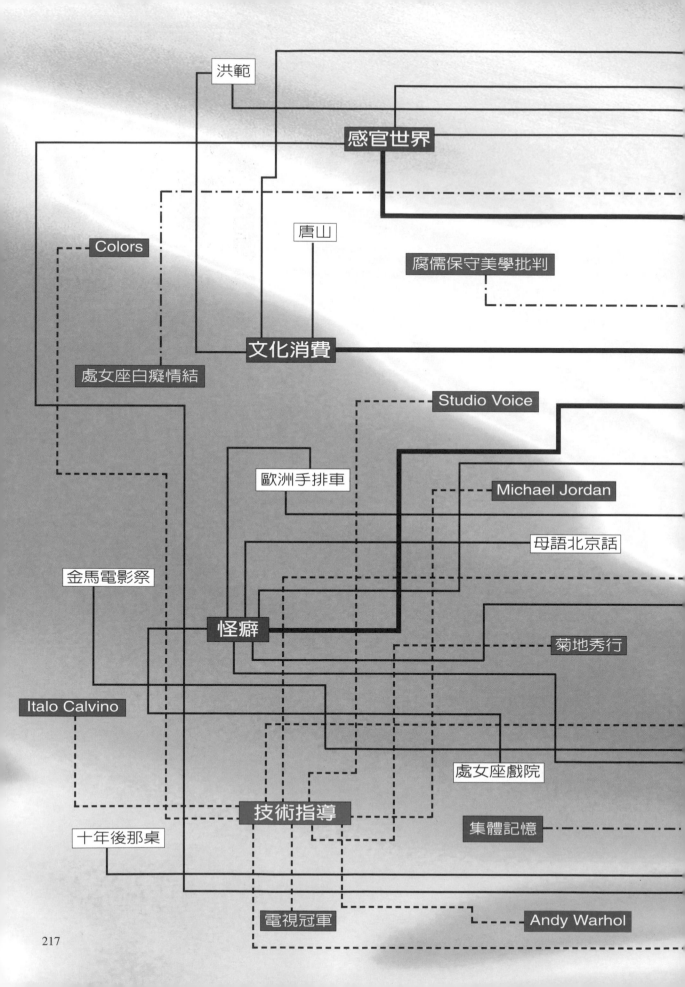

洪範

感官世界

Colors

唐山

腐儒保守美學批判

文化消費

處女座白癡情結

Studio Voice

歐洲手排車

Michael Jordan

母語北京話

金馬電影祭

怪癖

菊地秀行

Italo Calvino

處女座戲院

技術指導

十年後那桌

集體記憶

電視冠軍

Andy Warhol

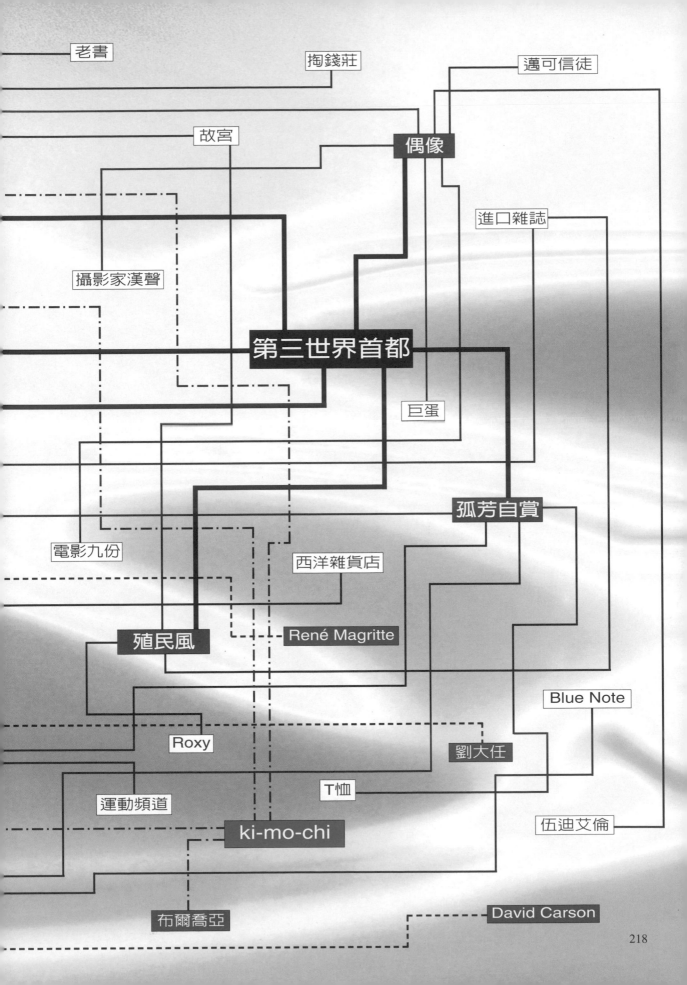

老書

掏錢莊

邁可信徒

故宮

偶像

進口雜誌

攝影家漢聲

第三世界首都

巨蛋

孤芳自賞

電影九份

西洋雜貨店

殖民風

René Magritte

Blue Note

Roxy

劉大任

運動頻道

T恤

ki-mo-chi

伍迪艾倫

布爾喬亞

David Carson

因為你們的協助，讓本書最終得以誕生：

兄弟象商品部左經理。天母黃蜂NBA專賣店吳約翰老闆。幫忙炸臭豆腐的黃媽媽。招待我們喝咖啡的波麗路餐廳潘經理。免費請我們喝茶的伊通公園劉老闆。天母華瑞行的中年主婦店員。提供《小畢的故事》劇照的中影公司製片部沈小姐。建國魯蛋蔡經理。提供麵碗與食材的永康牛肉麵館。出借私人書架提供場景的馬國光先生。破例讓我們在店裡拍照的2.31節先生。破例親身入鏡的金螞蟻蔡老闆。出借整套《怪博士與機器娃娃》的馬世儀先生。提供建築藍圖的陳翠華小姐與王耀東先生。出借樂器的變形蟲樂團彭郁雯小姐與邱健二先生。熱心贈書的水準書店曾老闆。義務校對英文標題的王海康老師與劉燈。

感謝提供94頁陳水扁照片的謝三泰先生，提供93頁與94頁黃大洲、王建煊、趙少康照片的李東陽先生，提供94頁馬英九照片的劉鴻文先生。

感謝那輛外型不起眼內部空間小、但五個大男人擠進去還能以游刃有餘的速度跑完縣道106拍外景的法國一等賓民車寶獅106。

感謝大塊出版社慷慨外借場地，讓我們在漫長的製作過程中有了固定的討論地點。若沒有廖立文、韓秀玫的建議與具體協助，這本書將成為泡影。美編何萍萍出眾的才華讓這本書有了精彩的視覺呈現，我們都以妳為榮。

catch 17　在台北生存的一百個理由

作者：馬世芳、許允斌、姚瑞中、陳光達、黃威融
美術設計：何萍萍
電腦合成：李淨東
文字編輯：馬世芳、許允斌、陳光達、黃威融
四、五版增修部分編輯：林怡君

出版者：大塊文化出版股份有限公司
105022台北市松山區南京東路四段25號11樓
讀者服務專線：0800-006689
TEL：(02) 87123898　FAX：(02) 87123897
郵撥帳號：18955675　戶名：大塊文化出版股份有限公司
法律顧問：董安丹律師、顧慕堯律師
e-mail：locus@locuspublishing.com
www.locuspublishing.com
All Rights Reserved.
版權所有　翻印必究

總經銷：大和書報圖書股份有限公司
地址：新北市新莊區五工五路2號
TEL：(02) 8990-2588 (代表號)　FAX：(02) 2290-1658

初版一刷：1998 年 9 月
五版一刷：2022 年 5 月

定價：新台幣 680 元
ISBN 978-626-7118-34-4
Printed in Taiwan.

國家圖書館出版品預行編目資料

在台北生存的一百個理由 = Taipei 100/ 馬世芳,
許允斌, 姚瑞中, 陳光達, 黃威融著.
-- 五版 . -- 臺北市：大塊文化出版股份有限公司,
2022.05　256 面；16x26 公分 . -- (catch；17)
ISBN 978-626-7118-34-4(平裝)

1.CST: 遊記 2.CST: 臺北市 3. 城市觀察

733.9/101.6　　　　　　111005469

二十四年後，變成大叔的五人組，
再談《在台北生存的一百個理由》

二○二二年春節假期，五位作者齊聚黃威融家小聚，吃吃喝喝聊這本書。

二○二一年十月，大塊文化成立二十五週年。大塊董事長郝明義和同仁在十月三十日這天策劃了一個「2525Plus」的線上直播活動。其中第一檔節目便是邀請本書五位作者和大塊當年參與的同仁一起談談本書的誕生過程，提及不少精彩祕辛和時代意義，整理成下文，加上五位作者於二○二二年初新寫的文章（排序依舊按來稿順序），作為本次新版的珍貴收錄，也是有趣的對照。

與談人有——
本書作者：姚瑞中、許允斌、黃威融、馬世芳、陳光達
大塊文化：郝明義（董事長）、韓秀玫（編輯）、何萍萍（設計）

前言

郝明義：一九九八年，大塊文化剛創立，公司位在羅斯福路六段附近一個非常安靜的小社區裡，當時公司在一樓，還有個地下室。也就在那個時期，有一陣子有五個年輕人每星期一晚上都會來公司，在地下室裡開會、抽菸、爭論。後來的成果……就是這本《在台北生存的一百個理由》。時至今日，它已是一本經典之作。

科幻小說作家Arthur Clark講過一段話，大意是：創造一個未來的故事，很重要的是一方面要站上一個超前的位置，另一方面也不能超前得太遠，和觀眾脫了節。我覺得《在台北生存的一百個理由》就有這種味道。書中寫的雖然是當時的台北、二○○○年之前的台北，但事實上它一直有一種未來的感覺。即使過了二十多年，今天重新翻看這本書，仍然不覺得過時，也仍然有一種超前的感覺。這本書真的是有一種非常獨特的魅力在裡面。

催生一本酷書的時代氛圍

姚瑞中：因為那時候已經解嚴差不多十年了，我們也從國外繞了一圈回來，然後看到台灣還有很多可以做的事情。而且那時候剛好是數位化、當代藝術、地下樂團……開始進發出來的時候，所以我們有滿多想法要做的。但是那時我們沒有什麼資源、也沒有空間，所以大塊文化就是一個很重要的發表平台。

許允斌：那時已經解嚴，陳水扁擔任台北市長，整個台灣的力量爆發出來，大家都有想法，想嘗試一些新的東西。我記得當時書店裡出現各式各樣奇奇怪怪的刊物，像是《島嶼邊緣》、《女朋友》……等，以前無法想像的、很邊緣、次文化的刊物。還有一個台灣歌手叫趙一豪，出了張專輯叫《把我自己掏出來》，聽起來就很有想像空間，新聞局還針對這件事情，說專輯名稱不好，要改，於是他就改成《把我自己收回來》。那就是一個多元文化迸發的年代。

黃威融：我常常講，《在台北生存的一百個理由》真的不是講台北，台北只是個隱喻，它其實是講整個台灣。那個時代，資訊跟交通還不方便，還沒有高鐵，不像現在，很多人去台南吃小吃、去宜蘭泡溫泉可以當天來回；或是在網路上訂東西，隔天就到了。當時你想知道厲害的新東西，需要花很多時間去study。那時候光要知道一個樂團、一個導演或一個小說家有哪些厲害的作品，不是隨便google就找得到，也沒辦法像現在隨時買個廉航機票就能出國。每次出國都要非常有計畫、有主題性，所以我們都會非常、非常珍惜。因為平常被困在台灣這座島，難得有機會出

去，就會想看一些啓發我們、讓我們長見識的東西。所以我特別感謝在九〇年代我的成長過程裡面，在台灣遇到的書店、出版社的老闆，以及各式各樣帶給我們啓蒙、讓我們看到有趣東西的那個眼光跟選擇，我覺得那是很棒的事情。

馬世芳：總歸來講，我覺得現在的台北比那個時候要舒服。就是因為當時的我們感覺到各種不舒服，才會想要弄這麼一本書出來。二十多歲的時候退伍，終於有辦法出國遊歷觀光，看到了帝國的強盛、第一世界的風光，回來之後都會不適應，覺得我們故鄉的這座城怎麼會如此醜陋、如此骯髒、如此讓人難以忍受，但是又不得不在這邊住下去，所以才會有「在台北生存的理由」這個概念浮現出來。要是那個時候台北就挺舒服的，可能也就不會有這樣的想法了。

陳光達：以現在來看，當時社會環境的一些禁忌開始慢慢打開，然後我們也好像開始能夠衝一點點。但真的回頭來看，當時視野很狹窄，還滿幼稚的，不過我們至少開始有一點點認識、有一種自我認知——這是我們生長的城市，所以我們沒有道理不站在這裡來看自己的環境。現在再回頭看才知道，當時隱隱約約好像有這個大方向的驅動力。但這其實是理所當然的，我們當然應該要認識自己的環境、當然應該認識我住的這條街、這個城市、這個國家，我之所以能夠在這邊安身立命、能夠在這邊成長、我的self-identity從哪裡長出來的這件事。

五個人的相會與面貌

馬：允斌是我當兵的同袍、光達是我的高中同學、威融是台大社團的學長，我們四個人常常攪和在一起。那時候都剛出社會，威融在廣告公司上班、陳光達在台大歷史系讀碩士、許允斌跟我在打零工，都沒有什麼常業，就約好了每隔一段時間一起喝咖啡、瞎打屁瞎聊天，沒有目的，就是定期互相刺激一下。

我們就是這樣聊出了《在台北生存的一百個理由》，最早應該是跟中廣李文瑗的電台節目合作的單元。那時我是她的節目製作人，需要大量的

內容，就用這個題目去提案，向聽眾徵稿，還跟《中國時報》合作徵文。後來在一次飯局認識了大塊文化當時的總編輯廖立文先生，聊到我們在《中國時報》弄這個事情，才跟大塊文化有進一步的合作。

允斌會拍照，美術非常強，我們就請他拍物件。那個時候還沒有數位相機，全部都要拍幻燈片、拍正片，借威融家當攝影棚，非常複雜。到後來允斌有點支撐不住了，就找了他的哥哥姚瑞中加入，支援一部分視覺的東西。所以文字上姚瑞中只有在最後「個人理由」的部分寫了一篇，其他都是視覺上的貢獻。

工作的分配與進行

韓秀玫：大塊文化與這五位青年才俊的合作要感謝《新新聞雜誌》謝金蓉當初的飯局邀約，那頓飯之後，大塊立即拋出橄欖枝。威融當時已是暢銷書作家，對他較為熟悉。馬芳則是口條好到不行，講話從無贅字，第一次見面我就直斷此人必成作家。光達是文質彬彬的大帥哥，出這本書的幾年後也一度進入大塊成為同事。允斌則是古靈精怪的藝術家，後來又加入的姚瑞中更是已嶄露頭角的前衛藝術家。

此書工作的分配，基本上公司完全由他們自由發揮。與其說他們是作家，我覺得稱他們是藝術家更恰當，而這本《台北生存的一百個理由》，正是一本精彩的藝術創作。既然是藝術品，自然可以歷久而彌新。

但是工作初期，光是看他們經常在大塊文化地下室開會討論的過程，就讓我感覺這些人交稿遙遙無期……這漫長的開會、辯論時的慷慨激昂、經常性的意見不和，我常暗自擔心，他們會不會因為吵架而打起來？第五人姚瑞中因為辦展，常常世界各地飛暫且不論，私下觀察又發現常出現的四人其實有種巧妙的平衡關係：像光達和允斌兩人年紀輕輕，卻有一種人生智慧，是組裡的甘草，有他們就有笑聲。雖然光達斯文，但硬起來也不讓人，學歷史的，常會有一種洞見，很會描述細節；允斌則是鬼點子一籮筐，人看起來隨

和，但也柔中帶剛，執拗起來十匹馬都拉不動：馬芳是一個憂鬱才子，講話鏗鏘有力，其實是隱形的老大，那時他還未入社會，卻已顯露出領導者沉穩淡定的氣場。然後威融，腦袋轉不停，企劃能力很強，才情外顯，因為他已出過書，對於進度很有責任感，他就是一個現場的老大⋯⋯但是呢，四個人都很有意見！此時平衡高手光達和允斌總是能化解現場的火藥味。姚瑞中因為不常見，那時候只知道他是泡妞高手，如今想想，搞藝術太苦悶，不寄託於愛情，人生老無趣了。

馬： 因為先決定了大標題「一百個理由」，無論如何得湊出一百條，大家七嘴八舌想了總有一百幾十個題目。它一定是圖文並茂的書，比較像Mook的感覺，所以不但要寫得出文章，也要能在版面上執行出來。有一些根本執行不出來，只好放棄。最後大家各自認領，我後來寫的這些題目，有的是自己想出來的、有的是認領的，威融被分配到最多。

黃： 馬芳說後來是我拖著大家走。我土象星座，如果沒人要做，我就說沒關係我來做。我一直覺得，這跟我後來去做雜誌主編或當總編輯有關，其實就是要把所有的事情打點好，萬一有些事情人家不要做、不想做，負責統籌的那個人就要把它扛起來。等到去做雜誌以後，回頭看這本書，才發現其實它是我最好的職前或是行前的訓練，只是我當時完全不知道。

視覺設計與美術的發展

姚： 反正那時候就是很天真，想說要把它做得有國外的水準。當時我在舊金山的書店著實被嚇到，他們的編排、自由程度，那種精采是在台灣書店看不到的。加上這幾位也都去很多國家開過眼界了，所以我們真的覺得一定「要做一本對得起這座城市的書」。我們後來發現，那些厲害的日本雜誌背後都需要一個專業的製作團隊，有的負責拍攝、有的負責企劃。但我們幾個年輕人其實不知天高地厚，就想說要把它變出來，吃了滿多苦的。因為什麼都不知道，所以就敢去衝的那種夢想。

馬： 乍看這本書每一篇版型好像都不一樣，但其實我們有幾大類的版型概念可以套用。有一種我們稱之為「《Colors》版型」，參考服裝品牌Benetton的店內雜誌《Colors》，他們特別擅長做去背圖，把一個物件去背放在頁面中間，底下放一段說明，我們覺得那個很酷。我們還會參考日本的《別冊太陽》，如何把文獻、物件跟文字區塊弄出一個很乾淨、很有品味的樣子，氣質跟《Colors》不太一樣，《Colors》相對來講比較粗枝大葉一點。

另外還有「《Ray Gun》版型」，搖滾雜誌《Ray Gun》當時的美術總監是David Carson，是九〇年代視覺設計圈的弄潮兒，他會做那種非常誇張花俏的版型，拉很多格線，視覺元素做到不能再滿，那也是一種可能性。還有一種版型是整張照片跨頁出血襯底，文字壓在圖上，那應該是從《Studio Voice》之類日本雜誌學來的。

我們把這些版型畫成草稿，讓設計萍萍試做，看我們是否合得來，也讓她了解一下這本書，因為這個編輯工作真的是史無前例的麻煩，她可是扛下了重責大任。結果效果好到超出我們想像！記得我們看到的第一個版型是〈公園號酸梅湯〉（p.87-88）這篇，左頁是一袋酸梅湯的去背照，右邊就是酸梅湯形狀的一個色塊，把文字排在裡面。看到這個版面，大家都興奮起來。

我們每個跨頁都會跟萍萍討論要怎麼玩，萍萍也會給很多想法。她不是那種我們說什麼都照辦的人，她有自己的脾氣跟品味，也常跟我們爭論，她黜臭（thuh-tshàu）沒有在客氣的。但是她若覺得我們的點子不錯，也會挺興奮的。

何萍萍： 他們當時去拍酸梅湯，拍回來如果就按照一般的排版，只是把酸梅湯的照片放進去，我覺得太乾了。所以才想：反正字也不多，乾脆另外把酸梅湯的形狀抓出來，把文字放進去。我覺得素材好玩、特別，就會想怎麼去變化，不要走一般的雜誌排版。

我自己印象最深刻的版型是〈蒐購絕版模型〉（p.17-18）那篇。因為他們拍了把模型組件拆

下來之後的框架。我看到他們拍這個東西，覺得這個想法其實很好玩，就把字排在裡面，讓它變成一個大框架的感覺。

姚： 封面這張圖像，是因為我那時每天都一個人不講話，在舊金山海得嵐藝術中心畫畫，畫了大概三個月，非常地孤單，後來就畫了頭爆炸的這張圖。回到台北之後，就拿給大家去做封面。想在這個環境裡面，顯現一種頭腦爆炸的孤寂感。

印象深刻的文章

馬： 有一篇〈燒餅油條反攻大陸〉（p.73-74），我印象滿深的。一九九〇年代初期，兩岸交流日趨頻繁，我父親和對岸文化圈的朋友偶爾會來往。有次他帶了一位北京來的長輩去我們家附近復興南路清粥小菜那邊的永和豆漿店，請他吃燒餅油條跟豆漿。這東西是北京小吃，應該是客人的家鄉味，但那位長輩吃了驚喜不已，跟我父親說：在北京早就沒有這樣的味道了。那是永和豆漿到對岸開連鎖店之前好幾年的事情。

黃： 我後來去編雜誌、去演講，滿常講的就是誠品書店。因為我覺得那個是一個時代的力量或者時代的氛圍。在九〇年代，誠品所代表的就是強調人文，極有企圖心，台灣的閱讀品味、出版類型跟接受度也都正在打開。如果是以前，我們這樣的書大概不可能被出版社看中；或是即使被看中了，大家也覺得這個書不會紅。可是我覺得到了誠品時代，一些比較精緻的、創意取向的出版品產生了。

現在的年輕人大概都不知道誠品對當年的我們而言多麼有意義，因為我們當時沒有網路書店，也無法輕易出國，所以在二〇〇〇年以前，誠品書店所進的那些各式各樣奇特裝幀、強調藝術人文主題的書，對我們那一代人有特別的啟蒙意義。

許： 我印象最深的也是〈蒐購絕版模型〉那篇。因為台灣玩這個東西的人一向都比較少，但就有這麼有一票人在玩，我覺得挺有意思。而且那時候台灣有特別多日本已經沒有的絕版模型，可能因為市場小所以不好賣，有些堆在那邊都發霉了、盒子都壓壞了，可是對我們這樣的人來說，這是寶藏。因為在國外絕版買不到，非常貴。

陳： 我自己印象比較深刻的是像寫「鴨肉扁」（p.67-68）、「行天宮」（p.7-8）這些，還有一篇寫「星期三早上看早場電影」（p.121），在電影院裡面很空曠，幾乎包場的那個現象。因為我很怕在電影院裡面，旁邊有人在吃東西，尤其是裝在塑膠袋裡，我非常怕塑膠袋的聲音，一有那個聲音的刺激，我會非常、非常不舒服，會整個人抓狂、想要罵人。

姚： 我在舊金山這間鬧鬼的鬼屋，每天都一個人在那邊用原子筆畫畫，開始畫這張登在〈藝術家這行飯〉（p.209）那篇文章的插圖。因為實在是太孤獨了，用破收音機轉到微弱的鄧麗君歌聲不禁潸然淚下（當年還沒網路，可能是唐人街的電台放的）。待在軍營改建的藝術村慢慢地畫，這張畫了一個月，然後總共畫了三張。當時的我非常削瘦。藝術家就像一位小丑，他在馬戲團表演吞劍，那吞進去之後呢，這個劍就拔不出來了，有口難言。

討論、爭論與破局的邊緣

馬： 這個書進行到一半的時候，彼此之間就有裂痕了。大家開始有各種不耐煩，自我懷疑，對各自的能耐沒把握，懷疑我們做這個事情到底有什麼意義。年輕人常會這樣，一開始想出點子很興奮，但那個困難跟複雜的程度遠超出當初的想像，對大人世界的運作規則也不熟悉，大家都剛出社會，弄這樣一個沒有前例可循的事情，就會愈來愈茫然。而且當時郝先生也好、廖立文先生也好，除了經常慷慨出借辦公室場地讓我們開會，對這本書的內容一個字都不問，可以說完全沒在管，我們根本是被「野放」的狀態。那樣的做事方式，進度一定會拖延，進度一拖延，大家又更沒信心。

二十幾歲的時候，誰不是眼高於頂，覺得自己一定能做出一番大事業，一出手就得轟動江湖。我覺得在做這本書的過程，威融是最特別的。他在那個時候就非常清楚，他雖然名義上並不是總編

輯或主編，但他實際上就是在做這樣的角色。他必須控制進度、讓工作狀態更有紀律，但我們不是他雇來的人，也沒有誰在組織上面賦予他這樣的權力，所以他只能夠用一種哥們的方式去執行主編的職責，我們就不見得服氣，會覺得「這樣的東西你也可以喔？」或者「你真的就是這麼想把這個書這樣出掉？你就這麼想成名啊？」，暗暗有這種酸溜溜的感覺，但當然不會明講。

我後來讀到賈伯斯的名言Real artists ship.，真正的藝術家是能夠交出作品來的。你光在那空想，想再多也不會變成藝術家，要交出作品才算數。我們那時候其實多半是在空口說白話，不大知道可以怎麼落實下來。當時要是沒有威融，我們應該會中途認賠殺出，放棄這個計畫。因為威融，即使有一點不甘不願，還是拚命把這個事情做完了。

我記得一個非常清楚的轉捩點：當時我們一直要寫稿，威融拚命催稿，後來大家情緒都不太好，直到看到萍萍試做的版面——那時候還是映像管的麥金塔電腦，我們在螢幕上看到她做的版面——才覺悟「這個事情真的會變成一本這樣的出版物啊」，一切都變具體了，沒有回頭路了。所以一旦進入實際編排階段，心情又比較高昂、比較開心了。後來萍萍一面做版面，我們一面陸續交稿。我記得直到最後，大家才決定「這本書的編輯過程」也是其中一個理由（p.213-216），第四版時還蒐集了那段時間大家各種抱怨、自暴自棄的email（書首〈電郵靴腿〉）。

黃：我覺得那個時候我們都太年輕、太嫩了，不太知道怎麼跟好朋友公事公辦。後來等我去做雜誌，就知道其實工作的過程有一些必要之惡，或者說有些必須要公事公辦的事情。但我覺得那個時候我們完全都沒有經歷過這種社會化過程。

大塊的角色對我們來說很重要，那時我自己在別的出版社出過兩本書，已經深刻體會到勢單力孤這件事，即使再怎麼受到賞識，好像也無法改變攝影、印刷跟企畫的想法。但當我們遇到大塊，我就嗅到好像可以透過這次去執行或是兌現一些我的想像。如果不是那時候遇到像廖公、郝

先生、韓，與其說你們比我們資深，應該說我覺得你們比較知道小伙子們在這個年紀就是傻乎乎的，然後橫衝直撞，所以也沒有干預或勸和。我很喜歡用「橫衝直撞」這個詞，橫衝直撞代價很大，撞傷人家你還不知道。所以我很珍惜，因為那時候有這些長輩在大塊，把我們五個就這樣收服了，我們才能夠把這個事情做完。

結語

郝：我自己記得要出書前，我們的業務來跟我講，書店通路都說這本書尺寸太大了會有問題，很難放到檯面上，也很難在書架陳列，問我可不可以縮小，但我決定還是不要動它。也因為這樣的關係，最後出來的定價是四五〇元，在一九九八年的時候算是一個非常高的價格。

但所有的焦慮、懷疑、不安，都隨著這本書出版之後一掃而空。當時誠品敦南店店長羅玫玲後來這樣形容這本書：「選題創新，書店同事們很興奮，市場上叫好叫座，新生代的集團創作很潮、很有生命力。圖文編排介於台灣文字書和英美coffee table book之間，取兩者之長，引領後來圖文書的出版。」

今天重新再來看這本書，我覺得它真的是屬於青春的故事。而這麼有創意的酷書之所以能出現，回顧其誕生的社會時空及過程，可以歸納出很多原因：

- 一群可以互相討論、幹譙的人——創作需要真誠。
- 大量的時間——要熬出滿意的作品，就是得對時間有耐性，有時間可以揮霍。
- 一定的匱乏——不能太匱乏，也不能太富裕。一定的匱乏才能激發出破繭而出的動力。
- 一定的孤獨——孤獨才能激發想像。
- 一定的國際視野——見識過國際上美好、頂尖的創作，引發有為者亦若是的豪氣。
- 寫一本情書的熱情——他們幾位都是在台北出生、長大。這是一本他們寫給台北的情書。

正因為這些原因，所以在二十多年之後，我們仍然會打開這本書，並為之喝采。

當藝術家的一百個悲壯理由

綜合過往三十餘年闖蕩藝壇實戰經驗，歸納以下百點供視死如歸文青們參考：

01. 熬夜是常態　　　14. 打工無了期　　　27. 書要讀得巧
02. 痔瘡長相伴　　　15. 兼課看緣分　　　28. 音樂常伴隨
03. 宵夜嗑泡麵　　　16. 溫良恭儉讓　　　29. 咖啡戒癮難
04. 抽菸好朦朧　　　17. 發呆頭腦好　　　30. 睡到自然飽
05. 留髮要趁早　　　18. 自拍高富帥　　　31. 常神出鬼沒
06. 自戀很正常　　　19. 眼神死又爛　　　32. 沒事瞎扯淡
07. 多愁又善感　　　20. 空虛寂寞冷　　　33. 邋遢暗黑風
08. 感覺嘴邊掛　　　21. 愛靠北靠爸　　　34. 挖挖黑歷史
09. 接案免不了　　　22. 莫道人八卦　　　35. 搞搞ＮＦＴ
10. 駐村走天涯　　　23. 風流別下流　　　36. 凡事自己來
11. 布展去流浪　　　24. 耐得住寂寞　　　37. 登記工作室
12. 組團辦刊物　　　25. 最好養隻貓　　　38. 信用無價寶
13. 競獎趁年少　　　26. 咬牙死命撐　　　39. 補助要申請

一九九七年春攝於三芝非常廟。

我是按怎治好我的「台北不適應症」

少年時代目頭懸，看袂起家己的家鄉。啥物攏是外國的上じょうとう，雜誌、冊、電影攏愛看外國的，歌愛聽外國的，光景嘛是外國的較嬌。慣勢用這路心理看這个都市，毋才會去帶著（tài-tiòh）「台北不適應症」這款症頭。

這幾年較骨力雙跤行踏，對上近的草山開始行，平常時佇徛家附近小攑頭 tō 看會著的七星、大屯上捷去，不時爬起哩鴨池看鴨咪仔泅水。徛起哩面天山「微波反射板」邊仔的望高樓看淡水河對岸的觀音山、台北港，看三芝、石門規沿闊曠的海墘。

了後佇市內不時會攑頭金金相、看遠遠只賰兩粒閃爍白點的反射板，袂輸是我家己才知影的秘密，見若眼著，敢若有一个朋友咧頕頭相借問 äi-sat-tsuh。有時對外埠頭駛車轉來，七星大屯入目，tō 感覺安心，咧欲到厝矣。

大概 tiō 是因為骨力行，愈行才愈熟似這个都市，久年的症頭自按呢煞愈來愈少咧夯起來矣。過去坐車對這位去彼位，車窗外看會著的，佮步輦的時看著的，全然無相仝。速度變慢，看會著誠濟干焦眼一下永遠嘛眼袂著的景致。勻勻仔行，連氣味 tō 無全款。

不管是古早時代城內的三線路，抑是這幾年連少年郎 tō 感覺愈來愈時行的打鐵仔街、大稻埕，或者是四界清彩行攏有的巷仔路、駁岸邊，一步一步行。看人塗墼厝、磚仔厝、日本時代宿舍、抑是新點點的樓仔厝的厝面，鼻煮食抑是花草的芳味，聽人講無全腔口的爸母話、聽粟鳥仔、白頭鵠仔、客鳥仔咧冤家答喙鼓、聽風颺（tshiûnn）過規排菩提樹的葉仔咧唱歌詩。

有一改刁工對西門町爬起哩中興橋，用雙跤行過去三重埔，本來是為著欲看淡水河中央有人咧種菜的「台北島」，後來猶有看著大嵙崁溪佮新店溪按怎敆做夥，成做淡水河。這款新嫣的體驗，tiō 是愛家己步輦才有法度體會著。

舊年（二〇二一年）疫情嚴重的時陣無塊去，不時 tiō 旋（suan）去社仔，徛佇島頭公園上頭前的港岸，看基隆河佮淡水河敆流進前，佗一片的烏仔魚跳較懸，看遠遠黃昏的日頭佮淡水河攏予大海吞落腹。

烏仔魚因為水面下跤空氣無夠，才著拚勢跳出水面，通好歆一口氣。過去幾十年來（或者是成百年來），lán 蹛佇家己的家鄉，定定嘛會感覺無法度喘氣。除了順水流出港，猶有一步較食力的：摺流（tsìnn-lâu）。較綿爛（mî-nuā）對源頭去揣，知影家己啉的水是對佗位流過來，知影 lán 家己細漢大漢蹛的所在，較早號做加蚋仔、號做大浪泵、號做湳仔、號做八芝蘭、號做干豆、號做錫口。知影 lán 本底 tiō 有 lán 家己的名，著愛用 lán 家己的話講出來，著愛用 lán 家己的文字共 lán 家己的故事寫落來。

囡仔時毋捌代誌，台北崧（tâi-pak-sông）崧甲家己 tō 毋知，毋捌家己愛食的果子是生佇塗裡猶是發佇樹仔頂。這幾年目睭擘較會金，較看會清雙跤咧行的路草。照起工一步一步行，規身軀、雙跤雙手、腹內仔、目睭鼻仔揣真正看有 lán 家己的家鄉。

過去「台北不適應症」的症頭差不多 tiō 是按呢一步一步治好勢矣。

二十幾年前買的那堆雜誌，
現在還在老黃的新家

　　一百理由出版至今超過二十年，不同年紀的讀者看了，總覺得不可思議：在那個時代怎麼有人用這種方法做書！當時全彩圖文製作的中文出版品不多，關於城市主題的企畫也少見，當年的我們仗著年輕氣盛，多次熬夜扯屁，從手邊的雜誌、小說、音樂、專輯、電影……獲得一大堆養分，產出這些內容。

　　若是認真回答這個問題，答案有好幾種：作者論的角度，這是五個人選擇放下自我、集體創作的共同作品；從出版社的立場，當年成立才幾

《Rolling Stone》

一九九〇年初期的台北，會賣《滾石》雜誌的地方很少，我想我應該是在西門町的淘兒唱片（Tower Record）買的。這兩本是《滾石》雜誌為了創刊二十五週年（1967-1992）製作的特刊：一本介紹搖滾樂家族，一本收錄訪談。要看《滾石》雜誌的介紹，馬世芳寫過一篇〈一本音樂雜誌如何撼動社會〉，收錄在《地下鄉愁藍調》。

《Colors》

這是義大利服裝品牌Benetton出版的雜誌，每期一個主題，透過神鬼般的視覺，傳達各式各樣的「革命」訊息。當年一本雜誌定價六千里拉、美金六塊半、港幣七十塊、台幣不到兩百元，我常在台北市忠孝東路四段的Benetton專賣店購買。如果要我挑影響《在台北生存的一百個理由》創作最深的一本雜誌，我個人會挑這本。

《AXIS》

這本日本製作的設計雜誌，定位是「World Design Journal」，我認識這本雜誌是因為一九九五年冬季號的封面出現的產品，是一九九五年夏天我第一次去歐洲自助旅行買到的德國製造玻璃杯。一九九八年雜誌改版，每期主題改成某個設計領域的代表性設計師。它們是多年後擔任本地設計雜誌總編的我心中懷抱的理想模型。

《Studio Voice》

認識這本雜誌，是因為我出社會後在廣告公司寫文案。當年台灣的廣告菁英們大量翻閱日本出版品。這本定位為「Multi-Media Mix Magazine」的藝文雜誌，自我在創意總監的桌上看到後，從此大量收購。幾年前某次搬家要減量收藏，一跟誠品美術同事們說，立刻被接收大半。至今還有若干存貨，不再割愛。

年的大塊文化，拋開製作常規和獲利模式，促成這本怪書的誕生。

二十多年後問我，我覺得是我們五個人青春時期亂七八糟吸收的各種養分的總和：各自偏愛的搖滾樂，當時風行的廣告創意，雜食巧遇的藝術啟發，荷爾蒙失調和青春期暴衝。

其中最讓我最惦記的養分，是一九九〇年代我們常常分享的進口雜誌們。這批陳年舊貨，念舊的我，竟然都還留著。過去六年搬了三次家的我，歷經多次重大取捨，現在仍留著這些青春的證物，它們是我生命中的一部分，它們的存在提醒自己有過這樣一段青春。

二〇一四年我為了《雜誌俱樂部招生中》這本書的製作，麻煩多年攝影夥伴幫我拍了一大堆珍藏雜誌，原本想在那本書找個位置寫篇文章：那些從一九九〇年代就讓人尊敬的雜誌們。因故沒用，擺到現在。如果不是為了寫這篇文章，我根本不會找出來。青春這種東西，本來就不是拿來秤斤論兩的，偶爾跟老朋友聊起，真情流露。

為何是雜誌呢？那個時候還沒有網路，出國也不容易，雜誌是我們張望世界的途徑。讓人拍手的雜誌內容構成，通常包括神奇定位、犀利文字、驚人視覺、精彩版面和古怪意見……感謝這批雜誌，讓我們大開眼界。

《太陽》
年少氣盛，總是喜歡前衛視覺和爆破主題，但是當年最紅的《Ray Gun》（一九九二─二〇〇〇年的美國前衛音樂雜誌），如今我一本都找不到了。當年看到這本擁有細緻手藝的日本古典雜誌，我們都被說服了。它們呈現工藝品的版面設計，對專題人物的整體設定，與之相比，此地的技術落差有幾十年，至今還是這樣。

《Esquire》
老牌男性雜誌的日本版，大學時期我就在公館外文書店買到它特別製作的爵士樂特刊，其中的照片和標題，讓人大開眼界；另外這本針對電影拍攝的道具特刊，針對不同物件的陳列和呈現手法，啟發甚多。《在台北生存的一百個理由》書中針對物質感受的題目設定和視覺呈現，大多受其啟發或影響。

《MR》
全名是「Mr. High Fashion Magazine」，是一九九〇年代日本非常具有版面可看性的男性時尚雜誌。版面可看性的意思，就是非常適合當作「臨摹」或「再發揮」的意思，當時的我最常參考的是非關服裝的版面，它們呈現配件、報導音樂，書籍和汽車的圖文配置，是當時的重要編排教科書。

《青年黃總編》
當年在馬世芳老家頂樓空間，我們亂扯了一大堆、現在根本記不得的對話。本照片的重點是背後的組合音響，是馬世芳從隨身聽升級的初階配備。照片拍攝者，應該是馬世芳。

哥們終究是個老性人

　　大約每隔十年，我等作者便須寫篇文字再談這一百理由，或緬懷、或吐槽、或感悟、或自嘲。於我而言，似乎更多的是強說愁。

　　成書之後便鮮少回顧書中篇章，畢竟已過不惑之年，生活逼仄，難得風流，甚至不在台北生活，理由自然無從追尋。

　　前些日子，忽有媒體訪談，五人齊聚回首話玄宗，又隨手翻了幾頁初版，驚覺這一百理由，居然陌生者眾，許多已不復記憶，你一言我一語，破碎記憶方才拼湊成形。我等天命尚未通透，又奔耳順而去，成書二十餘載後再度翻閱，卻發現今日之好惡原自年少時便已種下根苗，此時生根發葉開花結果，輪廓更明顯、取向更清晰、態度更固執，有些或許可以稱做「癖」。

　　例如小吃，須是路邊攤或蒼蠅館子，磕壞了邊的瓷碗或刮得花了的螢光色美耐皿餐具是經年美味的見證；少年多過老頭、菜名帶著什麼「佐」什麼的，上菜必先拍照的網紅餐廳，亦或進門必喊「いらっしゃいませ」的殖民飯館令人膩味。我求粗飽，擔不起這風雅，即便偶爾踏足，也大多圖個停車方便，難成回頭客。

　　猶記昔日為拍攝書中圖片，自永康街買了一掛牛肉麵，借了副碗筷，勞駕威融母親氽了下，以求攝得出鍋瞬間的蒸騰。而今永康街牛肉麵已成台北一景，饕客不饕客的扎堆而至，老店依然故我，不展分店，美味依舊，應立為文化遺產永久保留之。卻也嘆息臭豆腐攤不再常見（麵線的搭檔成了甜不辣），所搭配的泡菜怎麼能那麼甜？

　　網購發達，疫情推波助瀾，端見路上或粉紅或鮮綠的送餐摩托車、便利商店或大樓管理室包裹成堆可見一斑。出門多集中於賣場或百貨公司，「壓馬路」不再是逛街的代名詞，多少街邊小店有志一同的朝著木刻手寫風字體和相近的淺棕淺灰色裝修靠齊，成了文青打卡的標準景點，台北的街頭景象卻由三十年前的乾燥變成當代的枯燥。

　　又如聽音樂，在宇宙城與瀚江被串流和版權打趴之前，曾是供養多路音樂大神的殿堂，兼有博文強記的神職人員與諸信徒指點迷津。迷上了Metallica當然會認識Megadeth，到這份兒上，殿中執事若見汝慧根粗大，便會指著唱片櫃兩段標著A和S字母說：Anthrax和Slayer日盤CD到了。若問日盤與台版何異？這便是入坑之始。哥們買的不是音樂，是求同道中人。

　　我說的是類比與數位的溫度差異，大數據與私密經驗的遙遠距離。送餐平台有量化評比，所見必為評分4.5以上之「美食」，食可下嚥卻果腹而已；Spotify會推送類型音樂，聽著順耳而旋律漸從耳邊飄去；美圖軟體讓攝影從藝術變成工藝，暗房在電腦裡顯影定影。

　　開車亦如是。塞了七千顆電池的遙控車怎麼可能產生由合金鍛造研磨的凸輪軸往下推動氣門、曲軸向上頂起活塞，再由火星塞引爆一滴辛烷質在鑄鐵汽缸內以0.05秒瞬間完成進氣壓縮爆炸排氣以為起承轉合形成抑揚頓挫的機械美學呢？沒有人需要知道總是以三個英文字母縮寫的汽車電子設備如TCS、ESP是什麼玩意兒，也沒多少人還在乎踩離合器入檔點油放離合器再催油這道手腳並用的練家子功夫。如今開車較玩PlayStation更為簡單，遠無

與機械對話
或較勁的樂
趣，何況騰
出來的手還得
操作手機回覆
信息，分出來
的神要留意fb上
的動態更新。
　　今日我等的
生活選擇多數化繁
為簡，訊息量化成
數字，選擇可一鍵完
成，生存的理由終以
他人認同來支撐因為缺
乏細細琢磨而茫然的品
味。篆刻這行當有所謂
「老性」石質，意思是這
種石頭堅硬不易碎裂、油養
不入，頗為頑固，而我終究
是老性人，時下這一套終究玩
不轉啊。

一切都從那個充滿陽光和廢氣的
十字路口開始

那天做了這樣的夢：我回到了世紀之交的台北，立刻明白我有機會重寫人生、改變歷史。然而我很快就茫然了：我該打電話給電視台，說九二一將有大地震，說將有一場叫SARS的瘟疫，然後還有一場更厲害的COVID-19？還是，我該設法警告福島核電廠小心海嘯？顯然沒有人會理我。

夢裡的我想來想去，覺得唯一可行的，是把所有財產拿出來買房子。但又馬上想起：那時的我，連一間套房的頭款都湊不出來。

夢裡的我無計可施。想到所謂未來我已經活過，每一個日子都要歸零，想到生活、婚姻、工作累積的一切都要打回原形，頓時萬念俱灰。

然後就醒了，回到這個中年的身體，大大鬆了一口氣。

常有人問：要是遇見年輕時候的自己，會跟他說什麼？這一題我認真想過，覺得還是不要遇見的好。反正那個小青年一臉很罩得住的樣子，我有什麼好說的。

倘若青年的我聽到的都是「你不會」、「你不適合」、「你不應該」開頭的警語，或者更該糟的，「你會」、「你適合」、「你應該」云云，都不是好事。

像現在，我也不想遇見七十歲的自己。

二十五年前若你告訴我：黃威融會在廚房幫太太切菜，許允斌會結婚當爸爸，陳光達會當瑜伽老師（並且瘦成當年一半尺寸），姚瑞中不但生了兩個女兒，還會成為我輩最重要的台灣藝術家，我只會說：神經病啊你，滾！

而我呢，也和當年想像不同，沒有去倫敦留學，沒有變成出版社編輯，寫了上百萬字也沒有寫成大作家——我陰錯陽差跑去創業做生意，吃了幾年苦頭，痛切體悟自己不是做生意的料。之後便是「打零工」人生，盡量做比較有把握、也有興趣的事。如此這般，兩鬢已霜。

從青年到中年，不是只有我人生顛簸，哥們兒也都不只一次「換跑道」，一再發明新身分——除了姚瑞中，他是我此生認識唯一貫徹始終以「藝術家」三個字作為職場自我介紹的人。當年他一窮二白，哥們兒老是調侃他這個「大藝術家」。如今想起往事，我們自慚形穢，後悔不迭。

世紀之交的台北有一種「派對散場」的感覺，只是當時身在其中，看不明白。

起初我們多半覺得這座城遲早裝不下自己，還有更寬闊、更深奧的世界等在外面。後來也確實有人離開，拿了學位，做了生意，看過了世界。

我們經歷各種得意與狼狽，生離與死別。兜兜轉轉，終究還是回到這座城，把日子慢慢過下。台北呢，也漸漸變成一座不那麼逼仄，也沒那麼醜陋無禮的城市了。

其實這座城市的度量，遠遠大過我們的想像，容得下我們這種動輒被另一半罵成「廢青」的傢伙。甚至，還能讓我們這種人摸索出安身立命的門道。

這大概是一輩子都在抗拒「勵志」這兩個字的我們，生命中最勵志的事了。

曾幾何時，我們早已不是動輒瞧不起大人又擔心被大人瞧不起，既自卑又臭屁的小青年。不過，我們也沒有被時光磨成滑溜溜的油膩中年。

一九九八年，頭城車站，我的廢青時代。

這樣說吧：我想我們對當時年輕的自己，大抵並不虧欠什麼。
我們大概還是幸運的吧？

這本亂七八糟、五顏六色、滿是失效聯結的書，記錄了九十年代末期五個小青年的世界觀。我們試圖用一種突梯的方式，表述自己（其實也沒什麼大不了）的生活。
對，沒什麼大不了。但若要我和別人交換人生，或者讓我從頭再活一次，我也是不願意的。

想當年我們攢了點錢，各自出國自助旅行：倫敦、紐約、巴黎、東京，領教了第一世界帝國氣象。然而帝國再壯麗，終究不是自己的地方。

回到這座亂糟糟尚帶著鄉氣的城市，一時難以適應。然而所謂「不適應」，也可以是「換一雙眼睛看」。

我記得拖著行李回家的第二天早晨，頂著時差騎五十西西Dio出門上班，南京東路復興北路口陽光燦爛，晒得人睜不開眼。綠燈亮起，幾百輛摩托車一齊噗噗噴出廢氣奮力往前衝，我忽然莫名其妙地感動起來：這就是台北啊，我的城，骯髒而生猛。

對我來說，那個早晨陽光燦爛的南京東路復興北路口，就是這本書的起點。

週休八日圖　姚瑞中

2016
紙本金箔設色
133x1,098 cm

2016年在討論《在台北生存的一百個理由》第四版時，姚瑞中正好在繪製新畫作，即這幅〈週休八日圖〉，畫中將諸多藝文界友人畫入長卷中，樣貌、個性、喜好、專長栩栩如生，包括本書的五位作者。遂收入其中，作為二十年紀念。

右一：陳懋璋，1999年為復興美工的學生，跟隨姚瑞中學習黑白攝影，並參與《台北2001》的專書攝影與佈展實務，後來獨當一面成為專業佈展達人。

右二：黃明川，著名導演，曾拍攝過《1995後工業藝術祭》紀錄片，也是「廢墟學」達人。

右三：**許允斌**，為姚瑞中就讀復興美工繪畫組時期的後座同學，一同補習重考，後就讀文化美術系。當兵時與馬世芳在左營陸戰隊睡上下舖，1996退伍後邀請姚瑞中一同參與《在台北生存的一百個理由》，後來也出版了數本台北學專書，為台北學先驅人物之一。

右四：呂岱如，年輕輩優秀策展人，曾策劃過威尼斯雙年展台灣館，性喜游泳，目前為台北當代藝術中心總監。

右五：林其蔚，台灣聲音藝術先驅之一，1995年「後工業藝術祭」策動者之一，曾混過「甜蜜蜜」與「龜山馬場」，精通古琴，仙風道骨。

右六：李俊陽，性情中人，台客先驅並混搭布袋偶戲，精通中西各種樂器，更精通星座命盤，時常與三山五嶽奇人異士交往，自稱「廟工俊陽」。

右七：吳中煒，「甜蜜蜜」老闆，「破爛藝術節」與「後工業藝術祭」策動者。姚瑞中曾與他一起遊歷全台廢墟，好撿拾古物，喜性火苗，人稱漂流國王，

右八：徐文瑞，1996因幫姚瑞中翻譯〈反攻大陸行動〉文章步入藝壇，後策展過二次台北雙年展，TCAC首任理事長。喜愛溫泉與檳榔，2000年在華山策畫「橘玻璃珠」邀請姚瑞中擔任佈展，姚再邀吳中煒幫忙，促成了後來頗受爭議的火鼓會，目前為著名策展人。

右九：**陳光達**，台大畢業，為台大人文報社成員，《在台北生存的一百個理由》作者之一，與黃威融、馬世芳皆為台大人文報社的學長弟。經十年苦修，目前已成為瑜伽大師。

右十：**馬世芳**，台大畢業，當兵時結識許允斌，退伍後又邀請另三人共同策劃《在台北生存的一百個理由》，轟動一時。目前為News 98電台「音樂五四三」主持人，擅作文，寫書數冊，對岸封他「台灣首席文青」。

右十一：**黃威融**，台大畢業，與馬世芳、陳光達為同道好友，曾出過《旅行就是一種shopping》，蔚為風行。2012年創辦《小日子》雜誌引領時尚，被對岸封為「台灣雜誌企畫第一人」。

右十二：吳東龍，抽象畫家，為「新店男孩」成員之一。因嗜好麻將，時常與藝術家牌友切磋，相貌酷似明星，屬風流才子。

右十三：瑪姬，曾與姚瑞中學習攝影，之後二人結成連理。酷愛麻將，時常舉辦元旦盃、中秋盃等藝術家麻將賽，攝影青出於藍。

右十四：**姚瑞中**，手中握著「大三元碰碰胡湊一色莊家自摸」，其餘三人無不驚嘆。此人所做之事過於繁雜，近來因有感於世事皆為虛幻，故成立「幻影堂」，與二十歲老貓摩卡隱於市中心。

右十五：張晴文，台灣藝術界第一美女策展人，常與瑪姬等人摸一把，後取得博士學位並投入藝術教育，相夫教子，活躍於策展界。

右十六：陳擎耀，姚瑞中成立的北藝大登山隊隊友與學弟，喜自然，尤愛釣魚，育有二犬。曾為悍圖社社長，目前為視盟理事長。

週休八日圖